中國特色社會主義民主新論

段治文 等 著

創新思想理論，迎接中華民族偉大復興

PREFACE

余遜達

馬克思主義是中國共產黨的指導思想，也是中國憲法確認的國家的指導思想。作為一種科學理論，馬克思主義最顯著的特點在於它不但強調認識世界，而且強調改造世界。在當今的中國，人們認識世界和改造世界所面對的一項最重要的任務，就是通過不斷深化改革和發展，實現中華民族的偉大復興，同時推動整個人類社會的不斷進步。中華民族在社會主義制度下的偉大復興，既是全體中國人在可以預見的時間內對人類文明發展所做出的最大貢獻，也是馬克思主義本身在可以預見的時間內對世界歷史發展所做出的最大貢獻。

古代中國曾經在文明發展上長期處於世界先進的位置。十五世紀末十六世紀初，西方文明興起，中國則在封閉狀態下逐漸失去活力，直至一八四〇年鴉片戰爭後在世界發展進程中被邊緣化。但是中國人並未放棄，經過幾代人不懈奮鬥，中國又重新站立起來，開始在世界舞臺上贏得新的尊重。

一九四九年中華人民共和國的成立，是中國擺脫半殖民地半封建的處境，在政治上自立於世界民族之林的標誌。此後，經過長期的艱苦努力，特別是改革開放以來近四十年的努力，中國實現了經濟上的飛躍。現在，中國在國民生產總值、製造業、貨物貿易、對外投資等領域，都處於世界領先行列。盡管人均國民生產總值還嚴重落後於發達國家，經濟發展在結構、品質等方面也存在不少問題，然而已經取得的成績仍使我們有理由、有信心說，只要不犯根本性錯誤，不出現不可抗力量，中國經濟發展水準趕上發達國家是一件完全可以期待的事情。也就是說，中國的一隻腳已經邁進了民族復興的門檻。

但是，生產力發展不是民族復興的全部內容。一個民族要想走在世界發展的前列，除了生產力發展必須走在世界前列，它的政治制度、文化發展、社會建設和理論思維等也必須走在世界前列。人是在思想指導下行動的，人的思想的內涵決定了人的行動的內涵，在這個意義上可以說，理論思維能力及其追求對一個民族的發展具有決定性作用。近代以來西方國家在世界上的興起，就是與西方在理論思維上的發展相伴而行的；而中國的衰敗，則與中國在思想上的封閉、僵化、落後內在地關聯在一起。思想解放和理論創新，是五四運動後現代中國奮起的先聲，也是一九七八年中國改革開放方針政策的制定與執行的思想前提和基礎。中國要繼續前進同樣離不開思想解放和理論創新。特別是當前在全球化和科學技術日新月異進步的帶動下，人類社會的發展方式、組織方式、生活方式、治理方式都出現前所未有的大轉型包括中國在內世界上的一切都在調整都在變化，都在重構需要我們用新的眼光去看待它理解它應對它並在新的思想指導下把這場大轉型導入能造福全人類的軌道。在這樣的歷史時刻理論思維的作用尤其重要。對中國來說沒有在思想理論創新和建設上取得世界公認的進步與繁榮中華民族的復興是不完整的也是難以持續的。

思想理論建設是一項系統工程包含著非常豐富的內容。在中國特定的國情下思想理論建設中的一項核心工作是馬克思主義理論的建設。中國共產黨作為中國的執政黨一直高度重視馬克思主義理論建設。黨把馬克思主義和中國實踐及時代特徵結合起來經過反復探索並集中各方智慧，形成了中國特色社會主義理論。這一理論回答了發展道路、發展階段、根本任務、發展動力、外部條件、政治保證、戰略步驟、領導力量和依靠力量、國家統一的方式等一系列與建設中國特色社會主義相關的重大問題。按照這個理論黨確立了社會主義初級階段的基本路線和基本綱領並進一步提出了「三個代表」重要思想和科學發展觀。習近平就任黨的總書記以來就「中國夢」和價值觀、文化自信、全面建成小康社會的戰略布局、全面深化改革的總目標與總體安排、全面依法治國、全面從嚴治黨、經濟發展新常態、協商民主、社會治理、城市治理、生態文明建設、反腐倡廉、軍事變革、統籌國際國內兩個大局、建設開放型經濟新體制、建設新型大國關係、「一帶一路」建設、總體安全觀、體系績效等問題提出了一系列新的重要思想對中國特色社會主義理論做出新的發展和創造。上述思想和理論的提出與確立反映了黨在思想理論建設上所做出的巨大努力和已經取得的巨大成效。正是在這些思想和理論的指導下改革開放以來中國在經濟、政治、社會、文化、生態和黨的建設等各個方面都取得了歷史性成就。

馬克思主義是一個開放的系統。作為馬克思主義和中國實踐及時代特徵相結合的產物，中國特色社會主義理論同樣是一個開放的系統，它並未窮盡人們對中國社會、外部世界、人類自身及社會主義發展規律、共產黨建設規律等問題的認識，更未封閉人們通向新的真理的道路。事實上，中國特色社會主義理論的效用不僅在於它能指導人們從事社會主義建設的實踐，還在於它能指導人們根據實踐和環境、條件的變化，去進行新的探討、形成新的認識。我們今天所處的世界，仍然是一個充滿矛盾的世界；擺在中國和世界面前等待回答的問題，仍然為數眾多；如何把已經形成的正確的思想和理論成功地付諸實踐，也遠非觸手可及之事。所有這一切都說明，進一步加強思想理論建設，仍然是一項意義深遠的任務。

歷史經驗告訴我們，思想理論建設是一種只有依靠集體努力才能成功的公共事業。浙江大學作為一所以建成世界一流大學為目標的大學，對加強思想理論建設肩負著不可推卸的責任。為了有效履行這一重要責任，在學校領導的支持指導下，浙江大學社會科學研究院設立了「馬克思主義理論和中國特色社會主義研究與建設工程」（以下簡稱為「馬工程」）。這一工程以促進中國和世界的進步為關懷，以理論和實際的結合為構架，重點放在當代問題的探討，同時兼及經典著作的研究，鼓勵思想理論創新，發前人之未發，成一家之言。「馬工程」設立後，人文社科類教師反響熱烈，也激起部分理工農醫類教師研究興趣；不僅一批充滿朝氣的青年學者踴躍參與，而且一些學富五車的資深教授也積極參與。幾年下來，「馬工程」已經設立了幾十個研究計畫，將出版一系列有水準、有創意的著作和研究報告。這些著作和研究報告，凝聚了作者的心血，體現了他們對中國與世界面對的問題的深入思考。我們相信，它們的出版，能夠給思考同樣問題的讀者以啟示，也能夠給處理實際問題的讀者以智慧。隨著新的成果的不斷出版，浙江大學的「馬工程」最終將不負使命，在推動中國的思想理論建設走向世界前列、促進中華民族偉大復興方面，做出自己應有的貢獻。

目錄

CONTENTS

第一章　構想、轉換、偏離與回歸

——科學社會主義演變軌跡與民主主題之凸顯　001

一、馬克思、恩格斯對社會主義的構想　002

二、列寧實現社會主義發展的轉換　006

三、史達林、毛澤東在社會主義探索中出現偏離　009

四、鄧小平在對社會主義本質重新認識中實現回歸　012

五、推進民主建設：當前社會主義進一步發展的主題　015

第二章　什麼民主？怎麼民主？

——馬克思主義中國化進程中的時代新課題　017

一、馬克思主義中國化進程的基本規律　018

二、馬克思主義中國化進程中的時代新課題　023

三、馬克思主義中國化發展的當前使命　029

第三章　文化傳承與歷史合力

——中國特色社會主義民主的邏輯形成　035

一、中國傳統政治文化中的民主蘊涵與內在導向　037

二、西方近代民主主義學說傳播與歷史指向　052

三、馬克思主義民主理論的指導與根本取向　059

CONTENTS

四、歷史合力與中國特色社會主義民主的形成　069
五、中國特色社會主義民主邏輯形成的規律　077

第四章　歷史脈絡與實踐演進
——中國特色社會主義民主的邏輯進程　083
一、選擇與開啟：中國共產黨早期的理論與實踐　084
二、雛形與培育：中國共產黨局部執政時期的理論與實踐　093
三、奠基與探索：社會主義過渡和建設時期的理論與實踐　109
四、成型與創新：改革開放新時期的理論與實踐　122
五、中國特色社會主義民主的內涵與模式　133

第五章　「四位一體」的新布局
——中國特色社會主義民主的邏輯構成　149
一、選舉民主：人民通過人民代表大會行使民主權力　150
二、協商民主：中國特色社會主義民主的獨特優勢　166
三、黨內民主：精英民主帶動社會民主　187
四、基層民主：中國特色社會主義民主的根基　215

五、中國特色社會主義民主構成的內在關係和優勢 242

第六章 民主技術的當代發展
——中國特色社會主義民主的技術要求 261

一、民主技術發展是社會主義民主建設的內在要求 263
二、中國共產黨對民主技術發展的探索歷程 273
三、當代中國民主技術的發展現狀分析 285
四、當代中國民主技術創新發展的方向與趨勢 302

第七章 民主政治與國家治理
——中國特色社會主義民主的邏輯影響 317

一、中國特色社會主義民主治理模式的形成 318
二、中國特色社會主義民主治理體系的確立 335
三、中國特色社會主義民主治理能力的提升 365
四、中國特色社會主義民主治理基礎的奠定 376

索引 389

後記 391

第一章

構想、轉換、偏離與回歸

——科學社會主義演變軌跡與民主主題之凸顯

社會主義的產生需要兩個基本條件，即生產力基礎和民主基礎。正是在這一前提下，馬克思、恩格斯的構想認為社會主義必須在資本主義發達的國家首先產生；列寧完成了轉換，使得社會主義在經濟文化落後國家首先產生，為此，他力圖彌補這兩大基礎；此後的史達林、毛澤東在探索社會主義建設道路中出現了偏離，也就是偏離了這兩個基礎；鄧小平在對社會主義的本質重新認識基礎上回歸到馬、恩，也回歸到列寧，也就是要重新彌補這兩個基礎。今天生產力基礎彌補得比較好，民主發展還需進一步推進。科學社會主義發展的構想、轉換、偏離與回歸的歷史軌跡，都是圍繞著社會主義產生的兩大基礎，即生產力基礎和民主基礎展開的，其中清楚地預示了社會主義進一步發展必須推進民主建設的當前使命。

一、馬克思、恩格斯對社會主義的構想

馬克思、恩格斯認為，社會主義必須在資本主義發達的國家首先產生。這一構想有科學的依據，這就是社會主義的產生必須要有兩個前提條件，即生產力基礎和民主基礎，只有生產力發達，物質財富極其豐富，才能夠實現按需分配，只有民主才能保證分配的公正，進一步實現社會和諧。而資本主義發展正是為社會主義的產生提供這兩大基礎。這一科學構想是建立在馬克思、恩格斯對社會形態科學認識基礎上的。

馬克思、恩格斯立足於物質資料生產方式的矛盾運動規律，科學地揭示了五大社會形態依次更替的內在邏輯。「社會的物質生產力發

展到一定階段，便同它們一直在其中運動的現存生產關係或財產關係……發生矛盾。於是這些關係便由生產力的發展形式變成生產力的桎梏。那時社會革命的時代就到來了。隨著經濟基礎的變更，全部龐大的上層建築也或慢或快地發生變革。」[1]在提出生產方式矛盾規律的同時，馬克思主義創始人特別強調物質生產力的重大意義認為生產力是社會進步的根本動因。「人們所達到的生產力的總和決定著社會狀況」[2]；「隨著生產力的獲得，人們改變自己的生產方式，隨著生產方式即謀生方式的改變，人們也就會改變自己的一切社會關係。手推磨產生的是封建主的社會，蒸汽磨產生的是工業資本家的社會」[3]。與此同時，他們揭示了政治上層建築的能動作用，強調國家權力對經濟社會發展的宏觀調節。「國家權力對於經濟發展的反作用可能有三種：它可以沿著同一方向起作用，在這種情況下就會發展得比較快；它可以沿著相反方向起作用，在這種情況下它現在在每個大民族中經過一定的時期就都要遭到崩潰；或者是它可以阻礙經濟發展沿著某些方向走，而推動它沿著另一種方向走，這第三種情況歸根到底還是歸結為前兩種情況中的一種。但是很明顯在第二和第三種情況下，政治權力能給經濟發展造成巨大的損害，並能引起大量的人力和物力的浪費。」[4]由此可見，馬克思主義創始人把經濟和政治作為帶動社會發展的「兩大巨輪」。

馬克思、恩格斯就是以這樣的世界觀和方法論考察人類社會邏輯

---

1 《馬克思恩格斯選集》第2卷，人民出版社2012年版，第2-3頁。
2 《馬克思恩格斯選集》第1卷，人民出版社2012年版，第160頁。
3 《馬克思恩格斯選集》第1卷，人民出版社2012年版，第222頁。
4 《馬克思恩格斯選集》第1卷，人民出版社2012年版，第610頁。

演進的總趨勢，也是以這樣的世界觀和方法論進一步考察資本主義發展的內在規律及其歷史命運。馬克思、恩格斯為什麼要提出社會主義必須在資本主義最發達的國家首先產生呢？事實上馬克思、恩格斯不僅揭示了社會主義必然勝利的光明前景，同時又充分估計了社會主義產生的基本條件。如果說經濟和政治是帶動社會發展的「兩大巨輪」，那麼社會主義產生的必備前提和基礎有二：一是生產力基礎，二是民主的基礎。馬克思、恩格斯把人類社會的發展當作自然歷史的過程。「無論哪一個社會形態，在它所能容納的全部生產力發揮出來以前，是決不會滅亡的；而新的更高的生產關係，在它的物質存在條件在舊社會的胎胞裡成熟以前，是決不會出現的。所以人類始終只提出自己能夠解決的任務，因為只要仔細考察就可以發現，任務本身，只有在解決它的物質條件已經存在或者至少是在生成過程中的時候，才會產生。」[1]只有生產力極其發達，物質財富極其豐富，才能實現按需分配；而當生產力發達、物質財富極大豐富後，大家要什麼有什麼的時候，民主保證公正又是必備的，否則，有的人要什麼有什麼，有的人要什麼要不到什麼。所以馬克思主義經典作家很明確地指出，「代替那存在著階級和階級對立的資產階級舊社會的，將是這樣一個聯合體，在那裡，每個人的自由發展是一切人的自由發展的條件」[2]，新的社會要「為了共同的利益、按照共同的計劃、在全體社會成員參加下來經營」[3]，也就是說徹底地、真正地實現人類民主。

資本主義的使命就是發展生產力和發展民主，也正因此，資本主

1　《馬克思恩格斯選集》第2卷，人民出版社2012年版，第3頁。
2　《馬克思恩格斯選集》第1卷，人民出版社2012年版，第422頁。
3　《馬克思恩格斯選集》第1卷，人民出版社2012年版，第302頁。

義發展的過程就是為社會主義創造條件的過程，也是為自身掘墳墓的過程。資本主義以其商品經濟的方式極大地發展了以現代工業為標誌的社會生產力，從而建立了社會主義產生的生產力基礎。馬克思主義創始人指出，「資產階級在它不到一百年的階級統治中所創造的生產力，比過去一切世代所創造的全部生產力還要多，還要大」[1]；同時強調，「在大工業中，生產工具和私有制之間的矛盾才是大工業的產物，這種矛盾只有在大工業高度發達的情況下才能產生。因此只有隨著大工業的發展才有可能消滅私有制」[2]。資本主義以實現政治解放的形式創建了現代性民主政體，從而建立了社會主義產生的民主基礎。馬克思主義創始人認為，「在民主制中，國家制度、法律、國家本身，就是國家是政治制度來說，都只是人民的自我規定和人民的特定內容」[3]，「任何政治解放都是使人的世界和人的關係回歸於人自身」，「政治解放一方面把人歸結為市民社會的成員，歸結為利己的、獨立的個體，另一方面把人歸結為公民，歸結為法人」；[4]同時指出，政治解放為社會解放創造了前提，民主共和國是資產階級政治的最後形式，「在所有的文明國家，民主主義的必然結果都是無產階級的政治統治，而無產階級的政治統治又是實行一切共產主義措施的首要前提」[5]。事實上，「無產階級革命將建立民主的國家制度，從而直接或間接地建立無產階級的階級統治」[6]，至於直接還是間接，也就是說

---

1 《馬克思恩格斯選集》第1卷，人民出版社2012年版，第405頁。

2 《馬克思恩格斯選集》第1卷，人民出版社2012年版，第160頁。

3 《馬克思恩格斯全集》第3卷，人民出版社2002年第2版，第41頁。

4 《馬克思恩格斯全集》第3卷，人民出版社2002年版，第189頁。

5 《馬克思恩格斯文集》第1卷，人民出版社2009年版，第666頁。

6 《馬克思恩格斯文集》第1卷，人民出版社2009年版，第685頁。

新型民主的發展程度，要視其本來的民主程度而定。

在這個意義之上，資本主義最發達的國家正是具備了社會主義產生的兩個基本條件。正是因此，馬克思、恩格斯認為，資本主義越發達的國家社會主義產生越早。

二、列寧實現社會主義發展的轉換

在列寧的領導下，人類歷史上第一個社會主義國家誕生，社會主義由理想變為現實。但這個社會主義國家不是馬克思、恩格斯所構想的資本主義後的社會主義，而是在經濟文化落後國家建立的，是資本主義前的社會主義，這是一個歷史轉換。經過這一轉換，馬克思恩格斯所設想的社會主義發展的兩大基礎——生產力基礎和民主基礎——不復存在了，這是轉換後的蘇聯社會主義所必須面對的。

那麼，首先，列寧為什麼能夠提前革命，跨越「卡夫丁峽谷」，實現這一轉換？事實上，這一劃時代的歷史事件並非憑空產生，它既是社會歷史的客觀必然，又是布爾什維克黨的靈活選擇。馬克思、恩格斯指出，科學社會主義原理的實際運用，他們強調：「正如《宣言》中所說的，隨時隨地都要以當時的歷史條件為轉移。」[1]列寧所處的時代背景已經與馬、恩時期不同，主要資本主義國家已經由自由資本主義階段發展為壟斷資本主義階段，也就是帝國主義階段。帝國主義階段是資本主義的最高階段和最後階段，是向社會主義過渡的前階。

1　《馬克思恩格斯選集》第1卷，人民出版社2012年版，第376頁。

與此同時，在帝國主義階段，「經濟和政治發展的不平衡是資本主義的絕對規律」。因此，「社會主義可能首先在少數甚至在單獨一個資本主義國家內獲得勝利」[1]。特別是，落後國家是帝國主義矛盾的集中爆發點，又是帝國主義鏈條中最薄弱的環節。因此，無產階級革命應該而且能夠在落後國家中取得勝利。當時的俄國正是這樣一種情況，所以列寧抓住了機遇，把俄國民主革命發展為社會主義革命，並取得了勝利，社會主義因而跨越了「卡夫丁峽谷」，在落後國家成為現實。

其次，列寧完成社會主義的歷史轉換後，究竟應該如何建設社會主義？根據馬克思、恩格斯的構想以及列寧實現轉換後的實際，很清楚，資本主義「卡夫丁峽谷」是可以跨越的，但社會主義發展的兩個基礎是不能跨越的。列寧及其領導的蘇聯在社會主義制度建立後，必須重新彌補生產力和民主這兩個基礎。

應該說，列寧的頭腦是清醒的，他認識到了俄國的國情和社會主義建設基礎的不足，他說：「俄國的情況不同，這裡產業工人僅占少數，而小農則占大多數。」[2]「在我國，工人即無產者沒有在人口中占絕對優勢，沒有很高的組織程度，勝利的因素是最貧苦的迅速破產的農民對無產者的支持」[3]，他準確地指出俄國無產階級政權脫胎於東方封建宗法的小農社會。列寧進一步指出：「建設社會主義的磚頭

1 《列寧選集》第2卷，人民出版社2012年版，第554頁。
2 《列寧選集》第4卷，人民出版社2012年版，第445頁。
3 《列寧選集》第4卷，人民出版社2012年版，第497頁。

還沒有燒好。」[1]俄國「在完全擺脫資本主義並開始向社會主義過渡的道路上，我們剛剛邁出了最初的幾步。我們不知道，而且也不可能知道，過渡到社會主義還要經過多少階段」[2]。正是因此，列寧很清楚地認識到，轉換實現後，向社會主義過渡需要很長的時期，在這一時期，必須要吸收資本主義一切先進成果，彌補好生產力和民主這兩個基礎。

縱觀列寧晚年的實踐，也可以清楚地看到，列寧晚年努力在做兩件事：一是新經濟政策；二是新政治政策。而這兩大政策正是在力圖彌補社會主義應有的兩大基礎。

一九二一年開始實行的新經濟政策要求實行商品交換，恢復商品流通，改造國有企業，利用外國資金和技術，力圖通過商品（市場）競爭機制逐步建立「電氣化」生產力基礎。依據當時第二次產業革命的背景，列寧認為電氣化大工業是社會主義的生產力基礎。他因此提出「共產主義就是蘇維埃加電氣化」[3]的著名論斷。而實現電氣化，就要利用商品經濟解放生產力。列寧指出，「正常的社會主義的產品交換，又是從帶有小農占人口多數造成的種種特點的社會主義向共產主義過渡的一種形式」，[4]「共產主義與商業？！這是兩種風馬牛不相及、毫不相關、相去甚遠的東西。但是，如果從經濟上認真考慮一下，就會知道這二者之間的距離並不比共產主義同小農的、宗法式的

1　《列寧專題文集：論社會主義》，人民出版社2009年版，第78頁。
2　《列寧專題文集：論社會主義》，人民出版社2009年版，第68頁。
3　《列寧全集》第40卷，人民出版社1986年版，第156頁。
4　《列寧選集》第4卷，人民出版社2012年版，第501頁。

農業的差距更遠」[1]。正是因此，列寧把商品交換作為新經濟政策的主要杠杆，從而把市場機制在俄國固定下來。

除了通過新經濟政策力圖彌補生產力基礎，列寧晚年幾乎全部精力都在思考政治民主，推行政治體制改革的新政治政策。他強調：「沒有民主，就不可能有社會主義。」[2]他在晚年特別是病重期間對社會主義政治體制改革進行了大量思考，集中體現在《我們怎樣改組工農檢察院》《寧可少些，但要好些》《給代表大會的信》《關於賦予國家計劃委員會以立法職能》等一系列重要文獻中。他把民主化作為政治制度改革的主旨，把官僚主義作為主要敵人，要求民主化改革從執政黨自身做起，強化人民監督權，改造國家機構，設立工農群眾制約監督黨和國家最高權力的工農檢查委員會，設立由專家組成的國家計劃委員會，並給以立法職能，與蘇維埃決策機關相制衡等等。這一切表明列寧晚年力圖完善社會主義民主基礎。

可惜的是列寧，很快就去世了，他未能完成轉換之後對社會主義兩大基礎的彌補工作，需要之後的繼任者繼續完成。

三、史達林、毛澤東在社會主義探索中出現偏離

列寧去世後，史達林和毛澤東對社會主義進行了新的探索，取得了很多新的成果，但在社會主義實踐進程中出現了偏離。而這一偏

1 《列寧選集》第4卷，人民出版社2012年版，第614頁。

2 《列寧全集》第28卷，人民出版社1990年版，第168頁。

離，說到底就是偏離了生產力基礎和民主基礎。

史達林把列寧「一國勝利論」發展為「一國建成社會主義」理論。也就是說，「在其他國家無產者的同情和支援下，但無須其他國家無產階級革命的預先勝利，無產階級可能奪取政權並利用這個政權來在我國建成完全的社會主義社會」[1]。應該指出，史達林「一國建成社會主義」理論有其合理性，增強了黨和人民建設社會主義的信心。但「一國建成社會主義」理論也有其不足之處，就是超越了列寧正確分析過的「向社會主義過渡」的歷史階段，也就是超越了彌補生產力基礎和民主基礎的階段。史達林偏離了這一方向，過早地提出「向共產主義過渡」。「一國建成社會主義」理論成為蘇聯模式的理論前提。以此為指導，高度集中高度計畫的政治經濟體制成為社會主義國家第一個運行模式。

以毛澤東為核心的中共第一代領導集體在探索社會主義建設道路中，取得了一系列獨創性理論成果和巨大成就，但在生產力發展問題上同樣出現了失誤。毛澤東沒有很好地糾正蘇聯模式的弊端，提出了「超英趕美」的口號，並一次又一次地縮短了趕超時間。隨後又提出了「向共產主義過渡」。一九五八年毛澤東提出中國在個別行業、個別省份可以嘗試著首先進入共產主義。毛澤東說，中國實現共產主義不要一百年，可以五十年，個別行業可以試辦，取得一些辦法和經驗。他還提出這樣一個問題：可不可以由一個省先進入共產主義？[2]

1　史達林：《關於社會主義的幾個理論問題的論述》，載於《馬列著作選讀》（科學社會主義），人民出版社1988年版，第487頁。

2　羅平漢：《「大躍進」的發動》，人民出版社2009年版，第120頁。

在社會主義建設總路線指導下，「大躍進」「人民公社」等實踐嚴重超越了落後國家建設社會主義的實際情況。正如鄧小平總結指出的：「毛澤東同志是偉大的領袖，中國革命是在他的領導下取得成功的。然而他有一個重大的缺點，就是忽視發展社會生產力。不是說他不想發展生產力，但方法不都是對頭的，例如搞「大躍進」、人民公社，就沒有按照社會經濟發展的規律辦事。」[1]最後導致窮就是光榮，社會主義就是貧窮的結局。鄧小平還說：「從一九五八年到一九七八年這二十年的經驗告訴我們：貧窮不是社會主義，社會主義要消滅貧窮。不發展生產力，不提高人民的生活水平，不能說是符合社會主義要求的。」[2]

與此同時，史達林、毛澤東都忽略了社會主義制度建立後的民主政治建設。在他們看來，社會主義制度一經建立就高度民主，沒有考慮落後國家社會主義民主建設的長期性、艱巨性、複雜性。加上歷史、國情和個人因素，兩位領導人在黨內生活中片面強調「集中」，忽視「民主」；在國家政治生活中片面強調「專政」，忽視「民主」，這就容易使得民主建設不健全、不完善。在高度集中的政治體制下，很容易造成領導人意志強加於黨和國家領導集體，以政治掛帥大搞階級鬥爭，造成了一系列嚴重後果。

可以說，史達林、毛澤東都忽視了列寧已經完成了歷史轉換這一特殊背景，不知道在列寧轉換後需要彌補社會主義的兩個基礎，而是直接把馬克思、恩格斯未來高級的社會主義理論照搬到落後的實際當

1 《鄧小平文選》第3卷，人民出版社1993年版，第116頁。

2 《鄧小平文選》第3卷，人民出版社1993年版，第116頁。

中來建設，這就跨越了階段，脫離了實際，偏離了社會主義發展的方向。

四、鄧小平在對社會主義本質重新認識中實現回歸

二十世紀七〇年代末，鄧小平高舉起改革開放的大旗，重新認識社會主義及其本質，提出社會主義的本質就是，解放生產力，發展生產力，消滅剝削，消除兩極分化，最終實現共同富裕。從此，社會主義開始了回歸之路。

回歸到哪裡？就是回歸到馬、恩，也回歸到列寧，就是回歸到彌補生產力基礎和民主基礎的方向上來。鄧小平清晰地指出：「我們要充分發揮社會主義制度的優越性，當前和今後一個時期，主要應當努力實現以下三個方面的要求：（一）經濟上，迅速發展社會生產力，逐步改善人民的物質文化生活；（二）政治上，充分發揚人民民主，保證全體人民真正享有通過各種有效形式管理國家、特別是管理基層地方政權和各項企業事業的權力，享有各項公民權利，健全革命法制，正確處理人民內部矛盾，打擊一切敵對力量和犯罪活動，調動人民群眾的積極性，鞏固和發展安定團結、生動活潑的政治局面；（三）為了實現以上兩方面的要求，組織上，迫切需要大量培養、發現、提拔、使用堅持四項基本原則的、比較年輕的、有專業知識的社會主義現代化建設人才。」[1]因此可以得出，鄧小平的回歸就是回歸到馬恩，回歸到列寧，即回歸到馬恩對社會主義基礎的要求，回歸到列寧對於

1 《鄧小平文選》第2卷，人民出版社1993年版，第322頁。

落後國家彌補社會主義基礎的思路。鄧小平強調：「社會主義本身是共產主義的初級階段，而我們中國又處於社會主義的初級階段，就是不發達的階段。一切都要從這個實際出發，根據這個實際制定計劃。」[1]社會主義初級階段的過程也就是彌補社會主義兩大基礎的過程。事實上，鄧小平對社會主義本質闡述的實質就是生產力的發展以及民主保證公正的實現。

鄧小平改革開放的中心工作就是經濟建設；改革開放的根本目的，就是解放和發展生產力。鄧小平指出：「馬克思主義的基本原則就是要發展生產力。馬克思主義的最高目的就是要實現共產主義，而共產主義是建立在生產力高度發展的基礎上的。社會主義是共產主義的第一階段，是一個很長的歷史階段。社會主義的首要任務是發展生產力，逐步提高人民的物質和文化生活水準。」[2]他充分認識到，發展生產力是社會主義的根本任務，對於中國這樣處於社會主義初級階段的發展中大國，發展生產力更是一切工作的重心。所以，鄧小平反復強調集中力量發展生產力，提出「我們革命的目的就是解放生產力，發展生產力。離開生產力的發展、國家的富強、人民生活的改善，革命就是空的」[3]。「講社會主義，首先就要使得生產力發展，這是主要的。只有這樣，才能表明社會主義的優越性。社會主義經濟政策對不對，歸根到底要看生產力是否發展，人民收入是否增加」[4]等等。當然，發展生產力的根本途徑就是解放生產力，解放生產力的

1 《鄧小平文選》第3卷，人民出版社1993年版，第252頁。
2 《鄧小平文選》第3卷，人民出版社1993年版，第116頁。
3 《鄧小平文選》第2卷，人民出版社1993年版，第231頁。
4 《鄧小平文選》第2卷，人民出版社1993年版，第314頁。

根本方式就是經濟體制改革，具體地說，就是建立社會主義市場經濟體制。鄧小平指出：「社會主義也可以搞市場經濟。同樣地，學習資本主義國家的某些好東西，包括經營管理辦法也不等於實行資本主義。這是社會主義利用這種方法來發展生產力。」[1]可以說，社會主義市場經濟的改革目標科學地指明了社會主義國家解放和發展生產力的正確思路。

鄧小平對通過政治體制改革發展社會主義民主給予了極大的關注，他提出了「沒有民主就沒有社會主義，也就沒有社會主義現代化」[2]這一重要論斷，特別強調「我們提出改革時就包括政治體制改革。現在經濟體制改革每前進一步，都深深感到政治體制改革的必要性。不改革政治體制，就不能保障經濟體制改革的成果，不能使經濟體制改革繼續前進，就會阻礙生產力的發展，阻礙四個現代化的實現」[3]。中共十一屆三中全會以來，我國恢複了正常的民主秩序。特別是在鄧小平的指導下，中共十三大正式提出了進行政治體制改革發展社會主義民主政治的基本思路。十三大報告認為，政治體制改革的長遠目標是「建立高度民主、法治完備、富有效率、充滿活力的政治體制」，近期目標是「建立有利於提高效率、增強活力和調動各方面積極性的領導體制」。[4]

需要指出的是，由於當時歷史發展階段的需要，鄧小平時期最大

1 《鄧小平文選》第2卷，人民出版社1993年版，第236頁。

2 《鄧小平文選》第2卷，人民出版社1993年版，第168頁。

3 《鄧小平文選》第3卷，人民出版社1993年版，第176頁。

4 《十三大以來重要文獻選編》上，人民出版社2011年版，第39頁。

的成就是彌補了生產力這個基礎。我們完全可以說，通過改革開放，生產力基礎彌補得比較好了，生產力發展問題上也已經不可能再走回頭路了，但是，由於時間的局限，民主建設雖已做了很多探索，但還沒有充分展開。

五、推進民主建設：當前社會主義進一步發展的主題

既然社會主義發展需要強大的生產力來保證社會主義實現的物質基礎，又要有民主來保證社會分配的公正與社會和諧；既然社會主義發展的軌跡清楚地告訴我們，什麼時候回到生產力發展和民主建設這兩大基礎上來什麼時候就成功，那麼，我們今天社會主義進一步發展的使命和主題就已經很清楚，就是要在繼續彌補好生產力的基礎上，進一步推進民主建設，通過民主建設，包括依法治國，來保證社會公正與和諧。這無疑是科學社會主義一百七十多年構想、轉換、偏離到回歸的發展軌跡所告訴我們的。

第二章

什麼民主？怎麼民主？

——馬克思主義中國化進程中的時代新課題

根據科學社會主義演進的歷史軌跡，我們清楚地看到，民主和政治體制改革是當前中國社會主義發展的必由之路。但這個民主絕不能照搬西方的自由民主，中國社會主義發展還必須要有一定的集中。因此，「建設什麼樣的民主？怎樣建設民主？」恐怕是馬克思主義中國化進程中需要解決的又一課題。

馬克思主義中國化的歷程是運用馬克思主義不斷解決中國時代課題的歷程，在革命、建設和改革過程中，一代又一代的中國共產黨人運用馬克思主義不斷回答和解決了一系列重大的時代課題，推進了馬克思主義中國化歷程的不斷深入。在中國社會主義發展和改革開放全面深化過程中，要進一步推進馬克思主義的中國化，必須繼續深入研究並揭示當今中國的新的時代課題。揭示了當今新的時代課題，也就弄清楚了馬克思主義中國化的當前使命。根據馬克思主義中國化進程的規律，我們認為，當前富強民主文明和諧的社會主義現代化建設過程中，回答好「建設什麼樣的民主？怎樣建設民主？」越來越迫切和必要，也就成為馬克思主義中國化進程中的時代新課題。

一、馬克思主義中國化進程的基本規律

一般認為，馬克思主義中國化包括兩個基本途徑：一是實現馬克思主義普遍真理與中國革命和建設具體實際相結合；二是實現馬克思主義與中國文化傳統相結合。筆者覺得這種概括恐怕還不夠。我們認為，馬克思主義中國化的過程確實是通過這兩個結合推進的，但結合不是目的，目的是要在結合的基礎上，不斷探索並解決當時的時代課

題。換言之，馬克思主義中國化的歷程就是運用馬克思主義不斷探索和解決中國的時代課題，並進一步不斷實現理論創新的歷程，這是馬克思主義中國化不斷演進的基本規律。

馬克思主義創始人歷來強調「馬克思的整個世界觀不是教義，而是方法。他提供的不是現成的教條，而是進一步研究的出發點和供這種研究使用的方法」[1]。因而，自從馬克思主義傳入中國並成為中國共產黨人的指導思想之後，探索馬克思主義中國化就成為中國共產黨人解決中國問題過程中的歷史使命。在這一過程的第一階段，回答「什麼是馬克思主義？怎樣對待馬克思主義？」進而科學地運用馬克思主義找到中國革命的客觀規律，實現民族解放和民主革命的勝利，就成了馬克思主義中國化發展必須首先破解的第一個時代課題。在這一過程中，曾經有過兩種教條主義傾向：一是照搬馬克思主義關於資產階級民主革命和無產階級社會主義革命一般規律的理論，認為中國的民主革命應該和西方一樣由資產階級來領導，通過「二次革命」進入社會主義；二是照搬列寧主義和俄國革命的經驗，希圖民主革命和社會革命「畢其功於一役」。而毛澤東則早在一九三〇年《反對本本主義》一文中就鮮明地指出：「馬克思主義的『本本』是要學習的，但是必須同我國的實際相結合。我們需要『本本』，但是一定要糾正脫離實際情況的本本主義。」[2]這實際上否定了那種把馬克思主義教條化、把共產國際決議和蘇聯經驗神聖化的錯誤思想傾向，明確肯定了必須從中國社會和革命的具體實際出發來學習和運用馬克思主義理

1 《馬克思恩格斯全集》第43卷，人民出版社1974年版，第406頁。

2 《毛澤東選集》第1卷，人民出版社1991年版，第111-112頁。

論。之後，在《實踐論》和《矛盾論》中，毛澤東從思想根源上對黨內歷次「左」、右錯誤的實質進行分析，從哲學高度解決了黨的實事求是的思想路線問題。毛澤東正是在精彩地解決了「什麼是馬克思主義？怎樣對待馬克思主義？」這一時代課題的過程中，堅定地走出了一條自己的路，找到了一條中國特色的新民主主義革命道路，形成了馬克思主義中國化的第一個理論成果。

新中國成立以後，百廢待興，特別是社會主義制度建立後，擺在中國共產黨人面前的時代課題，就是要在繼續回答「什麼是馬克思主義，怎樣對待馬克思主義」的基礎上，集中回答和解決「什麼是社會主義，怎樣建設社會主義」進而找到中國社會主義建設的客觀規律實現中國的現代化和中華民族的偉大復興。在此過程中也有兩種教條主義傾向：一是照搬馬、恩關於在發達國家取得革命勝利後建設社會主義的模式設想和蘇聯的計劃經濟體制；二是照搬中國革命時期的經驗，用「階級鬥爭為綱」和大搞群眾運動的方式來搞建設，結果導致了嚴重挫折。「文化大革命」結束後，在中國面臨向何處去的重大歷史關頭，鄧小平抓住了決定性環節，從端正思想路線入手進行撥亂反正，指出「兩個凡是，不符合馬克思主義」[1]，並指出：「實事求是，一切從實際出發，理論聯繫實際，堅持實踐是檢驗真理的標準，這就是我們黨的思想路線。」[2]這條思想路線是「馬克思主義的思想基礎」[3]，「馬克思主義的精髓」[4]，是「毛澤東思想的精髓」，「毛澤東思想的出

1 《鄧小平文選》第3卷，人民出版社1993年版，第38頁。
2 《鄧小平文選》第3卷，人民出版社1993年版，第278頁。
3 《鄧小平文選》第3卷，人民出版社1993年版，第143頁。
4 《鄧小平文選》第2卷，人民出版社1994年版，第382頁。

發點和根本點」。[1]這就進一步弄清楚了「什麼是馬克思主義，怎樣對待馬克思主義」，並且總結歷史經驗，科學評價毛澤東的歷史地位和毛澤東思想的指導意義，進一步弄清楚「什麼是毛澤東思想，怎樣堅持和發展毛澤東思想」。在此基礎上，鄧小平指出：「什麼是社會主義，如何建設社會主義。我們的經驗教訓有許多條，最重要的一條，就是要搞清楚這個問題。」[2]鄧小平理論緊緊抓住這一時代課題，從我國基本國情和時代特徵出發，把馬克思主義基本原理同中國的具體實際相結合在「走自己的路，建設有中國特色社會主義」的總體思路下，從人民的發展願望與根本利益出發，對我國社會主義初級階段的發展道路、發展階段、根本任務、發展動力、外部條件、政治保證、戰略目標、戰略步驟、整體布局、黨的領導和依靠力量以及祖國統一等一系列基本問題做了全面系統的闡述，正確揭示了社會主義的功能、本質、目標和任務從而最終破解了經濟文化落後國家「什麼是社會主義，怎樣建設社會主義」這一世紀性難題，形成了馬克思主義中國化的第二個理論成果。

黨的十三屆四中全會以後特別是二十世紀九〇年代，我國綜合國力大幅度提升，初步建立了社會主義市場經濟體系，並進入了全面建設小康社會、加快推進社會主義現代化的新階段。新階段新形勢把我們黨推到了一個新的歷史方位，那就是：歷經革命、建設和改革之後，我們黨已從領導人民奪取全國政權而奮鬥的黨成為領導人民掌握全國政權並長期執政的黨；已從受到外部封鎖和實行計劃經濟條件下

---

1 《鄧小平文選》第3卷，人民出版社1993年版，第114頁。

2 《鄧小平文選》第3卷，人民出版社1993年版，第166頁。

領導國家建設的黨成為對外開放和社會主義市場經濟條件下領導國家建設的黨。因此，擺在中國共產黨面前的馬克思主義中國化的新的時代課題，就是要進一步探索黨的執政規律和執政黨的建設規律，提高黨的領導水準和執政能力，保證黨的執政地位長期穩固，也即要回答好「建設什麼樣的黨，怎樣建設黨」這一重大時代課題。以江澤民為核心的黨中央第三代領導集體緊緊圍繞這一時代課題，進行了長期的深入思考，提出了「三個代表」重要思想。「三個代表」重要思想把黨的建設同當今世界和當代中國的發展趨勢聯繫起來，在提高黨的領導水準和執政水準、提高拒腐防變和抵禦風險能力的總體思路下，從「代表中國先進生產力的發展要求、代表中國先進文化的前進方向、代表中國最廣大人民的根本利益」出發，對黨的執政歷史方位、性質、宗旨、根本任務和執政合法性等一系列基本問題做了全面系統的闡述，第一次比較系統地初步回答了在對外開放和發展社會主義市場經濟條件下，如何保持黨的先進性、如何鞏固黨的執政地位、加強黨的執政能力建設、如何把黨建設成領導建設中國特色社會主義堅強核心等基本問題，成為馬克思主義中國化的又一理論成果。

黨的十六大以來，中國特色社會主義的發展腳步在加快，理論創新的腳步也在加快。新的發展也帶來了一些新的情況、新的問題，需要有新的認識、新的解答。此時，擺在中國共產黨面前的馬克思主義中國化的新的時代課題就是要回答「實現什麼樣的發展，怎樣發展」，也即要清楚地回答如何在新的歷史時期把握中國特色社會主義發展規律，創新發展理念，轉變發展方式，破解發展難題，提高發展品質和效益。以胡錦濤為總書記的中國共產黨人在深入思考這一時代課題，解決我國社會主義經濟建設、政治建設、文化建設、社會建設的一系列重大問題過程中，提出了科學發展觀這一重大的創新理論。科學發展觀緊緊圍繞「實現什麼樣的發展，怎樣發展」這一時代課題，總結並汲取了國內外社會發展的經驗教訓，繼承了中國共產黨人關於發展的重要思想，針對十幾年來我國社會快速發展所累積下來的矛盾和問題，提出了創新發展的戰略思維，力求推進我國社會發展由「又快又好」向「又好又快」的轉型，對新時期我國社會的發展目的、發展動力、發展模式、發展理念、發展思路、發展主體等一系列問題做了詳細的解答，勾畫出了適合當代世界客觀條件的社會主義發展模式，是新時代的社會主義發展觀，第一次全面而科學地解答了「實現什麼樣的發展，怎樣發展」這一時代課題，開創了馬克思主義中國化的新局面。

綜前所述，馬克思主義中國化的歷程正是不斷解決中國的時代課題的歷程，在不斷解決中國時代課題的過程中，實現了馬克思主義中國化的一次又一次歷史性飛躍。

二、馬克思主義中國化進程中的時代新課題

馬克思主義中國化發展的歷史規律清楚地證明，馬克思主義中國化的歷程就是運用馬克思主義不斷解決中國時代課題並進行理論創新的歷程。那麼，要繼續推進馬克思主義中國化，必須深入研究現實，弄清楚當前我國社會主義發展和改革開放進一步發展過程中，新的時代課題是什麼。而要弄清楚當今中國的時代課題，必須首先從社會主

義發展的基礎和本質屬性以及我國改革開放和社會主義現代化建設進一步發展的癥結兩個方面，分析當前我國發展的主要矛盾。

首先，從社會主義發展的基礎條件和本質屬性看。

生產力基礎和民主基礎是社會主義的兩大基礎，也是社會主義的兩個本質屬性。社會主義是建立在高度發達的物質文化基礎之上的，社會主義的合理形態不僅有其生產力基礎，更有其制度基礎，這個制度基礎的核心便是民主。

鄧小平指出：「社會主義的本質，是解放生產力，發展生產力，消滅剝削，消除兩極分化，最終達到共同富裕。」[1]社會主義的最終目標是實現共同富裕和人的最終解放，生產力是社會主義的物質基礎，解放和發展生產力也是社會主義的根本任務。社會主義要戰勝資本主義，歸根到底，也要靠生產力的充分發展與勞動生產率的巨大提高。因為只有生產力的充分發展，才能消除社會主義所由脫胎出來的那個舊社會的痕跡，充分顯示自己的優越性；只有生產力的充分發展，才能促使社會主義公有制的發展和成熟，才能使它的政治制度相應地發展和成熟起來；只有生產力的充分發展，才能消滅貧困，為實現共同富裕奠定物質基礎。

與此同時，民主也是社會主義制度的本質屬性之一，是社會主義制度的基礎。高度的民主本應是社會主義社會應有之義。恩格斯一八四五年就強調民主與社會主義緊密相連，他說「民主在今天就是

1　《鄧小平文選》第3卷，人民出版社1993年版，第373頁。

共產主義」[1]，完全肯定了民主與共產主義存在直接對應關係。在當時，共產主義和社會主義往往被視為同義語，因此說「民主就是共產主義」也就是「民主就是社會主義」，從而把民主看作社會主義的根本要求。列寧進一步指出：「沒有民主，就不可能有社會主義。」[2]鄧小平也指出：「沒有民主就沒有社會主義，就沒有社會主義的現代化。」[3]經典作家把民主當作社會主義的本質屬性是因為，從理論上看社會主義社會是人民當家作主的社會人民民主真正反映出社會主義的理想和價值目標；從實踐上看社會主義是全面發展和進步的社會要完成解放和發展生產力、消滅剝削、消除兩極分化、實現共同富裕的任務都必須以充分的人民民主做保障。發展社會主義民主對於我國這樣的經濟文化比較落後、封建主義積習和影響深厚的國家來說更是十分重要和有待著力解決的一個問題。

當改革開放發展到今天在社會主義兩大基礎上生產力發展已經到一定階段我們應將更多的精力放在民主建設上以保證生產力發展的成果，以進一步鞏固社會主義制度。

其次從我國改革開放和社會主義現代化進程來看。

改革開放近四十年中，我們不斷回答了「什麼是馬克思主義，怎樣對待馬克思主義」「什麼是社會主義怎樣建設社會主義」「建設什麼樣的黨怎樣建設黨」「實現什麼樣的發展怎樣發展」等時代課題。新時期我們正面臨一場社會改革的攻堅戰。社會改革的目標便是要建

1 《馬克思恩格斯全集》第2卷，人民出版社1957年版，第664頁。

2 《列寧全集》第28卷，人民出版社1990年版，第168頁。

3 《鄧小平文選》第2卷，人民出版社1994年版，第168頁。

立一個民主法治、公平正義、誠信友愛、充滿活力、安定有序、人與自然和諧相處的和諧社會。構建社會主義和諧社會作為新時期社會改革的一項重大戰略任務其實質和核心是公正。社會公正是社會成員的共同願望和目標，是現代社會的基本價值取向和社會基本制度設計與安排的基本依據，也是社會主義和諧社會的本質和基石，是社會主義和諧社會建設的基本條件和核心內容。而實現社會公正必須要用民主的制度來保證。現代社會的發展經驗也充分說明，只有民主才能推動社會的和諧發展，因為它是能恰當而穩妥地解決各種社會矛盾的一種可靠機制。

改革開放和社會主義現代化發展進程昭示出，要完成經濟改革向社會改革的轉換，要真正實現社會主義和諧社會的建設目標，必須深化民主建設。

綜上所述，民主建設將是當前中國進一步發展的必由之路。也就是說，要提高黨的長期執政能力，要使中國特色社會主義道路越走越寬廣，民主建設已成為迫切需要解決的時代課題。當然，經過一代又一代中國共產黨人的奮鬥和追求，民主已經不再是「要不要」的問題，而是應該沉下心來思考究竟要建設什麼樣的民主以及怎樣建設民主的問題。

從民主的特性看，民主作為人類政治文明的成果總是具體的、歷史的，總是有其自身脫胎和形成的歷史基礎，在不同歷史時代、不同國情中存在著內容實質和實現形式的具體差別。同時，民主還具有階級性，在不同社會制度下的民主具有其特殊性。我國國家的性質以及社會主義初級階段的特殊國情決定了我們所要的民主絕不是西方的民主，我們必須要走一條中國特色的民主建設道路。鄧小平曾經反復強調不同國家有不同的民主觀念和民主制度，中國不能照搬照抄西方的民主制度，而要根據自己的實際，走中國特色的民主建設道路。他指出：「繼續努力發揚民主，是我們全黨今後一個長時期的堅定不移的目標。但是我們……一定要把社會主義民主同資產階級民主、個人主義民主嚴格地區別開來，一定要……把民主和集中、民主和法制、民主和紀律、民主和黨的領導結合起來。」[1]

從中國的歷史與國情看在中國這樣一個地廣人多的大國沒有一個對廣大人民負責的、能夠團結和凝聚社會各方面的力量、集中反映和有效體現人民共同意志的政治權威國家和社會必然要陷入混亂和鬥爭結果只能是四分五裂無法擺脫積貧積弱、統分迴圈的歷史痼疾帶給人民的只能是痛苦和災難。像中華民國初期中國試圖搞多黨制結果是四分五裂、軍閥混戰；「文化大革命」時期踢開黨委鬧革命結果是十年動亂、國家災難。所以說中國的發展必須要有一個強有力的中央權威不能設兩個權威或多個權威。中國歷史上一旦沒有權威或者有兩個、多個權威的時候，要麼就是混戰要麼就是分裂發展與現代化更是無從談起。

從後發展國家現代化發展理論看有兩個重要觀點：一是後發展國家的現代化一般不是自身現代性不斷成熟的結果而是在外力的挑戰下為了自己的生存與發展強行地、人為地進行現代化；二是在西方發達

1　《鄧小平文選》第2卷，人民出版社1994年版，第176頁。

國家現代化的所有成就都是在漫長的時間裡一步一步地取得的但後來者則不需要按部就班地去獲得這樣的進展他們可以借鑒前人的經驗而且需要大規模的行動。[1]如亨廷頓所說：「歐洲和北美的現代化延續了幾個世紀，大體上來說每次只解決一個問題或對付一種危機。但是除了西方世界其他地區在現代化進程中中央集權、民族融合、社會動員、經濟發展、政治參與、社會福利等不是依次而至，而是同時發生。」[2]因此，後發展國家現代化的規模前所未有的大發展速度也是前所未有的快。從以上兩個觀點我們可以得出後發展現代化中政治權威極其重要的結論。從第一個觀點看要在一個現代性基礎極其缺乏的落後國家中強行地、人為地進行現代化必須要有一個強有力的政治系統來推進這一過程；而從第二個觀點看要進行這種快速而大規模的現代化任何民間私人單位都無法承擔起這種大規模的任務而只能由政府介入這些活動。因此與英美等早發型現代化國家相比政治上的先決條件也就是強有力的中央權威在後發展現代化中的作用顯得特別突出。

從近二十年的世界性的民主實踐看，二十世紀八〇年代末，在西方和平演變的大潮影響下，俄羅斯、東歐、非洲和拉丁美洲等有二十多個國家跟著西方走了完全照搬了西方的民主導致的後果要麼是政變要麼是分裂要麼是社會動盪很難實現真正的發展。

總之，在我國社會主義發展和改革開放進一步發展中，也是中國共產黨實現新的執政使命的節點上，民主建設具有極大的迫切性，但

1　孫立平：《傳統與變遷——國外現代化及中國現代化問題研究》黑龍江人民出版社1992年版，第85、96頁。

2　〔美〕賽繆爾・P. 亨廷頓：《變革社會中的政治秩序》，生活・讀書・新知三聯書店1988年版，第43頁。

顯然這個民主不可能是西方的民主，中國必須在權威的背景下走出一條具有中國特色的民主建設道路。因此，我們認為，一個重大的新課題已經浮出水面，那就是：「建設什麼樣的民主？怎樣建設民主？」這無疑是需要今天具有不斷開創馬克思主義中國化新局面和新境界的中國共產黨人做出全面而集中回答的新的時代課題。

三、馬克思主義中國化發展的當前使命

根據馬克思主義中國化進程的發展規律，馬克思主義中國化的歷程就是運用馬克思主義不斷解決中國的時代課題的歷程。而今天，中國社會主義現代化和改革開放進程表明，「建設什麼樣的民主，怎樣建設民主」已成為當今日益凸顯的時代課題。那麼，馬克思主義中國化的當前使命就是要像回答「什麼是馬克思主義，怎樣對待馬克思主義」，「什麼是社會主義，怎樣建設社會主義」，「建設什麼樣的黨，怎樣建設黨」，「實現什麼樣的發展，怎樣發展」那樣，回答好「建設什麼樣的民主，怎樣建設民主」這一時代新課題；要像形成毛澤東思想、鄧小平理論、「三個代表」重要思想、科學發展觀這些馬克思主義中國化的重要理論成果那樣，形成新的完整的表述和重大理論創新。

當然，在中國共產黨的歷史上，對社會主義民主建設已經做了許多重要的探索，這是形成全面的重大理論創新的基礎。

十一屆三中全會以後，黨中央總結了新中國成立以來我國民主政治建設方面取得的成就和經驗教訓，堅持改革開放，加快發展社會主義民主政治，結合中國的具體國情，為如何發展社會主義民主政治指

出了正確的方向。鄧小平在確立了大力發展社會主義民主和社會主義法制的方針後，就提出要通過民主制度化、法制化的道路來建設社會主義民主政治。鄧小平闡述了民主是社會主義現代化的主要特徵和基本目標，提出了「沒有民主就沒有社會主義現代化」這一命題，這已成為全黨共識。鄧小平闡明了社會主義民主是社會主義的本質要求，提出要在堅持四項基本原則的前提下，通過政治體制改革，完善社會主義政治制度，增強黨和國家的活力，發展社會主義民主政治。由此，中國共產黨和中國人民進行了建設有中國特色社會主義民主的新探索和實踐，中國民主政治建設也由此取得了新的成果。

隨著民主政治建設的深化，以江澤民為核心的第三代黨的領導集體沿著鄧小平提出建設社會主義民主政治建設的道路，不斷探索和發展社會主義民主政治。他們在黨的十五大報告中明確提出黨的政治體制改革的目標是健全社會主義法制，依法治國，建設社會主義法治國家。九屆人大二次會議對憲法進行了修改，把依法治國的條文寫進了國家的根本大法，完整地構建起了中國特色社會主義民主的基本框架，標誌著黨的治國理念和執政方式發生了根本性改變。黨的十六大報告進一步將物質文明、精神文明、政治文明三個文明並列使用，說明了黨中央對民主政治建設的重視。二〇〇四年中共十六屆四中全會把提高發展社會主義民主政治的能力作為黨的執政能力的重要內容提出來，是對馬克思主義民主政治理論的重大發展。

胡錦濤總書記在黨的十七大報告中強調，發展社會主義民主政治是我黨始終不渝的奮鬥目標。十七大報告首次提出了「人民民主是社會主義生命」的理念，將民主與社會主義緊密地聯繫在一起，把民主上升到社會主義生命的高度來認識。十七大把人民當家作主界定為社會主義民主政治的本質和核心。十七大報告第一次提出「三個堅持」來發展社會主義民主政治的總體思路，這就是堅持中國特色社會主義政治發展道路，堅持黨的領導、人民當家作主、依法治國的有機統一，堅持完善人民代表大會制度、中國共產黨領導的多黨合作制度和政治協商制度、民族區域制度以及基層群眾自治制度。

黨的十七屆四中全會更是開啟了對「中國特色社會主義民主道路」的新探索。胡錦濤在十七屆四中全會上提出要以黨內民主帶動人民民主，也即走從精英民主到社會民主的道路，自上而下，通過執政黨自身的民主建設來推動整個社會民主的發展，做出了中國特色社會主義民主建設路徑的新選擇。十七屆四中全會提出，要發展黨內民主，必須強化民主集中制，堅持民主基礎上的集中和集中指導下的民主相結合。這不僅符合中國國情，而且體現了民主的本質。黨內民主的實質是全體黨員是黨的主人，是黨的組織、黨的工作、黨的建設和黨的事業的主體。黨員的主體地位在本質上就是黨員的民主權利。黨員在黨內當家作主是黨內民主的本質與核心，也是黨員主體地位的本質與核心。胡錦濤強調，推進黨內民主建設，「最根本的是要認真落實黨章及黨員權利保障條例等黨內規章賦予黨員的知情權、參與權、選舉權、監督權等民主權利，使黨員在黨內生活中真正發揮主體作用」[1]。黨的十七屆四中全會提出了要加強黨員學習建設馬克思主義學習型政黨的要求。黨的十七屆四中全會還堅定了依靠制度預防和治

1　胡錦濤在建黨88周年前夕主持中共中央政治局第十四次集體學習會上的講話，見新華社北京2009年6月30日電。

理腐敗、實行制度性反腐的決心，認為這是做好反腐倡廉工作的根本途徑。二〇一〇年三月五日溫家寶總理在全國十一屆人大三次會議的政府工作報告中明確指出：「我們的改革是全面的改革包括經濟體制改革、政治體制改革以及其它領域的改革。沒有政治體制改革，經濟體制改革和現代化建設就不可能成功。」

二〇一二年十一月黨的十八大提出，「堅持走中國特色社會主義政治發展道路和推進政治體制改革」要「發展更加廣泛、更加充分、更加健全的人民民主」。「支持和保證人民通過人民代表大會行使國家權力。」「健全社會主義協商民主制度。」「推進協商民主廣泛、多層、制度化發展。」「完善基層民主制度。在城鄉社區治理、基層公共事務和公益事業中實行群眾自我管理、自我服務、自我教育、自我監督是人民依法直接行使民主權利的重要方式。」「全面推進依法治國。」「建立健全權力運行制約和監督體系。」「讓人民監督權力讓權力在陽光下運行。」「鞏固和發展最廣泛的愛國統一戰線。」二〇一三年十一月黨的十八屆三中全會更指出：「發展社會主義民主政治必須以保證人民當家作主為根本堅持和完善人民代表大會制度、中國共產黨領導的多黨合作和政治協商制度、民族區域自治制度以及基層群眾自治制度更加注重健全民主制度、豐富民主形式從各層次各領域擴大公民有序政治參與充分發揮我國社會主義政治制度優越性。」

經過中國共產黨人長期的努力中國特色的社會主義民主政治已經有了雛形。這其中堅持黨的領導、人民當家作主、依法治國有機統一是中國特色社會主義民主建設道路必須堅持的基本原則和核心要求。人民當家作主是社會主義民主政治的本質和核心黨的領導是人民當家作主和依法治國的根本保證社會主義民主不僅要實現真正的人民民主還要有權威和集中這個權威和集中的核心便是黨的領導。中國共產黨的領導就是支持、組織和保證人民當家作主的真正實現。只有在堅持中國共產黨的領導下，通過黨這個權威與領導核心來凝聚人心，協調各方，才能真正地實現人民當家作主，推進中國民主建設的前進。實現社會主義民主，還必須加強社會主義法制建設，堅持依法治國的基本方略。社會主義民主與社會主義法制是相互依存、相互促進的內在統一體。

中國特色社會主義民主經歷了艱辛的探索，已經取得許多重大成就。但這還不夠，在社會主義市場經濟體制建立和發展為民主建設創造了前所未有的機遇之際，在社會主義民主建設已經取得重要成就的基礎上，如果我們能像回答「什麼是馬克思主義，怎樣對待馬克思主義」，「什麼是社會主義，怎樣建設社會主義」，「建設什麼樣的黨，怎樣建設黨」，「實現什麼樣的發展，怎樣發展」那樣，進一步回答好「建設什麼樣的民主，怎樣建設民主」這一時代新課題；能像形成毛澤東思想、鄧小平理論、「三個代表」重要思想、科學發展觀這些馬克思主義中國化的重要理論成果那樣，在「建設什麼樣的民主，怎樣建設民主」問題上，形成新的完整的表述和重大理論創新，那麼，這必將極大地推進中國社會主義民主和現代化建設的進程，並將對馬克思主義理論的發展再次做出巨大貢獻，也將是馬克思主義中國化發展進程中的新的里程碑。

第三章

文化傳承與歷史合力

——中國特色社會主義民主的邏輯形成

「建設什麼樣的民主？怎樣建設民主？」這是馬克思主義中國化進程中的時代新課題。中國特色社會主義民主建設正反映了這一時代要求。換言之，中國特色社會主義民主是按照自身邏輯形成的有鮮明中國特色的民主體系。但一些西方學者不承認中國特色社會主義民主，甚至不認為世界各國民主有自己的特徵。筆者認為這主要緣於三個認識分歧：一是對民主本身認識上的分歧，他們對民主的基本意義有共識，但對民主的判斷標準和實現路徑分歧很大；二是西方的傲慢，認為西方的自由民主是世界民主的唯一出路，甚至罔顧發展事實，認為「中國現代化的成功正是因為中國沒有民主化改革」[1]；三是意識形態分歧和價值偏見，宣揚柏林牆倒塌、冷戰結束就是自由主義把共產主義打垮在地，這標誌著「歷史的終結」[2]，即使在近二十年複製美國民主的國家大多以失敗告終，而中國迅速崛起的背景下，仍然偏執地認為「中國尚沒有民主治理這些東西」。以上分歧和論爭的實質是民主的唯一性還是多樣性問題。我們不是反對民主的基本要求，而是強調特色的合理性和重要性。這其中有一個根本點需要進一步釐清，這就是中國特色社會主義民主究竟是怎麼形成的。可以說，揭示中國特色社會主義民主形成的特殊的內在邏輯，是進一步把握中國特色社會主義民主體系的鎖鑰。中國特色社會主義民主是中國傳統民主思想演進、西方民主主義思潮傳播以及馬克思主義民主理論發展三股歷史力量合力推進的結果。

---

1 Susan Shirk. The Political Logic of Economic Reform in China. Berkeleg: UCLA Press, 1993.

2 〔美〕法蘭西斯・福山：《歷史的終結及最後之人》，中國社會科學出版社2003年版。

一、中國傳統政治文化中的民主蘊涵與內在導向

民主，作為主體人的自我肯定，是人類社會一切文明的共同追求，雖然不同民族在不同的歷史階段對民主的理解呈現出不同特性。在中國古代浩瀚的文化典籍中，同樣包含著豐富的民主因素，體現出具有中國傳統特色的民主觀。中國傳統政治文化中蘊含的民主因素，無疑深刻地影響著中國政治發展的歷史走向。

（一）「主體—自我意識」：中國傳統政治文化中的民主前提因素

民主的前提是自我意識的覺醒。馬克思指出：「民主制從人出發，把國家變成客體化的人」[1]，「人權表現為自然權利，因為有自我意識的活動集中於政治行為」[2]。中國傳統政治文化中關於自我修養的闡釋、對人欲的肯定、自我意識的倡揚以及對人的主體平等性認識等，無不體現個人自我意識覺醒這一民主前提因素。

中國傳統政治文化對主體意識的肯定，首先體現在關於自我修養的闡釋上。孔子說：「仁者安仁，知者利仁。」[3]孟子強調：「盡其心者，知其性也。知其性，則知天矣。存其心，養其性，所以事天也」[4]，「我善養吾浩然之氣」[5]。老子指出：「知人者智，自知者明。

---

1 《馬克思恩格斯全集》第3卷，人民出版社2002年版，第40頁。

2 《馬克思恩格斯全集》第3卷，人民出版社2002年版，第188頁。

3 《論語・里仁第四》。

4 《孟子・盡心上》。

5 《孟子・公孫丑上》。

勝人者有力，自勝者強。知足者富。強行者有志。不失其所者久。死而不忘者壽。」[1]這一切最終實現的正是「格物、致知、修身、齊家、治國、平天下」[2]的主體理想人格。

其次，體現在人欲的肯定和自我意識的覺醒上。早在春秋時期，孔子就提出「富與貴是人之所欲也；不以其道得之不處也。貧與賤，是人之所惡也」[3]。東漢時期的《潛夫論》進一步提出「民有性、有情、有化、有俗。情性者心也本也；化俗者行也末也」[4]。明清時期，隨著資本主義的萌芽，中國啟蒙思想家自我意識覺醒更為明顯，開始公開論述人的私欲。李贄認為，「人必有私而後其心乃見」[5]「就此百姓日用處提撕一番。如好貨，如好色，如勤學，如進取，如多積金寶，如多買田宅為子孫謀」[6]。黃宗羲提出：「有生之初，人各自私也，人各自利也，天下有公利而莫或興之，有公害而莫或除之」，「有人者出，不以一己之利為利，而使天下受其利，不以一己之害為害，而使天下釋其害」。[7]王夫之提出：「天理即在人欲之中；無人欲，則天理亦無從發現。」[8]龔自珍在《論私》一文中更是實證了「先私後公」「先公後私」「公私並舉」和「公私互舉」。這一切無不體現了人欲肯定和自我意識覺醒思想的蘊含。

---

1 《老子》第三十三章。

2 《大學・經：大學之道》。

3 《論語・里仁第四》。

4 《潛夫論・德化》。

5 《藏書・德業儒臣後論》。

6 《焚書卷一・答鄧明府》。

7 《明夷待訪錄・原君》。

8 《張子正蒙注》。

再次，體現在對主體人的平等性認識上。孟子指出：「人皆可以為堯、舜。」[1]荀子說：「塗人可以為禹。」[2]特別還有墨子著名的「兼相愛，交相利」[3]思想。後來的柳宗元把「兼愛」稱為「博愛」指出「博愛之謂仁，行而宜之之謂義，由是而之焉之謂道，足乎己而無待於外之謂德」[4]。現代民主經典作家科恩認為博愛的兄弟關係「是社會的理想的表現，因而也是民主的前提」[5]。李翺認為：「人之所以為聖人者性也，人之所以惑其性者情也。喜怒哀懼愛惡欲，七者皆情之所為也。情既昏，性斯匿矣」，「百姓之性與聖人之性弗差也」[6]。柳宗元提出：「上果賢乎？下果不肖乎？則生人之理亂，未可知也。」[7]黃宗羲認為：「貴不在朝廷，賤不在草莽。」[8]。陳勝、吳廣起義公然掀起「王侯將相寧有種乎」的吶喊。方臘起義時也提出「法分貴賤貧富，非善法也。我行法，當等貴賤、均貧富」。在以後的農民起義中，「等貴賤」有了進一步發展。馬克思指出：「平等是人在實踐領域中對他自身的意識，也就是說，人意識到別人是同自己平等的人，人把別人當做同自己平等的人來對待」，「它表示人同人的社會關係

1　《孟子・告子下》。

2　《荀子・性惡》。

3　《墨子・兼愛中》。

4　韓愈：《原道》，載於《諸子百家名篇鑒賞辭典》，上海辭書出版社2003年版，第737頁。

5　〔美〕科恩：《論民主》，商務印書館1988年版，第58頁。

6　李翺：《復性書》，載於《諸子百家名篇鑒賞辭典》，上海辭書出版社2003年版，第748-749頁。

7　柳宗元：《封建論》，載於《諸子百家名篇鑒賞辭典》，上海辭書出版社2003年版，第759頁。

8　《明夷待訪錄・原法》。

或人的關係」。[1]中國傳統政治文化中的平等蘊含集中體現出：任何社會層次的人本性一致；每個人都可以實現自我甚至成為統治者；人與人之間關係及社會地位貴賤平等。多以「平等聯合」的形式反對壓迫，是中國傳統政治文化的一大特色。

自我修養、自我意識和主體人的平等性是依次深入的三個層次。中國傳統政治文化對自我修養的闡釋，具備了民主政治所必需的美德因素。自我修養雖然不能代替自我意識本身，但其內在包含了主體意識的修煉和升華。中國傳統政治文化對人欲的肯定和自我意識的覺醒，弘揚了人的主體性，開啟了民主的思想啟蒙。而主體人的平等性，反映了每個主體之間的社會關係的應然認識，蘊含了民主政治所依賴的社會基礎。這一切都成了中國傳統政治文化蘊含的民主前提因素。

（二）「民本—民主主義」：中國傳統政治文化中的民主基礎因素

民主即實現人民的統治，因此民主的核心理念就是「人民主權」，即「人民的自我規定」[2]，「當全體人民掌握最高權力時便是民主政體」[3]。這樣一種關於人民與國家權力之間的關係的探討，事實上發起於啟蒙者對君民關係的思考，即「君權民授」，「執行人如果不由人民任命，那就不是人民意志的執行人」。[4]在中國傳統政治文化中，大量關於君民關係的探討，體現出「以民為本」「君民同一」「民

1 《馬克思恩格斯文集》第1卷，人民出版社2009年版，第264頁。
2 《馬克思恩格斯全集》第3卷，人民出版社2002年版，第39頁。
3 〔法〕孟德斯鳩：《論法的精神》，商務印書館2012年版，第18頁。
4 〔法〕孟德斯鳩：《論法的精神》，商務印書館2012年版，第19頁。

貴君輕」和「君權民授」等四個層次。這四個層次邏輯上依次遞進，體現出中華民族擁有自己的民主文化土壤。

首先，「以民為本」。這四個層次中，「以民為本」占主體地位。畢竟在封建社會中，「整體，即人民，從屬於他們的一種存在方式」[1]。這種思想，由「牧民之道」進步為「民為根本」。「道千乘之國，敬事而信，節用而愛人，使民以時」[2]；「聞之於政也，民無不為本也」「民無不為功也」「國以民為興環」「民者，萬事之本」[3]。民本主義作為儒家思想的核心成為中國古代社會的意識形態，儘管與「民主主義」有根本差別，但畢竟相當程度上已經是對政治發展力量的察覺。「意識形態有時也能使科學思想活躍起來。」[4]「以民為本」以其概念的靈活性，在歷史上彰顯了很大發展空間。近代以來的先進分子無不引用並繼承民本思想發展出中國風格的民主主義觀。

其次，「君民同一」。「以民為本」思想在古代中國的進一步發展就是「君民同一」，即認為國家的興亡與民心民意同一共生。比如：「自古有道之主，以百姓之心為心」，「樂民之樂者，民亦樂其樂；憂民之憂者，民亦憂其憂」。[5]特別是《晏子春秋》裡提出「先民而後身」。《管子》則更進一步「政之所行，在順民心；政之所廢在逆民

1　《馬克思恩格斯全集》第3卷，人民出版社2002年版，第39頁。

2　《論語・學而》。

3　《新書・大政》。

4　〔波蘭〕柯拉科夫斯基：《意識形態和理論》，載於《當代學者視野中的馬克思主義哲學・蘇聯東歐學者卷（下）》，北京師範大學出版社2012年版，第105頁。

5　《孟子・梁惠王下》。

心」[1]。毫無疑問「順民」一詞某種程度上體現了國家權力之於人民的從屬性。

再次「民貴君輕」。如果說「順民」體現了國家權力之於人民的從屬性，那麼「民貴君輕」更是「為民做主」的回應。《孟子》提出：「民為貴社稷次之，君為輕」，「是故得丘民而為天子」。[2]荀子提出：「君，舟也；人，水也。水能載舟，亦能覆舟。」[3]《晏子春秋》認為：「君得罪於民，誰將治之？敢問，桀、紂，君誅乎，民誅乎？」[4]《貞觀政要》明確指明：「天子者，有道則人推而為主，無道則人棄而不用，誠可畏也。」[5]其中，「人推而為主」的提法，已經迫近「君權民授」。

最後，「君權民授」。這是中國傳統民本主義的歸宿。總體上講，明清之交以前難有「君權民授」思想，但是也並不是沒有偶然「亮點」。《禮記·禮運》中就提出「大道之行，天下為公」，「人不獨親其親，不獨子其子」。[6]《孟子》認為「使之主事而事治，百姓安之是民受之也」[7]，出現了「民受」二字。《呂氏春秋》指出：「天下，非一人之天下也天下之天下也。陰陽之和不長一類；甘露時雨，不私一物；萬民之主，不阿一人。」[8]這其中已經暗含著「君權民授」的思

---

1 《管子·牧民》。
2 《孟子·盡心下》。
3 《易經·繫辭上》。
4 《晏子春秋·景公怒封人之祝不遜晏子諫》。
5 《貞觀政要·政體第二》。
6 《禮記·禮運》。
7 《孟子·萬章上》。
8 《呂氏春秋·貴公》。

想。兩晉時期，商品經濟發展的社會基礎上，「君權民授」初現端倪。鮑敬言認為「天生烝民而樹之君」，在他看來國家不過是「強者」統治的工具，由此提出了「無君論」。[1]當然，元代之前這些思考還有大量天真成分。到了元代，鄧牧更是指出：「天生民而立之君，非為君也，奈何以四海之廣，足一夫之用邪！」「彼所謂君者，非有四目兩喙、鱗頭而羽臂也，狀貌咸與人同，則夫人固可為也。今奪人之所好，聚人之所爭，慢藏誨盜，冶容誨淫，欲長治久安，得乎？」[2]「始生之者，天也；養成之者，人也。能養天之所生而勿攖之謂天子。天子之動也，以全天為故者也。此官之所自立也。」[3]這些思想呈現出主權在民之雛形。明清之際，隨著資本主義萌芽，新的階層在以往思想基礎上萌發出新的社會意識。「君權民授」已經成為新知識份子的理性思考。唐甄《潛書》中強烈批判君主專制，認為「自秦以來，古代帝王皆賊也」。顧炎武認為，「人君之於天下，不能獨治也」[4]，並明確指出「以天下之權寄天下之人，而權乃歸天子」[5]。特別是黃宗羲對此進行了大量論述：「天下為主，君為客。」最後他得出結論：「向使無君，人各得自私也，人各得自利也。嗚呼，豈設君之道固如是乎！」「豈天地之大，於兆人萬姓之中，獨私其一人一姓乎？是故武王聖人也，孟子之言，聖人之言也。」[6]黃宗羲理性地論

---

1 鮑敬言：《無君論》，載於《諸子百家名篇鑒賞辭典》，上海辭書出版社2003年版，第599頁。

2 鄧牧：《君道》，載於《諸子百家名篇鑒賞辭典》，上海辭書出版社2003年版，第878-879頁。

3 《呂氏春秋・本生》。

4 《日知錄・愛百姓故刑罰中》。

5 《日知錄・卷九・守令》。

6 《明夷待訪錄・原君》。

述了君主的起源、本質揭示了國家權力的未來命運，成為近代中國民主主義的鼻祖。

「中華民族傳統文化有它的許多珍貴的品質，許多人民性和民主性的好東西。」[1]的確，民本主義雖然在實質上有別於民主主義，但畢竟相當程度覺察到人類歷史進步規律和國家政治發展規律，客觀上對人的自由發展和政治解放起著進步作用。在中國商品經濟發展基礎上，中國社會結構不斷調整，傳統民本主義不斷突破原有內涵，從而內在導向「人民主權」。明清之際個別知識份子開啟了「民本主義」到「民主主義」轉變的先河。到了近代，先進的中國人也正是以民本主義為邏輯起點，在黃宗羲的基礎上完成了「民本主義」到「民主主義」的質變。當然，由於中國古代社會的亞細亞特點，這一質變的完成過程是相當遲滯和艱難的。

（三）「選拔—推舉執政」「決策—參與議政」「限制—權力制約」：中國傳統政治文化中的民主表現因素

中國傳統政治文化中，不僅有個人自我意識覺醒的民主前提因素，有「民本—民主主義」的文化土壤，而且在多個層次上有民主基本因素的展現。

首先「選拔—推舉執政」。

通過民主選舉產生權力執行者是民主的首要標誌。中國傳統政治文化中也包含著其中元素。如前所述，傳統「民本—民主主義」觀已

1　溫家寶：《把目光投向中國》，人民教育出版社2013年版，第51頁。

經一般地規定了權力由民產生。此外，傳統政治文化中還有一些關於選拔權力執行者的具體闡述。一是自上而下，公平選拔。孟子指出，「人皆可以為堯、舜」，而「舜發於畎畝之中，傅說舉於版築之間，膠鬲舉於魚鹽之中，管夷吾舉於士，孫叔敖舉於海，百里奚舉於市」。[1]這意味著要從社會各階層各領域中選拔國家管理者。依照儒家這一指導思想，中國古代建立了以科舉制為代表的比較公正的選拔制度。二是自下而上，選擇君主。《晏子春秋》裡提出不僅君選擇臣，而且臣還可以選君。「故君者擇臣而使之，臣雖賤，亦得擇君而事之。」[2]《禮記・禮運》提出，「大道之行也，天下為公，選賢與能，講信修睦」，「不獨親其親不獨子其子」。[3]墨子更是提出，國家管理者的選舉要打破社會等級差別。在他看來「人無幼長貴賤，皆天之臣也」。因此，「雖在農與工肆之人，有能則舉之」，「夫尚賢者，政之本也」。[4]不僅如此，他甚至提出「生於無政長，是故選天下之賢可者，立以為天子」。這裡已經明確提出天子也要由天下賢能選舉產生。

其次，「決策—參與議政」。

民主決策是民主的重要組成部分，要實現民主決策就必須具有包容的政治參與，即「必須有一個自由的氛圍，在這種範圍中各種觀點能夠無所畏懼或不受限制地自由表達和討論」[5]。古代君主政治的中

1 《孟子・告子下》。
2 《晏子春秋・景公問臣之報君何以　晏子對報以德》。
3 《禮記・禮運》。
4 《墨子・尚賢上》。
5 〔英〕安東尼・阿伯拉斯特：《民主》第三版，吉林人民出版社2005年版，第129頁。

國政治文化總體上達不到民主議政的理念，但不乏「參與議政」的民主因子。《管子》就提出「毋曰不同姓，遠者不聽；毋曰不同鄉，遠者不行」[1]，「言室滿室，言堂滿堂」[2]。《晏子春秋》也指出「言而見用，終身無難，臣奚死焉？謀而見從，終身不出，臣奚送焉？若言不用，有難而死之，是妄死也」[3]「子不遮乎親，臣不遮乎君。君同則來，異則去。故君雖尊，以白為黑，臣不能聽；父雖親，以黑為白，子不能從」[4]。《呂氏春秋》甚至從六個方面討論了包容議政：「古者聖王之制，史在前書過失，工誦箴諫，瞽誦詩諫，公卿比諫，士傳言諫，庶人謗於道，商旅議於市，然後君得聞其過失也。聞其過失而改之，見義而從之，所以永有天下也」，可見已經認識到政治參與的廣度及深度的重要意義。《貞觀政要》認為：「君之所以名者，兼聽也；其所以暗者，偏信也。」「是故人君兼聽納天下，則貴臣不得壅蔽，而下情必得上通也。」[5]宋朝時期，士大夫與君主共治天下的精神傳統開始呈現。明清之際，黃宗羲提出的「公其是非於學校」思想，很大程度上具有了民主議政之內涵，就是朝廷重大決策必須交給「學校」討論，其成員包括士人甚至大量平民，以「公論」裁定最終行為。

再次，「限制—權力制約」。

有限權力制約權力是民主不可或缺的重要因素。中國傳統政治文

1　《管子・牧民》。

2　《管子・牧民》。

3　《晏子春秋・景公問忠臣之事君何若　晏子對以不與君陷於難》。

4　《呂氏春秋・應同》。

5　《貞觀政要・君道第一》。

化主要有三種權力制約思想。一般認為，中國古代權力制約是通過道德維持的，事實上不僅如此，還有以法律制度制約權力的思想，一定程度上還涉及以權力制約權力的思想。

以制度制約權力的思想早在《管子》中就已經詳盡闡釋了。管子認為，國家權力必須加以限制，「故取於民有度，用之有止，國雖小必安；取於民無度，用之不止，國雖大必危」[1]，「君有三欲於民，三欲不節，則上位危。三欲者何也？一曰求，二曰禁，三曰令。求必欲得，禁必欲止，令必欲行。求多者，其得寡；禁多者，其止寡；令多者，其行寡。求而不得，則威日損；禁而不止，則刑罰侮；令而不行，則下淩上」[2]。對此，他提出的方案是「法制不議」「明陳其制」，[3]指出：「不法法，則事毋常；法不法，則令不行。令而不行，則令不法也；法而不行，則修令者不審也；審而不行，則賞罰輕也；重而不行，則賞罰不信也；信而不行，則不以身先之也。故曰：禁勝於身，則令行於民矣。」[4]不僅如此，他還詳盡闡釋了十八條君王禁律，涉及治國、修身、受祿、修行、治事、舉人、職事、議言、遠交、濟人等各方面。這些禁律在以後歷朝歷代長期繼承。後來的啟蒙思想家黃宗羲又一次提出通過「立制」制約權力。伏爾泰對此不由自主地讚美：「如果說曾經有過一個國家，在那裡人們的生命、名譽和財產受到法律保護，那就是中華帝國。執行法律的機構越多，行政系統就越

1 《管子・權修》。
2 《管子・法法》。
3 《管子・法禁》。
4 《管子・法法》。

不能專斷。」[1]

中國傳統政治文化中還包含以權力制約權力的思想。夏商周時期，君主和貴族元老組成「議事會」，與國家最高權力相互制約。在皇帝制度確立的同時，輔之以宰相制度，採用「封還詔書」和「不肯平署」等方式制約最高權力。[2]「所謂和者，君甘則臣酸，君淡則臣鹹」[3]，「君正臣從謂之順，君僻臣從謂之逆」[4]。唐甄在《潛書》中猛烈批評君主專制，要求重視宰相對君權的制約作用。顧炎武在《日知錄》中列舉了「士師不從君主三令」和唐朝可以封還駁正皇帝詔令的封駁制度，以反對君主獨裁專制。[5]黃宗羲同時提出以「宰相設政事堂，使新進士主之，或用待詔者」[6]來制約天子權力。伏爾泰對此也有評價：「在這種行政制度下，皇帝要實行專斷是不可能的。一般法令出自皇帝，但是，由於有那樣的政府機構，皇帝不向精通法律的、選出來的有識之士諮詢是什麼也做不成的。」[7]

總之，自上而下的選拔和自下而上的推舉兼而有之；「決策一參與議政」聯動結合；道德制約、制度制約、權力制約三位一體：這些都可以看到中國傳統政治文化中民主因素的體現。當然，這些因素有嚴重的歷史局限，不能過分抬高。比如，權力產生上，雖然選拔和推

1　〔法〕伏爾泰：《風俗論》下冊，商務印書館2013年版，第510頁。
2　參見胡世慶：《中國文化通史》上冊，浙江大學出版社2005年版，第153-155頁。
3　《晏子春秋・景公遊公阜一日有三過言晏子諫》。
4　《晏子春秋・景公嬖妾死守之三日不斂晏子諫》。
5　《日知錄・卷十二・封駁》。
6　《明夷待訪錄・置相》。
7　〔法〕伏爾泰：《風俗論》下冊，商務印書館2013年版，第509頁。

舉兼而有之，但所謂「推舉」只能停留在理想層面；權力運行上，議政的廣度深度大多取決於權威的釋放；權力監督上，這樣一些約束對於一意孤行的天子也難以奏效。但是，「觀念、範疇……是歷史的、暫時的產物」[1]，民主在任何歷史階段都有其不同蘊含，我們不能用今天的眼光苛求古人。

（四）中國傳統政治文化中民主蘊涵的特徵和影響

中國傳統政治文化中具備了民主發展所需的前提因素、核心因素和基本因素。這些因素是中華民族幾千年來對人類政治發展規律思索的結晶。這說明，同其他民族一樣，中華民族同樣是追求自由、民主、進步的民族。中國傳統民主文化有鮮明的自身特色，也產生了重要影響。中國傳統民主文化的主要特色：

首先，「天下為公」。中國古代思想家既強調個體意識，又強調個人心繫天下之社會責任；並且不認為最終裁定者是君主，而是「天意」。而「天意」一般就指整體概念的「黎民百姓」。這就樸素地從個人與社會之辯證關係的角度認識了人的本質，解釋了人類社會發展動力。正因為有這樣的特點，中國傳統民主文化還帶有某些社會主義色彩。當然這種特色亦有缺憾，即「黎民」「庶民」「百姓」同西方社會的「公民」畢竟存在一定差距。

其次，「權威秩序」。傳統政治文化在講民主因素的同時大都以秩序加以限定，而秩序的維持往往寄希望於強大權威。

1　《馬克思恩格斯文集》第1卷，人民出版社2009年版，第603頁。

再次，「多元爭鳴」。諸子百家都提出了帶有民主色彩的思想認識，形成了繽紛多彩的爭鳴局面。這樣複雜多樣的文化碰撞在西方是少有的。但缺點是過於零散而未形成徹底的邏輯體系。

最後，「聯合協商」。「天下為公」背景下，中國傳統反專制方式都以「平等聯合」形式呈現。相比於選舉競爭，通常情況下更多強調「兼聽則明」的協商討論。所有這些特色都是在亞細亞社會結構特點基礎上形成的。在這些特色民主文化的感染下，中國形成了比西方中世紀更繁榮的社會狀態。也正是這樣的特色，反映出亞細亞封建社會末期社會發展的遲滯。

中國傳統政治文化孕育著現代性民主政治因素，進一步影響著中國民主政治的進程。首先，中國近代民主主義思想與古代民主蘊含一脈相承。康有為在《孟子微》中以民主主義闡釋《孟子》經典，梁啟超在《讀孟子界說》中宣揚自由民主精神，譚嗣同在《仁學》中認為儒學仁愛之本質是民主主義的鼻祖。梁啟超在評價黃宗羲《明夷訪談錄》時指出：「梁啟超、譚嗣同輩倡民權共和之說，則將其書節抄，印數萬本，秘密散佈，於晚清思想之驟變，極有力焉。」[1]嚴復提出的「秦以來為之君，正所謂大盜竊國者耳」與唐甄的思想相契合。其次，中國傳統民主因素的影響深刻烙印在現當代中國民主實踐中。中國傳統民主因素的社會主義色彩使得中國近現代民主主義者都有接受社會主義的內在傾向；中國近現代民主實踐也無不是在權威強有力的領導下推進的；在一元意識形態指導下的民主化進程中也經常呈現百

1　梁啟超：《清代學術概論》，上海古籍出版社1998年版，第18頁。

花齊放的討論局面。今天中國特色社會主義民主中的選拔與推舉的上下聯動、各階層廣泛的政治參與協商，以及制度制約權力等思想都可以從中國傳統政治文化中找到源頭。中國共產黨繼承了傳統的民主政治，實行「一黨執政」，建立了選賢任能的幹部制度，進一步發展為新型的民主集中制，其中特別強調「民意」和「民心」，進而由「群眾路線」走向「人民民主」。可以說，理解中國傳統民主因素發展邏輯，就不難理解中國特色社會主義政治發展道路形成的獨立自主性；理解中國傳統政治文化民主因素的自身特色，也就不難理解中國特色社會主義民主的自身特色。其中蘊含的正是中國傳統政治民主思想的深刻影響。

中國傳統的政治民主特色都是在亞細亞社會結構特點基礎上形成的。漫長的歷史時期，中國傳統民主因素表現出「早熟」的優勢，成為中世紀中國比西方更繁榮昌盛的思想原因。但是後期「早熟」的劣勢就呈現出來，體現為發展的遲滯性。無論如何，中國傳統民主因素作為一種文化基因印記在民族的成長進步中。

首先，中國傳統政治文化的民主因素提供了中國民主形成的文化土壤。

民主的前提因素是自我意識和主體平等性的覺醒。民主的核心因素是「人民主權」。民主的基本因素是民主選舉、民主決策和民主監督。中國傳統政治文化中具備的這些民主發展所需的前提因素、核心因素和基本因素，體現了中華民族幾千年來對人類政治發展規律思索的結晶。正如習近平指出的，「民主……自由、平等……傳承著中國優秀傳統文化的基因」[1]。當然，在封建宗法的小農社會，中國傳統政治文化的民主性因素只能是不系統、不成熟、不徹底的，但這畢竟是民主主義在中國興起的文化土壤。

其次，中國傳統政治文化中的民主蘊含影響著中國民主的道路選擇。

「天下為公」的社會契約思想、「強權專政」的國家權力論、寄託權威實現民主理想，當代中國社會依然存有大量前現代性因素。作為後發展現代化國家，民主的推進離不開權威，這個權威就是中國共產黨的領導。不同民族、不同國家由於其自然條件和發展歷程不同，產生和形成的民主認識也各有特點。中華民族「天下為公」的社會契約思想內在導向社會主義民主；「強權專政」的國家權力論與馬克思主義民主理論相契合；寄託權威實現民主理想依然是當代中國民主推進的現實規定。今天的選拔與推舉的上下聯動、各階層廣泛的政治參與和民主協商以及以制度制約權力等思想都可在中國傳統民主思想中找到源頭。換言之，在中國特色社會主義民主道路形成中，中國傳統民主思想起到了內在導向的基礎性影響。

二、西方近代民主主義學說傳播與歷史指向

完整的民主主義學說是在西方創立的。西方民主主義衝破了「君權神授」的思想牢籠，創造性提出了「主權在民」「社會契約」「權

1 習近平：《青年要自覺踐行社會主義核心價值觀——在北京大學師生座談會上的講話》（2014年5月4日），《人民日報》2014年5月5日，第2版。

力制約」等學說。在這些思想的啟發下，西方國家實現了政治解放，把人類引領到新的歷史時代。

第一，「社會契約・自由權利」論。

西方早期啟蒙思想家已經認識到個人與社會辯證統一的關係。格勞秀斯第一個比較系統地提出了社會契約和天賦自然權利的學說。霍布斯認為「我承認這個人或這個集體，並放棄我管理自己的權利，把它授予這人或這個集體，但條件是你也把自己的權利拿出來授予他，並以同樣的方式承認他的一切行為。這一點辦到之後，像這樣統一在一個人格之中的一群人就稱為國家」[1]，同時肯定了人的自由，「任何人所擔負的義務都是他自己的行為中產生的，因為所有的人都同樣地是生而自由的」[2]。

第二，把「平等」的概念引入「自由」，把「秩序」引入「社會契約」，形成了「自由平等」與「社會秩序」並舉的「人民主權」論。

單強調「個體自由」是不夠的，還必須承認個體自由的平等性。洛克首先提出，「人們既然生來就享有完全自由的權利，並和世界上其他人或許多人平等，不受控制地享有自然法的一切權利和利益」[3]。孟德斯鳩認為，民主的氣氛是「自由平等的氣氛」，「門第出身，道德品行，甚至戎馬軍功，無論何等煊赫輝煌，也不能使一個人

1　〔英〕霍布斯：《利維坦》，商務印書館2013年版，第131-132頁。
2　〔英〕霍布斯：《利維坦》，商務印書館2013年版，第168頁。
3　〔英〕洛克：《洛克說自由與人權》，華中科技大學出版社2012年版，第56頁。

在芸芸眾生中超群出眾」。[1]盧梭指出：「大家生來都是平等和自由的。」[2]「平等」範疇的介入深化了對不同個體之間關係的認識，就必然豐富個人與社會關係的認識。西方思想家把「社會契約」論發展為「社會秩序」論，而社會秩序的維護通常以法律為手段。洛克指出：「真正的和唯一的政治社會是，在這個社會中，每一個成員都放棄了這一自然權力，把所有不排斥他可以向社會所建立的法律請求保護的事項都交給社會處理。」[3]盧梭提出：「除了把大家的力量集合起來形成一股力量，在一個動機的推動下，一致行動，才能戰勝阻力，否則，人類就不可能繼續存在」，「這股大力量，只有靠許多人的共同協作才能形成」。[4]孟德斯鳩也認為：「人們生來便是彼此聯結在一起的……這便是社會和社會形成的原因。」[5]

第三，引入「階級」範疇，認為「階級鬥爭」是「人民主權」的實現途徑。

階級鬥爭不是馬克思主義的發明。波旁王朝復辟時期，資產階級思想家已經認識到階級鬥爭是實現人民主權的根本途徑。他們反思法國大革命的歷史教訓，認為君主只不過是其所在階級的一個代表。只有團結一切資產階級並力爭拉攏人民大眾才能徹底推翻專制主義舊階級的統治。如同基佐指出的那樣，「社會各上層階級的盲目爭雄促使

1 〔法〕孟德斯鳩：《波斯人信劄》，商務印書館2010年版，第166頁。

2 〔法〕盧梭：《社會契約論》，商務印書館2012年版，第5頁。

3 〔英〕洛克：《洛克說自由與人權》，華中科技大學出版社2012年版，第57-58頁。

4 〔法〕盧梭：《社會契約論》，商務印書館2012年版，第18頁。

5 〔法〕孟德斯鳩：《波斯人信劄》，商務印書館2010年版，第175頁。

我們之間自由政府的試驗趨於失敗」，「同心協力一塊兒使自己變得自由和強大」，[1]才能徹底推翻專制制度。米涅認為，法國混亂的根源是「種種特殊的制度和各個集團特權的存在」，而法國革命的性質就是「使人們擺脫了階級的區分」[2]。米涅認可了革命是階級鬥爭的徹底形式。梯葉里等思想家也有相同的表述。但資產階級革命徹底勝利後，階級鬥爭的思想基本被他們拋棄了。

第四，引入「社會調控」「共同意志」和「經濟平等」範疇，形成「自由・社會民主」論。

西方經濟社會發展越成熟，其矛盾也越發暴露。包括馬克思主義在內的社會主義理論走上歷史舞臺後，西方民主主義還以自身的內在邏輯走向「自由・社會民主」論。民主要求平等，平等要求消滅階級特權，所以無論是否預料，「民主的力量就在於此，它會轉而反抗武裝過他們的自由」[3]。羅素闡釋了社會凝聚力並引入了「社會調控」範疇同時指出：「政府在其他領域的職能應當是鼓勵非政府性質的主動性，並且以寬容的態度為它的存在創造機會。」[4]霍布豪斯引入了「共同意志」範疇，認為「民主政治同樣建立在個人作為社會一員的職責上。它把共同利益建立在共同意志上，同時囑咐每一個聰明的成年人扮演一個角色」[5]並得出結論：「個人主義在解決現實問題時，與

1　〔法〕基佐：《法國文明史》第1卷，商務印書館1999年版，第2-3頁。

2　〔法〕米涅：《法國革命史》，商務印書館1977年版，第1頁。

3　〔義〕圭多・德・拉吉羅：《歐洲自由主義史》，吉林人民出版社2011年版，第57頁。

4　〔英〕伯特蘭・羅素：《權威與個人》，商務印書館2010年版，第76頁。

5　〔英〕霍布豪斯：《自由主義》，商務印書館2013年版，第116頁。

社會主義相差無幾。我們再一次發現，要維持個人自由和平等就必須擴大社會控制的範圍。」[1]科恩認為：「以社會為範圍的自治或是自主就是民主。」[2]儘管他未必承認，但這無疑與馬克思主義的社會理想契合。更多學者則引入「經濟平等」範疇。密爾通過產權制度逐步加深了對民主的認識，「對共產主義原則的實踐，並且通過將會在現有體系的運作中逐漸發動的改良，我們將會獲得不斷新鮮的觀點」[3]。科恩肯定經濟條件可以「提高我們對一般民主的認識」；「揭穿那些尚不具備民主必要條件的社會的騙人說法」；「指導經濟改革」以促進民主實現。[4]阿伯拉斯特提出：「民主內部有一個趨向社會主義的邏輯」，「一個積極有效的民主和壟斷性資本主義共存是多麼地困難」。[5]

西方資產階級以其強大的擴張性，想要迫使一切民族採用其現代政治文明形式。西方民主主義學說的傳播客觀上打斷了中國民主思想在專制主義禁錮中獨立但孤獨的成長命運，激發了民主主義在中國形成一個完整的學說體系。但是它的理論局限及其實踐教訓不得不使得中國人重新尋找民主的新思想。

西方民主主義思想在近代中國的傳播激發了民主主義在中國的進一步興起。

第一，開眼看世界，考察介紹西方民主政體。鴉片戰爭以後，中

1　〔英〕霍布豪斯：《自由主義》，商務印書館2013年版，第50頁。
2　〔美〕科恩《論民主》，商務印書館1988年版，第9頁。
3　〔英〕約翰·密爾：《密爾論民主與社會主義》，吉林出版集團有限責任公司2008年版，第340頁。
4　〔美〕科恩：《論民主》，商務印書館1988年版，第110頁。
5　〔英〕安東尼·阿伯拉斯特：《民主》，吉林人民出版社2005年版，第142頁。

國人就已經開始考察西方民主制了。梁廷枏介紹了美國國會制度，「凡國是既與民共議，議事之民，必慎選之」[1]。魏源也介紹了美國民主制的輪廓，「議事聽誦，選官舉賢，皆自下始，眾可可之，眾否否之，眾惡惡之，三占從二，捨讀循同，即在下預議之人（國會議員），亦先由公舉，可不謂周乎」[2]！徐繼畬在《瀛環志略》中更翔實地介紹了西方各民主國家政治制度。這樣一些介紹為中國知識份子打開了廣闊視野，對他們的思想認識造成了巨大衝擊。正是這樣的衝擊，一些先知先覺的知識份子完成了思想質變，民主主義學說開始在中國興起。

第二，吸收西方民主主義合理內核，完成「民本主義」到「民主主義」的質變。王韜以「民惟邦本」為邏輯起點提出了「君民共主」說，「惟君民共主，上下相通，民隱得以上達，君惠亦得以下逮」[3]。康有為以民主主義闡釋《孟子》經典，認為「民貴君輕」是「孟子立民主之制」。他重申了黃宗羲的民主精神，認為「民為主而君為客，民為主而君為僕」，指出西方民主政體實際上是「天下為公，選賢與能」。[4]梁啟超引進「自由」精神詮釋中國經典，認為「個體獨立之人格」是「浩然之氣」的內涵所在。譚嗣同把「仁學」作為「自由平等」的理論依據，認為「通」是「仁學」的「第一義」，在政治領域就是打破上下等級的尊卑貴賤，實現君臣平等。嚴復繼承了「天生民而立之君」的思想，提出「惟天生民，各具賦畀，得自由者乃為全受」，

---

1 梁廷枏：《海國四說》，中華書局1993年版，第73頁。

2 魏源：《海國圖志》，嶽麓書社1998年版，第1611頁。

3 王韜：《弢園文錄外編》，上海書店出版社2002年版，第19頁。

4 《禮記・禮運》。

進而得出「以自由為體，以民主為用」的結論。[1]孫中山則把「民本」思想發展為其「民權」思想。《中山全書》中寫道：「中國古昔有唐虞之揖讓，湯武之革命。其垂為學說者，有所謂『天視自我民視，天聽自我民聽』；有所謂『聞誅一夫紂，未聞弒君』；有所謂『民為貴、君為輕』；此不可謂無民權思想矣。」[2]

第三，提出整套民主的政治主張，開啟中國民主進步的閘門。既然對民主的本質有了認識，那麼民主的國家究竟需要怎樣的制度安排？先進的中國知識份子繼續設想了在中國實現民主的政治模式。按照實踐的先後順序，依次產生了「君主立憲」和「民主共和」兩種思想。君主立憲思想效法英日等國，主張在保留君主前提下興議院開國會，三權分立，建立君民共主國。如康有為提出的：「以國會立法，以法官司法，以政府行政，而人主總之，立定憲法，同受治焉。」[3]民主共和思想效法美國，主張廢除帝制，建立民選政府。如孫中山提出的：「今者由平民革命以建國民政府，凡為國民皆平等以有參政權。大總統由國民公舉。議會以國民公舉之議員構成之，制定中華民國憲法，人人共守。」[4]此外孫中山還獨創地提出了「五權」政治思想。

西方民主主義學說為人類做出了重大歷史貢獻，但也有其致命弊端，就是形式上的民主討論掩蓋了資本主義實質上的不民主。對此，

---

1 《嚴復集》第1冊，中華書局出版社1986年版，第3、11頁。

2 轉引自馮天瑜、何曉明、周積明：《中華文化史》，上海人民出版社2010年版，第695頁。

3 《康有為政論集》上冊，中華書局1981年版，第338頁。

4 《孫中山選集》上冊，人民出版社2011年版，第82頁。

中國民主主義思想家早就有所覺察。康有為在《大同書》中揭露了西方社會的階級對立的殘酷現實。章太炎深刻揭示了西方代議制的弊病，認為：「選充議士者，大抵出於豪家，名為代表人民，其實依附政黨，與官吏朋比，挾持門戶之見，則所計不在民生利病，惟辯於私黨之為。」[1]梁啟超在《歐洲心影錄》中更是論述了西方社會的種種危機。孫中山同樣很早認識到「平等」只是西方社會的空頭支票。[2]特別是照搬西方政治模式實踐先後失敗的慘痛歷史教訓不得不使中國人重新思考和選擇自己的民主模式及其實踐途徑。

近代西方民主主義思潮在中國的傳播和發展，極大地影響了中國近代民主主義的發展。一方面將中國迅速納入世界民主主義體系之中，使得民主思想在中國近代開始深入人心；另一方面，先進分子對西方民主弊端的認識以及西方民主在中國實踐的失敗，又迫使中國人開始重新思考新出路。換言之，西方資本主義民主思想傳播以及實踐失敗，給正處在新的選擇中的中國人一個新的歷史指向，那就是要走資本主義之外的民主道路。

三、馬克思主義民主理論的指導與根本取向

中國特色社會主義民主是在馬克思主義指導下形成的，理解中國特色社會主義民主的形成，不能不從馬克思主義那裡找到其理論淵源和線索。

---

1 章太炎：《五無論》，《辛亥革命前十年間時論選集》第2卷下冊，生活·讀書·新知三聯書店1963年版，第755頁。

2 《孫中山選集》上冊，人民出版社2011年版，第90頁。

第一，馬克思主義以「現實的人」取代「抽象的人」，以「變革的社會關係」取代「靜態的社會秩序」「能動的實踐」取代「消極的束縛」討論個人與社會關係，從而徹底奠定了民主的理論基礎。

馬克思主義在「有意識有目的的實踐活動」意義上科學地肯定人的主體性。同時指出，實踐主體的人是現實的人，在社會中從事實際活動的人，「人的本質不是單個人固有的抽象物，在其現實性上，是一切社會關係的總和」[1]。馬克思主義認為：「每個人都有社會空間來展示他的重要的生命表現」，「既然人天生就是社會的，那他就只能在社會中發展自己的真正的天性；不應當根據單個個人的力量，而應當根據社會的力量來衡量人的天性的力量」。[2]過去思想家總是把社會關係看作人的枷鎖，「奴役的鏈條是由於人們的互相依賴和使他們聯合在一起互相需要形成的」[3]。馬克思則不同，認為社會關係的變革與人性的發展相互協同。「環境的改變和人的活動或自我改變的一致，只能被看作是合理地理解為革命的實踐。」[4]總之，馬克思主義科學地揭示了「現實的人」和「具體的社會關係」以「能動的實踐」相互一致，闡明了通過人們社會關係的調整最終確立人類民主。「自由人的聯合體」不僅成為徹底民主的必要，也成為革命的實踐創造的可能。

第二，馬克思主義以「一定物質資料生產方式為基礎的社會形

---

1 《馬克思恩格斯選集》第1卷，人民出版社2012年版，第135頁。

2 《馬克思恩格斯文集》第1卷，人民出版社2009年版，第335頁。

3 〔法〕盧梭：《論人與人之間不平等的起因和基礎》，商務印書館2012年版，第81頁。

4 《馬克思恩格斯選集》第1卷，人民出版社2012年版，第134頁。

態」規定「階級矛盾不可調和的國家形態」，以「階級屬性」規定「人民範疇」，不僅規範地揭示了民主的一般規定，而且科學地揭示了民主的本質規定和形式規定。

民主的確立要基於社會關係的調整，那麼什麼是真正民主的社會形態？馬克思主義認識到，要科學地回答這個問題，不能停留在一般的哲學討論，而是要研究基於一定物質生產資料生產方式的經濟社會。「物質生活的生產方式制約著整個社會生活、政治生活和精神生活的過程。」[1]也就是說，民主的發展程度取決於物質生產力的現實規定，民主的性質內涵則取決於占統治地位的生產關係。「民主」是政治範疇，需要具體地討論國家制度。在吸收西方民主主義合理內核的基礎上，馬克思主義更加規範地提出民主的一般規定，即「人民的自我規定」[2]。馬克思主義經典作家沒有停留於此，「這些觀念、範疇也同它們所表現的關係一樣……是歷史的、暫時的產物」[3]。馬克思主義認為，「國家是階級統治的機關，是一個階級壓迫另一個階級的機關是建立一種『秩序』來抑制階級衝突使這種衝突合法化、固定化」。因此民主「同任何國家一樣也是有組織有系統地使用暴力這是一方面。但另一方面民主意味著在形式上承認公民一律平等承認大家都有決定國家制度和管理國家的平等權利」[4]進一步揭示了作為民主是實質規定和形式規定。

1　《馬克思恩格斯選集》第2卷，人民出版社2012年版，第2頁。
2　《馬克思恩格斯全集》第3卷，人民出版社2002年版，第39頁。
3　《馬克思恩格斯文集》第1卷，人民出版社2009年版，第603頁。
4　《列寧選集》第3卷，人民出版社2012年版，第201頁。

從實質規定上看民主是經濟上占統治地位的階級的政治意志是對於統治階級內部的權力平等和對於被統治階級專政壓迫的統一。如前所述，「階級」和「階級鬥爭」不是馬克思主義的發明。馬克思發展了「階級」和「階級鬥爭」理論認為「階級的存在僅僅同生產發展的一定歷史階段相聯繫」；「階級鬥爭必然導致無產階級專政」；「這個專政不過是達到消滅一切階級和進入無階級社會的過渡」。[1]「資產階級的國家政權不過是管理整個資產階級的共同事務的委員會罷了。」[2]要實現被壓迫階級的解放，就必須砸碎舊的國家機器，以無產階級專政組織廣大勞動人民建設當家作主的新社會。從形式規定上看，民主作為政權組織形式，要求統治階級內部實行權力平等，與專制政體有根本區別。馬克思主義從來不認為無產階級上升到統治階級就一定能實現民主，而是強調政權組織體系需要精心設計，正如馬克思在評價巴黎公社時指出的：「公社最偉大的措施還是它本身的組織。」[3]列寧投入了大量精力思索無產階級政權的組織體系，把民主集中制作為無產階級政權的根本組織原則。

第三，馬克思主義以「個人和人民群眾」的歷史主體論把「個人主義」擴展為「個人權利和普遍人權」，闡釋了「社會主義公民社會」中「主體人」的新內涵。

民主是主體人和客體國家制度的相互生成。其中，「民主制從人

1 《馬克思恩格斯文集》第10卷，人民出版社2009年版，第106頁。
2 《馬克思恩格斯選集》第1卷，人民出版社2012年版，第402頁。
3 《馬克思恩格斯選集》第3卷，人民出版社2012年版，第142頁。

出發，把國家變成客體化的人」[1]。馬克思主義理論中的「人」包括兩種含義：一是每個個人；二是人民群眾。

在馬克思看來，「任何人的職責、使命、任務就是全面地發展自己的一切能力……」[2]在政治生活中，「人權表現為自然權利，因為有自我意識的活動集中於政治行為」[3]。現代社會理應是市民社會。馬克思主義還闡釋了個人自我實現和他人自我實現之間的互動聯繫。在任何情況下，個人總是「從自己出發的，但由於從他們彼此不需要發生任何聯繫這個意義上說他們不是唯一的，由於他們的需要即他們的本性，以及他們求得滿足的方式，把他們聯繫起來（兩性關係、交換、分工）所以他們必然要發生相互關係」[4]。所以個人的自我實現並不意味著「物競天擇、適者生存」，而是要通過彼此聯合才能全面自由充分地完善自我。馬克思主義不僅闡釋了個人與他人自我實現的關係，還進一步闡釋了每個人自我實現相互作用的最終結果，這就是著名的歷史合力理論。在政治生活中，「現代國家通過普遍人權承認了自己的這種自然基礎本身」[5]。馬克思說：「只有當現實的個人把抽象的公民複歸於自身，並且作為個人，在自己的經驗生活、自己的個體勞動、自己的個體關係中間，成為類存在物的時候，只有當人認識到自身『固有的力量』是社會的力量，並把這種力量組織起來因而不再把政治力量的形式同自身分離的時候，只有到了那個時候，人的解

---

1 《馬克思恩格斯全集》第3卷，人民出版社2002年版，第40頁。
2 《馬克思恩格斯全集》第3卷，人民出版社1960年版，第330頁。
3 《馬克思恩格斯全集》第3卷，人民出版社2002年版，第188頁。
4 《馬克思恩格斯全集》第3卷，人民出版社1960年版，第514頁。
5 《馬克思恩格斯文集》第1卷，人民出版社2009年版，第313頁。

放才能完成。」[1]馬克思主義把個人權利的實現建立在現實基礎上，認為只有個人佔有生產資料、物質利益和精神需求得到滿足、擺脫社會的政治的民族的剝削壓迫、實際參與管理政治生活，個人權利才能實現。因此，社會主義理應成為個人權利充分發展的市民社會，也理應成為人民群眾大聯合的市民社會。

近代中國西方民主的實踐失敗了，中國先進分子面臨新的選擇。可以說，近代中國思想演進的主流是追求資本主義民主，中國傳統的民主思想在近代中國並不是主流，而當中國近代資本主義民主探索和實踐失敗時，中國傳統民主思想將在新的選擇中產生決定性的影響。中國傳統民主思想以其固有特質溝通著中國人與社會主義民主之間的內在聯繫，成為中國近代民主主義者走向社會主義民主的思想橋樑。特別是，十月革命一聲炮響為中國送來了馬克思主義。馬克思主義以其理論的系統性、成熟性和可行性為中國民主實踐帶來了新的方向。

第一，馬克思主義是民主理論的科學形態，從而根本上成為中國民主的行動指南。

一是馬克思主義闡明了通過人們社會關係的調整最終確立人類民主，成為人類歷史發展至今唯一一個在完全現實意義上建立人類民主理想的文化思想體系。馬克思主義在「有意識有目的的實踐活動」意義上科學地肯定人的主體性。並指出，實踐主體的人是現實的人，在社會中從事實際活動的人，「人的本質……在其現實性上，是一切社

1 《馬克思恩格斯全集》第3卷，人民出版社2002年版，第189頁。

會關係的總和」[1]。馬克思主義認為社會關係的變革與人性的發展相互生成。由此揭示了現實的人和具體的社會關係以能動的實踐相互一致，這就為民主建立了科學的理論基礎。

二是馬克思主義科學地提出了民主的社會形態和國家形態，從而正確揭示了民主的一般規定、本質規定和形式規定。民主的確立要基於社會關係的調整，那麼什麼是真正民主的社會形態？馬克思主義認識到，要科學地回答這個問題，必須研究基於一定物質生產資料生產方式的經濟社會。「物質生活的生產方式制約著整個社會生活、政治生活和精神生活的過程。」[2]這就是說，民主的發展程度取決於物質生產力的現實規定；民主的性質內涵則取決於占統治地位的生產關係。馬克思主義提出了民主的一般規定，即「人民的自我規定」[3]，並進一步得出：「國家是階級統治的機關，是一個階級壓迫另一個階級的機關，是建立一種『秩序』來抑制階級衝突，使這種衝突合法化、固定化」，民主「同任何國家一樣，也是有組織有系統地使用暴力，這是一方面。但另一方面，民主意味著在形式上承認公民一律平等，承認大家都有決定國家制度和管理國家的平等權利」。[4]由此，馬克思主義揭示出民主的實質規定和形式規定：民主是經濟上占統治地位的階級的政治意志，是對於統治階級內部的權力平等和對於被統治階級專政壓迫的統一；民主作為政權組織形式，要求統治階級內部實行權力平等，與專制政體有根本區別。

1　《馬克思恩格斯選集》第1卷，人民出版社2012年版，第135頁。

2　《馬克思恩格斯選集》第2卷，人民出版社2012年版，第2頁。

3　《馬克思恩格斯全集》第3卷，人民出版社2002年版，第39頁。

4　《列寧選集》第3卷，人民出版社2012年版，第201頁。

三是馬克思主義科學地揭示了人民群眾是歷史發展的根本動力，從而準確把握了民主「主體人」的新內涵。在馬克思看來，「任何人的職責、使命、任務就是全面地發展自己的一切能力……」[1]政治生活中，「人權表現為自然權利，因為有自我意識的活動集中於政治行為」[2]。馬克思主義還闡釋了個人自我實現和他人自我實現之間的互動聯繫。個人總是「從自己出發的，但由於從他們彼此不需要發生任何聯繫這個意義上說他們不是唯一的，由於他們的需要即他們的本性，以及他們求得滿足的方式，把他們聯繫起來 ……所以他們必然要發生相互關係」[3]。在闡釋個人與他人自我實現的關係基礎上，馬克思主義還進一步闡釋了每個人自我實現相互作用的最終結果，這就是著名的歷史合力理論。「歷史活動是群眾的活動，隨著歷史活動的深入，必將是群眾隊伍的擴大」[4]，在政治生活中，「現代國家通過普遍人權承認了自己的這種自然基礎本身」[5]。從中國共產黨人對民主的探索歷程看，馬克思主義民主理論中國化的形態最初是毛澤東的「民眾的大聯合」，後來是黨的群眾路線；馬克思主義民主理論制度形態就是人民民主專政。

第二，馬克思主義民主理論超越了西方民主主義學說，因而成為中國民主進步的新理想；它又與中國傳統民主思想相契合，因而又成為中國民主道路的現實選擇。

---

1 《馬克思恩格斯全集》第3卷，人民出版社1960年版，第330頁。
2 《馬克思恩格斯全集》第3卷，人民出版社2002年版，第188頁。
3 《馬克思恩格斯全集》第3卷，人民出版社1960年版，第514頁。
4 《馬克思恩格斯文集》第1卷，人民出版社2009年版，第287頁。
5 《馬克思恩格斯文集》第1卷，人民出版社2009年版，第313頁。

中華民族對理想社會的探求從來沒有停止過。西方民主主義學說的政治理想在近代中國宣告破產，中國人民只能去選擇具有超越意義的更崇高的民主理想。馬克思主義以「現實的人」取代「抽象的人」，以「變革的社會關係」取代「靜態的社會秩序」，以「人與社會能動的實踐」取代「社會對人的消極的束縛」，超越了以往個人與社會關係的理解，奠定了民主的理論前提；馬克思主義依據生產方式認識社會形態，道破了所謂「社會契約」的本質；馬克思主義以「一定物質資料生產方式為基礎的社會形態」規定「階級矛盾不可調和的國家形態」，以「階級屬性」規定「人民範疇」，不僅規範地揭示了民主的一般規定，而且科學地揭示了民主的本質規定和形式規定；馬克思主義以「個人和人民群眾」的歷史主體論把「個人主義」擴展為「個人權利和普遍人權」。所有的一切說明，馬克思主義民主理論在吸收西方民主主義合理內核的基礎上完成，又把民主理論立足於現實基礎上，提出了更崇高的社會主義民主理想。

理論能否產生強大影響，不僅取決於它本身的科學性、徹底性和崇高性，更取決於它的現實需要性、適應性和可行性。這個意義上，馬克思主義民主理論對中國人來說更是彌足珍貴。中國社會契約的獨特形態表現了個人與社會的和諧完美，與馬克思主義個人與社會關係高度和諧的社會理想內在一致。中國傳統政治文化內生著人民主權論，還以「強權專政」探討了國家權力的實際本質。馬克思主義認為，國家權力本來就是人民賦予的，但現實中國家權力卻是維護統治階級而鎮壓另一個階級的機器。中國傳統民主思想不可能出現「階級」概念，但樸素地認識到國家是有組織的暴力。這表明中國傳統政治文化的權力觀與馬克思主義國家觀相互契合。中國傳統民主思想的整體群眾觀也與馬克思主義群眾觀宗旨一致。而這一系列的契合，是西方民主主義學說無法具有的。既然如此，選擇馬克思主義指導中國民主實踐便現實而可行。

第三，馬克思主義民主理論還闡明了社會主義民主的成熟形態和現實規定，指出了東方國家社會主義民主的發展途徑，從而又為建立後的社會主義民主有序發展提供了根本指導。

社會主義民主是迄今為止人類社會形成的最高民主，它實現了勞動群眾治理國家的民主本質。但是社會主義民主並不是社會主義制度建立就能立即完成的，它需要長期充分地發展才能達到高度成熟。民主的性質取決於占統治地位的生產關係，但民主的發展程度取決於以物質生產力為基礎的社會文化發展狀況。千百萬勞動者親自管理國家是社會主義民主的成熟形態。「社會主義不是按上面的命令創立的」，「生動的創造性的社會主義是由人民群眾自己創立的」。[1]無產階級先鋒隊代表人民管理國家是東方國家社會主義民主的現實規定。這些國家大量封建宗法性質的小農經濟文化仍然並長期制約著民主政治的發展。商品是天生的平等派，但是東方各國沒有一個商品經濟充分發展的歷史階段，落後的歷史文化同樣夢魘般地縈繞。所以東方各國現代化政治發展也往往寄託權威。在東方社會主義國家，這個權威便是先鋒隊即共產黨的領導。所以，把黨的領導和人民當家作主結合起來，以黨內民主帶動人民民主，通過政治體制改革和民主政治建設有序擴

1 《列寧論蘇維埃政權建設》上冊，法律出版社1958年版，第13頁。

大人民民主，也就成為這些國家發展社會主義民主的有效途徑。中國特色社會主義民主也就是因此而增量發展。換言之，在中國特色社會主義民主道路形成過程中，馬克思主義民主理論起著決定性影響。

四、歷史合力與中國特色社會主義民主的形成

正當中國面臨民主發展道路選擇時，三股力量組成的歷史強力開始在近代中國凝聚：中國傳統民主因素自身演進與內在導向；西方民主主義學說的傳播與歷史指向；馬克思主義理論指導與根本取向。

首先，三股力量時間上依次遞進，從民本主義到民主主義，從自由民主主義到新民主主義，最終由新民主主義導向中國特色社會主義民主。

中國的民主主義最早產生於民本主義的基礎上。明清之際，啟蒙思想家開啟了從「民本主義」到「民主主義」轉變的先河。近代中國知識份子吸收西方民主主義合理內核，把傳統民本主義發展為自由民主主義。譚嗣同認為仁學之精髓在於平等仁愛，他提出「而則其國之賢明者，為之民主……俾人人自主，有以圖存，斯信義可復也」[1]。梁啟超系統地論述自由權利「天下第一大罪惡，莫甚於侵人之自由，而放棄己之自由者，最亦如之……人人自由而以他人之自由為界」[2]。此時中國人吸收的已經是壟斷時期有社會主義色彩的民主主

1　譚嗣同：《仁學》，《譚嗣同集》，嶽麓書社2012年版，第380頁。

2　梁啟超：《自由書・放棄自由之罪》，載《清議報》第30冊，1899年10月15日。

義了。同時，他們還看到了西方民主的虛偽性。他們從當時最先進的社會主義理論中汲取營養，形成了中國的社會民主主義理論。梁啟超先後發文章探討社會主義，「講到國民生計上，社會主義自然是現代最有價值的學說」[1]。他主張以「資本和勞工的互助」「國家分配公平」「生產消費組合」「工人自治」等方式改良中國社會。[2]孫中山在一九一二年就指出：「社會主義之國家，人民既不存尊卑貴賤之見，則尊卑貴賤之階級，自無形而歸於消滅……幸福不平而自平，權利不等而自等，自此演進，不難致大同也。」

十月革命一聲炮響為中國送來了馬克思列寧主義。孫中山站在時代最前列，追隨列寧的思想，認為列寧的著作「是建立在一定會掌握和統治人類的思想和希望的這樣的社會觀念上的」[3]。在馬克思列寧主義的影響下，孫中山正確地指出西方民主制的弊端，肯定了俄國蘇維埃制度，認為「惟想這種人民獨裁的政體，當然比代議政體改良得多」[4]。他提出「不是要學歐美，步他們的後塵；是用我們的民權主義，把中國改造成一個『全民政治』的民國」[5]，「實行普通選舉制，廢除以資產為標準之階級選舉」[6]。中國共產黨人發展了孫中山的新三民主義，抗日戰爭時期提出了「新民主主義共和國」理論。「國體——各革命階級聯合專政。政體——民主集中制。這就是新民主主

1 《梁啟超選集》，上海人民出版社1984年版，第729頁。
2 《梁啟超選集》，上海人民出版社1984年版，第730頁。
3 《孫中山選集》下卷，人民出版社2011年版，第632頁。
4 《孫中山選集》下卷，人民出版社2011年版，第786頁。
5 《孫中山選集》下卷，人民出版社2011年版，第786頁。
6 《孫中山選集》下卷，人民出版社2011年版，第620頁。

義的政治，這就是新民主主義的共和國。」[1]新中國成立前夕，毛澤東把「各革命階級聯合專政」概括為「人民民主專政」。

新中國成立後，第一代中國共產黨領導集體帶領人民創立了作為社會主義根本政治制度的人民代表大會制度，作為我國一項基本政治制度的中國共產黨領導的多黨合作和政治協商制度，創立了我國第一部社會主義憲法和社會主義政治發展的若干原則。第二代中國共產黨領導集體進一步指出建立適合國情的社會主義政治體制，提出了政治體制改革的宏觀目標（即鞏固社會主義制度；發展社會主義社會的生產力；發揚社會主義民主，調動人民的積極性）和微觀目標（即始終保持黨和國家的活力；克服官僚主義，提高工作效率；調動基層工人、農民和知識份子的積極性）。新時期新階段，中國共產黨人明確提出走「中國特色社會主義政治發展道路」:「堅持中國特色社會主義政治發展道路，堅持黨的領導、人民當家作主、依法治國有機統一，堅持和完善人民代表大會制度、中國共產黨領導的多黨合作和政治協商制度、民族區域自治制度以及基層群眾自治制度，不斷推進社會主義政治制度自我完善和發展。」中國特色社會主義民主在中華民族偉大復興的中國夢中不斷成熟。

其次，三股力量空間上長期共存，其中馬克思主義民主理論是指導力量，中國傳統民主因素是傳承力量，西方民主主義理論是影響力量，它們形成了歷史的合力，推進了中國特色社會主義民主的形成。

康有為、梁啟超、譚嗣同、孫中山、陳獨秀、李大釗等無不是在

1 《毛澤東選集》第2卷，人民出版社1991年版，第677頁。

繼承中國傳統民本精華並在黃宗羲的基礎上完成向民主主義的思想質變的。「從孔夫子到孫中山，中華民族傳統文化有它的許多珍貴的品質，許多人民性和民主性的好東西。」[1]傳統民主蘊含對個人與社會關係及對權力的認識，為馬克思主義在中國生根發芽提供了土壤。今天的選拔與推舉的上下聯動、各階層廣泛的政治參與和民主協商以及以制度制約權力等思想都可以從中國傳統政治文化中找到源頭。傳統民主因素的社會主義色彩使得中國先進分子有接受社會主義的內在傾向；中國近現代民主實踐也無不是在權威強有力的領導下推進的；一元意識形態指導下的民主化進程中也經常呈現百花齊放的討論局面。

西方民主主義理論提出「主權在民」「社會契約」「權力制約」等學說，凝練了「自由、民主、平等、博愛」的核心價值，闡釋了民主的國家形態。「主權在民」「公民權利」「權力制衡」「憲政法治」等是現代國家的應有之義。同時民主主義學說還有導向社會主義的內在邏輯。在歷史發展進程中，先知先覺的西方政治思想家又一定程度上力圖克服其自身的理論局限，形成了不斷接近社會主義民主的理論思索，「現代社會主義，……就其理論形式來說，它起初表現為十八世紀法國偉大的啟蒙學者們所提出的各種原則的進一步的、據稱是更徹底的發展」[2]。當代中國政治發展道路也是在「積極借鑒人類政治文明有益成果，絕不照搬西方政治制度模式」[3]的條件下開闢形成的。

馬克思主義民主理論是在充分吸收西方民主主義合理內核的基礎

---

1 溫家寶：《把目光投向中國》，人民教育出版社2013年版，第51頁。

2 《馬克思恩格斯選集》第3卷，人民出版社2012年版，第391頁。

3 胡錦濤：《堅定不移沿著中國特色社會主義道路前進　為全面建成小康社會而奮鬥》，人民出版社2012年版。

上形成的。「關於人性本善和人民天資平等……同共產主義和社會主義有著必然聯繫。」[1]同時它又拋棄了西方民主主義的抽象解釋，成為人類歷史發展至今唯一一個在完全現實意義上建立人類民主理想的文化思想體系。中國人民不僅接受了馬克思主義本身，還把馬克思主義理論融合於中國文化中，在解決中國實際問題的基礎上不斷推進馬克思主義民主理論的中國化。沒有單純地使用「無產階級專政」這一範疇，而是確立了「人民民主專政」的新範疇。「人民民主專政」範疇既豐富了馬克思主義民主理論，又表現出根植於中國文化的中國氣派和中國表達，在建設中國特色社會主義的新時期進一步豐富發展。

總之，民主是人類文明自我提升的內在追求。任何文明「都是順著同一個懸崖從底層的起點向高處同一個目標攀登」[2]，有著厚重文明積澱的中華民族同樣如此。中國特色社會主義民主的形成不是偶然的、孤立的歷史現象，也不是中國共產黨的「標新立異」，而是獨立自主地遵循人類政治文明發展邏輯的歷史必然。其中給我們以重要的啟示：

第一，中國特色社會主義民主的形成是中國傳統民主思想、西方民主主義思潮以及馬克思主義民主三者辯證統一和邏輯遞進的結果。

中國傳統民主思想、西方民主主義思潮以及馬克思主義民主三者在中國特色社會主義民主形成中是辯證統一的關係，中國傳統政治文化中的民主蘊涵是中國特色社會主義民主形成的邏輯基礎，它為中國

---

1 《馬克思恩格斯文集》第1卷，人民出版社2009年版，第334頁。

2 〔英〕阿諾德·湯因比：《歷史研究》上卷，上海世紀出版集團2010年版，第242頁。

特色社會主義民主發展提供了土壤；西方民主主義思潮激發了先進的中國人衝破思想牢籠，完成傳統民主思想向近代民主主義的飛躍，使民主觀念深入人心；而當中國人在實踐中照搬西方民主方案，由於脫離中國自身的歷史條件而走向失敗，進一步面臨著新的選擇時，傳統民主思想溝通了中國人與社會主義民主之間的內在聯繫，馬克思主義的社會主義成為中國人走向民主的行動指南。正是建立在這一悠久的歷史淵源和宏闊的思想視野基礎上，中國共產黨人根據馬克思主義理論指導，依據於中國傳統以及後發展國家的實際，實現了中國共產黨的一黨領導；吸取民主的基本內核，依據馬克思主義民主的指導，實現了經由群眾路線發展到人民民主；依據於中國傳統的平等追求根據於民主的基本要求，實現依法治國。正是這一切邏輯發展，開創了中國特色社會主義民主的新時代。

第二，在中國特色社會主義民主形成中，三股思潮的綜合作用是建立在特定的歷史條件和經濟基礎之上的。

馬克思指出：「物質生活的生產方式制約著整個社會生活、政治生活和精神生活的過程。」[1]中國特色社會主義民主正是在中國特定的生產方式矛盾運動中開闢道路的。鴉片戰爭以前，亞細亞式的封建宗法小農生產方式是中國社會的基礎。一方面專制主義必然是占統治地位的意識形態；另一方面統治階級為了緩和社會矛盾、維護統治秩序與專制主義相反相成的民本主義同樣成為中國政治文化傳統。儘管與專制主義異曲同工，但民本主義畢竟在處理個人和國家關係中更側

1　《馬克思恩格斯選集》第2卷，人民出版社2012年版，第2頁。

重於民，也就一定程度地體認了政治發展動力和社會歷史發展規律。

在半殖民地半封建的近代中國社會，自給自足的自然經濟崩潰了，但剛開始發展的民族資本主義始終未能成為主要經濟形式。封建土地所有制依然維持，並與買辦和高利貸資本一起，在近代中國經濟社會中占主要地位。在這樣的經濟社會基礎上，中國的民族資產階級「也還是在一定時期中和一定程度上，保存著反對外國帝國主義和反對本國官僚軍閥政府（這後者，例如在辛亥革命時期和北伐戰爭時期）的革命性，可以同無產階級、小資產階級聯合起來，反對它們所願意反對的敵人……但同時，也即是由於他們是殖民地半殖民地的資產階級，他們在經濟上和政治上是異常軟弱的，他們又保存了另一種性質，即對於革命敵人的妥協性」[1]近代中國社會資本主義「先天不足」，中國民族資產階級力量不夠強大，資產階級民主模式在中國缺乏賴以生存的社會基礎，不顧本國國情地照搬西方民主主義政治模式必然走向失敗。

但是，隨著半殖民地半封建社會資本主義的發展，無產階級成為「中國新的生產力的代表者，是近代中國最進步的階級」[2]。它不僅具有一般無產階級的優點，同時由於受帝國主義、本國資產階級、本國封建勢力的三重壓迫，沒有歐洲社會改良主義的經濟基礎，因而成為最革命最先進的階級。因此，中國的民主革命只能是無產階級領導下實現資產階級的歷史任務，同時又必然走向非資本主義的政治前途。中國農民階級是中國經濟社會的主要力量，而且工人階級與農民階級

---

1 《毛澤東選集》第2卷，人民出版社1991年版，第673頁。

2 《毛澤東選集》第1卷，人民出版社1991年版，第8頁。

有著天然聯繫；中國小資產階級和民族資產階級具有不同程度的革命性，是中國民主革命必須聯合的重要力量。這意味著中國的政治前景必然是更廣闊的代表無產階級的中國共產黨領導下的人民民主形態。

第三，中國特色社會主義民主又是在中國共產黨領導下順應歷史潮流，並沿著特定的政治發展道路不斷推進的。

中國共產黨人順應了歷史潮流，是開闢中國特色社會主義民主的政治勢力和主體力量。以毛澤東為代表的中國共產黨人繼承了新三民主義的本質精神，遵循了馬克思列寧主義的基本原則，創造性地從國體和政體兩方面闡釋新民主主義共和國，豐富了人類民主的理論寶庫。新中國成立前夕，毛澤東把「各革命階級聯合專政」概括為「人民民主專政」，體現了人民民主廣闊的社會基礎，又體現了民主專政範疇的統一。毛澤東進一步創立了作為社會主義根本政治制度的人民代表大會制度，創立了作為我國一項基本政治制度的中國共產黨領導的多黨合作和政治協商制度，形成了我國社會主義民主政治發展的若干原則。改革開放以來，以鄧小平為核心的黨的第二代領導集體提出依據中國國情建設中國特色社會主義民主。以江澤民為核心的黨的第三代領導集體又創造性提出了建設中國特色社會主義政治文明。此後，以胡錦濤為總書記的黨中央提出走「中國特色社會主義政治發展道路」。中國特色社會主義民主道路在中華民族偉大復興的中國夢征程中不斷成熟。黨的十八屆三中全會決議進一步提出，「緊緊圍繞堅持黨的領導、人民當家作主、依法治國有機統一深化政治體制改革，加快推進社會主義民主政治制度化、規範化、程序化，建設社會主義法治國家，發展更加廣泛、更加充分、更加健全的人民民主」。正是在馬克思主義民主理論的指導下，中國共產黨領導人民開創了工人階級領導的人民民主，建立了民主集中制的政權組織形式，開闢了黨的領導、人民當家作主、依法治國有機統一的中國政治發展道路，在社會進步的基礎上實現了民主的增量發展。中國特色社會主義民主因此得以不斷完善和成熟。

五、中國特色社會主義民主邏輯形成的規律

第一，中國特色社會主義民主的形成和演進，實現了民主思想邏輯遞進與民主實踐的回饋提升，遵循了社會意識自身演進與社會實踐的辯證發展規律，即思想理論演進規律。

中國特色社會主義民主形成實現了民主思想的辯證統一和邏輯遞進。如前所述，中國傳統政治文化中的民主蘊涵是中國特色社會主義民主形成的邏輯基礎，它為中國特色社會主義民主發展提供了土壤；西方民主主義思潮激發了先進的中國人衝破思想牢籠，完成傳統民主思想向近代民主主義的飛躍，使民主觀念深入人心；而當中國人在實踐中照搬西方民主方案，由於脫離中國自身的歷史條件而走向失敗，進一步面臨著新的選擇時，傳統民主思想溝通了中國人與社會主義民主之間的內在聯繫，馬克思主義的社會主義成為中國人走向民主的行動指南。正是建立在這一悠久的歷史淵源和宏闊的思想視野基礎上，中國共產黨人根據馬克思主義理論指導，實現中國特色社會主義民主的飛躍。

中國特色社會主義民主實現了民主思想與民主實踐的回饋提升。

隨著商品經濟特別是資本主義萌芽的社會新因素增長，中國人生產實踐萌生了顯著變化，階級鬥爭也出現了新現象，像黃宗羲這樣的個別知識份子就產生了民主的樸素認識。鴉片戰爭以後，先進的中國人開眼看世界，在實踐中探索救亡圖存的根本出路；資產階級作為完整的階級產生，並形成了其政治訴求。資本主義君主立憲方案曾經有過幾次試探，最終證實在中國走不通。資產階級民主共和國方案曾經有過持久實踐，辛亥革命推翻了兩千多年的封建君主專制制度，但舊民主主義最終還是走向盡頭。一些堅持走西方民主共和國道路的自由派知識份子由於缺乏社會基礎，加上自身局限，他們的民主設計方案始終無法成為人民的選擇。實踐證明，民主共和國應當成為中國特色社會主義民主的必要形式，但西式民主共和國模式在中國走不通。君主立憲模式和西式民主共和國模式的失敗，標誌著西式民主主義在中國的破產。

正因如此，許多先進的中國人由原來的西方民主主義思想轉變為馬克思列寧主義。西方民主主義在中國不適用已被實踐證明，至於馬克思主義民主理論能否適用中國也依然需要歷經實踐檢驗。在中國共產黨的領導下，中國特色社會主義民主歷經各個時期的長久培育，終於成型。在馬克思主義及其中國化的民主理論指導下，中國的民主發展取得了真正進步。土地革命時期，工農民主專政的中華蘇維埃共和國已經成為新中國政權的雛形，但是還很不完善。黨在實踐中及時發現了問題，糾正了錯誤，探索了在落後國家改革體制以發展民主的方法。特別是，中國共產黨在實踐中還認識到，城市小資產階級和民族資產階級都是中國的進步力量，單純的工農民主專政不能完全適合中國社會階級狀況。黨深化了馬克思主義民主理論中國化的認識，把「工農民主專政」擴展為「人民民主專政」，終於確立了新中國的立國之本。

第二，中國特色社會主義民主的形成和演進，實現了民主形態與社會形態適應發展，遵循了物質資料生產方式的矛盾運動規律，即社會歷史發展規律。

民主制度及其觀念是一定社會歷史階段的產物。民主的發展程度取決於物質生產力；民主的性質內涵則取決於占統治地位的生產關係。中國特色社會主義民主同樣是一定歷史階段的產物，它必然要適應那個階段的物質資料生產方式並呈現深刻的歷史烙印。中國特色社會主義民主的背景是封建宗法的小農社會，它脫胎於半殖民地半封建社會，成型於社會主義初級階段。可以說，中國的社會土壤潛在地規定著中國特色社會主義民主的獨特形態。

中國特色社會主義民主的建立不是「空中樓閣」，中國特色社會主義民主的發展也要與中國社會的發展相適應。江澤民提出：「我們進行政治體制改革，必須從中國實際出發，要與我國生產關係和生產力的發展相適應，與經濟體制改革相適應，與我國的歷史條件、經濟發展水準和文化教育水準相適應。實際上，世界上任何國家的政治發展都要遵循與自己的經濟社會發展相適應這個道理。」[1]在全面建成小康社會和全面深化改革的歷史階段，習近平更加強調推動中國特色社會主義民主發展，「我們一直認為，我們的民主法治建設同擴大人

1 《江澤民文選》第3卷，人民出版社2006年版，第236-237頁。

民民主和經濟社會發展的要求還不完全適應，社會主義民主政治的體制、機制、程序、規範以及具體運行上還存在不完善的地方，在保障人民民主權利、發揮人民創造精神方面也還存在一些不足，必須繼續加以完善」[1]。中國特色社會主義民主，正是在推進現代化的同時不失時機地改革政治體制實現增量發展的。

第三，中國特色社會主義民主的形成和演進，實現了思想理論、社會歷史與政治實踐的對立統一，遵循了思想與歷史統一於實踐的辯證唯物主義認識論規律。

如前所述中國特色社會主義民主的形成遵循了思想理論演進規律同時遵循了社會歷史發展規律。事實上思想理論演進規律與社會歷史發展規律不是單獨存在的兩條線索而是共同作用於一條實踐線索。「思想和客體的一致是一個過程」[2]而這一過程，就是實踐的過程，「真理是過程。人從主觀觀念，經過『實踐』……，走向客觀真理」[3]。

人的活動是「具有有意識的生命活動」[4]而概念則是人的意識的最高形式。同時，「應注意具體的主體（＝人的生命）在客觀環境中存在的一般前提」[5]。作為主體的人還受到客觀環境的內在規定。「世界不會滿足人，人決心以自己的行動來改變世界。」[6]人的行動就是

1 習近平：《在慶祝全國人民代表大會成立六十周年大會上的講話》，《人民日報》2014年9月6日，第2版。
2 〔蘇〕列寧：《哲學筆記》，中共中央黨校出版社1990年版，第216頁。
3 〔蘇〕列寧：《哲學筆記》，中共中央黨校出版社1990年版，第223頁。
4 《馬克思恩格斯文集》第1卷，人民出版社2009年版，第162頁。
5 〔蘇〕列寧：《哲學筆記》，中共中央黨校出版社1990年版，第225頁。
6 〔蘇〕列寧：《哲學筆記》，中共中央黨校出版社1990年版，第228頁。

人的實踐活動。中國共產黨自從成立伊始就是中國工人階級和中國人民、中華民族的先鋒隊代表中國先進生產力的發展要求代表中國先進文化的前進方向代表中國最廣大人民的根本利益是中國特色社會主義民主實踐的領導力量。「人的實踐經過億萬次的重複在人的意識中以邏輯的式固定下來。這些式正是（而且只是），由於億萬次的重復才有先人之見的鞏固性和公理的性質。」[1]中國特色社會主義民主的形成實踐表明：「工人階級（經過共產黨）領導的以工農聯盟為基礎的人民民主專政……這就是我們的公式，這就是我們的主要經驗，這就是我們的主要綱領。」[2]中國共產黨領導中國人民正是在科學思想理論的指導下又科學地把握本國國情；正是順應了社會歷史發展潮流又順應了最廣大人民的願望凝聚成與時俱進的中國特色社會主義民主實踐才形成了理論、道路、制度、形式等成果。中國特色社會主義民主的這一切成果，無不是中國共產黨思想理論與社會歷史高度統一的實踐創舉。

1 〔蘇〕列寧：《哲學筆記》，中共中央黨校出版社1990年版，第243頁。

2 《毛澤東選集》第4卷，人民出版社1991年版，第1480頁。

第四章

歷史脈絡與實踐演進

——中國特色社會主義民主的邏輯進程

習近平同志指出：「設計和發展國家政治制度，必須注重歷史和現實、理論和實踐、形式和內容有機統一。要堅持從國情出發、從實際出發，既要把握長期形成的歷史傳承，又要把握走過的發展道路、積累的政治經驗、形成的政治原則，還要把握現實要求、著眼解決現實問題，不能割斷歷史，不能想象突然就搬來一座政治制度上的『飛來峰』。」[1]中國共產黨始終是中國特色社會主義民主的歷史使命承擔者。與近代以來西方民主模式在中國失敗的慘痛教訓形成鮮明對比的是，中國共產黨領導的人民民主卻展示出強大生命力和無比優越性。中國共產黨人立足本國歷史依據，歷經革命、建設、改革各個歷史階段，探索了符合國情的民主道路、民主制度和民主理論，最終確立了中國的民主形態，也就是今天的中國特色社會主義民主。中國特色社會主義民主歷經近代一百七十多年的總結，新中國六十多年的探索，改革開放三十多年的實踐，展現出了宏偉壯麗而又不斷遞進的邏輯進程。

一、選擇與開啟：中國共產黨早期的理論與實踐

鴉片戰爭以後，先進的中國人開眼看世界，在實踐中探索救亡圖存的根本出路；資產階級作為完整的階級產生，並形成了其政治訴求。人只能在既有條件下創造歷史。在當時，西方自由民主是主要進步潮流。中國資產階級吸收了西方民主主義的合理內核，把中國傳統

1 習近平：《在慶祝全國人民代表大會成立60周年大會上的講話》，《人民日報》2014年9月6日，第2版。

文化的民主蘊含提升為民主主義，探索了中國的民主實現形式，主要是「君主立憲」和「民主共和」兩種。

君主立憲方案曾經有過幾次試探。戊戌變法曾波瀾壯闊，清末新政一度讓維新派滿懷憧憬，帝制復辟又讓已經阻礙歷史發展的立憲派拍手稱快。但是，這些試探或者失敗，或者幻滅無奈，或者被人民掃出歷史舞臺。實踐證明，君主立憲模式在中國走不通。一些原立憲派人士的思想發生了轉變。梁啟超發表《異哉所謂國體問題者》阻止袁世凱復辟帝制，甚至吸收了部分社會主義觀念。楊度秘密加入中國共產黨，為自己撰寫了「帝道真知，如今都成過去事；醫民救國，繼起自有後來人」的輓聯。資產階級民主共和國方案曾經有過持久實踐。辛亥革命推翻了兩千多年的封建君主專制制度，中國民主進步的閘門從此拉開。但革命成果不久便被反動軍閥竊取，中國人民被壓迫被奴役的命運沒有改變。二次革命、護國運動、護法運動等持續的探索均以失敗告終，舊民主主義革命走向盡頭。代表封建和買辦的軍閥政府召開過「國會」「國民大會」，但都被包括自由民主主義知識份子在內的廣大人民揭穿了其反動本質。一些堅持走西方民主共和國道路的自由派知識分子由於缺乏社會基礎，加上自身局限，他們的民主設計方案始終無法成為人民的選擇。實踐證明，民主共和國應當成為中國民主的必要形式；但西式民主共和國模式在中國走不通。君主立憲模式和西式民主共和國模式的失敗，標誌著西式民主在中國的破產。「一切別的東西都試過了，都失敗了，曾經留戀過別的東西的人們，有些人倒下去了，有些人覺悟過來了，有些人正在轉換腦筋。」[1]

1 《毛澤東選集》第4卷，人民出版社1991年版，第1471-1472頁。

西式民主實踐失敗後，孫中山在反思中繼續探索。正在這時，俄國十月革命的一聲炮響為中國送來了馬克思列寧主義。孫中山站在時代的最前列。他追隨列寧的思想，認為列寧的著作「是建立在一定會掌握和統治人類的思想和希望的這樣的社會觀念上的」[1]。在馬克思列寧主義的影響下，孫中山正確地指出了西方民主制度的本質弊端：「各國實行這種代議政體都免不了流弊，不過傳到中國，流弊更是不堪問罷了。大家對這種政體如果不去聞問，不想挽救，把國事都託付到一般豬仔議員，讓他們去亂作亂為，國家前途是很危險的。所以外國人所希望的代議政體，以為就是人類和國家的長治久安之計，那是不足信的。」[2]同時，他肯定了俄國蘇維埃制度，認為「惟想這種人民獨裁的政體，當然比代議政體改良得多」[3]。因此，他提出「近世各國所謂民權制度，往往為資產階級所有，適成為壓迫平民之工具。若國民黨之民權主義，則為一般平民所共有，非少數者所得而私也」[4]；「實行普通選舉制，廢除以資產為標準之階級選舉」[5]；「我們拿歐美以往的歷史來做材料，不是要學歐美，步他們的後塵；是用我們的民權主義，把中國改造成一個『全民政治』的民國，要駕乎於歐美之上」[6]。孫中山的實踐表明，先進的中國人已經轉變了選擇，人民民主成為中國民主道路新取向。

新文化運動時期，李大釗、陳獨秀等領袖，高舉民主與科學的大

---

1 《孫中山選集》下卷，人民出版社2011年版，第632頁。

2 《孫中山選集》下卷，人民出版社2011年版，第785頁。

3 《孫中山選集》下卷，人民出版社2011年版，第786頁。

4 《孫中山選集》下卷，人民出版社2011年版，第615-616頁。

5 《孫中山選集》下卷，人民出版社2011年版，第620頁。

6 《孫中山選集》下卷，人民出版社2011年版，第786頁。

旗，吸引了大批知識份子對資產階級民主政治進行學理探討，開始從歷史與現實的角度，梳理晚清以來中國建立資產階級民主政治的得失。李大釗以進化論、天賦人權為依據，說明民主政治是人類社會發展的必然，把自由視為民主政治的核心，把個性解放視為建立民主政治的基礎，把代議制視為最好的民主政體，把民主政治理解為全民性的自由政治，同時，他從中國社會治亂的歷史經驗與推動中國社會進步的角度出發，根據中國的實際情況，突出強調思想和言論自由，把思想解放置於比民主制度更為根本的地位。陳獨秀則大力宣傳「盧梭式法國民主主義」的資產階級民主主義，著重強調建立公民參與的大眾民主，憧憬「多數人之國民政治」。他鼓吹法國民主學說，稱道拉法耶特的「人權宣言」，意在喚醒中國民眾的公民意識，為實現真正的民主共和理想而奮鬥。

面對中華民國以來資產階級民主政治實踐的一次次挫敗，接受民主主義的知識份子們早已對其是否可行產生了疑問。毛澤東認為：「憲法，中國已有過了，曹錕不是頒佈過憲法嗎？但是民主自由在何處呢？大總統，那就更多，第一個是孫中山，他是好的，但被袁世凱取消了。第二個是袁世凱，第三個是黎元洪，第四個是馮國璋，第五個是徐世昌，可謂多矣，但是他們和專職皇帝有什麼分別呢？他們的憲法也好，總統也好，都是假東西。」[1]身處半殖民地半封建社會中國的民族資產階級「確實想要這種憲政，想要在中國實行資產階級的專政，但是他們是要不來的」[2]。相反，封建勢力的部分代表相繼打

1　《毛澤東選集》第2卷，人民出版社1991年版，第736頁。

2　《毛澤東選集》第2卷，人民出版社1991年版，第732頁。

起了憲政的招牌欺騙世人，「中國的頑固派所說的憲政，就是外國的舊式的資產階級的民主政治。他們口裡說要這種憲政，並不是真正要這種憲政，而是借此欺騙人民。他們實際上要的是法西斯主義的一黨專政」[1]。因此，他對資產階級民主政治進行了批判，認為：「現在的英、法、美等國所謂憲政，所謂民主政治，實際上都是吃人政治。」「許多國家都掛起了共和國的招牌，實際上卻是一點民主也沒有。」[2]在毛澤東等先進分子看來，西方國家的民主政治「只是資產階級一個階級的獨裁統治的別名」[3]。

十月革命後經過五四新文化運動洗禮的一批進步知識份子開始關注蘇俄，關注社會主義運動，關注馬克思主義理論，特別是關注中國社會底層的人民生活狀況。建立一個猶如蘇維埃俄國般勞動群眾當家作主人的政治和社會制度，成為先進分子的理想。李大釗、陳獨秀迅速從激進的民主主義向確立無產階級專政的社會主義共產主義轉變。一九二〇年五月，陳獨秀在上海創立馬克思主義研究會，他的民主觀轉變為無產階級專政的蘇俄模式。他宣稱：「十八世紀以來的『德謨克拉西』是那被政府的新型財產工商階級因為自身的共同利害，對於政府階級的帝王貴族要求權力的旗幟」「如今二十世紀的『德謨克拉西』，那是被征服的新型無產階級因為自身的共同利害，對於征服階級的財產工商界要求權利的旗幟」。[4]他認為民主主義「乃是資產階級在從前拿他來達到封建制度底武器，在現在拿他來欺騙世人把持政權

1　《毛澤東選集》第2卷，人民出版社1991年版，第735頁。
2　《毛澤東選集》第2卷，人民出版社1991年版，第736頁。
3　《毛澤東選集》第4卷，人民出版社1991年版，第1495頁。
4　陳獨秀：《告北京勞動界》，《晨報》1919年12月1日。

底詭計」，「若是妄想民主政治才合乎全民意，才真是平等自由，那便是大錯特錯」，「民主主義只能夠代表資產階級意，一方面不能代表封建黨底意，一方面更不能夠代表勞動階級底意，他們往往拿全民意來反對社會主義，說社會主義是非民主的，所以不行，這都是欺騙世人把持政權的詭計」。[1]

蔡和森、毛澤東、張聞天等陳獨秀、李大釗的追隨者們，也在對中國的民主道路進行探索的過程中確立了馬克思主義的信仰。他們希望通過資產階級民主政治的選舉制度，選出無產階級勞動民眾的代表，保障自身的利益，在此基礎上通過無產階級革命以及專政，來確立無產階級的民主政治。中國共產黨成立後，在中國革命的實踐中，早期中國共產黨人逐漸對中國的民主政治進行了自己的思考。中國共產黨的民主理念在黨的初期的宣言和綱領中得到集中體現。一九二二年九月，《嚮導》發刊詞曾明確指出：「近代民主政治，若不建設在最大多數人的真正民意之上，是沒有不崩壞的。」「所謂近代政治，即民主政治立憲政治，是怎樣發生的呢？他的精髓是什麼呢？老老實實的簡單說來，只是市民對於國家所要的言論，集會，結社，出版，宗教信仰，這幾項自由權利。」[2]要突破資產階級民主政治的狹隘，以蘇俄為榜樣，建立一個真正代表多數人的民意的無產階級的民主政治——工農民主政權，成為中國共產黨成立後發動革命運動的一個明確目標。

1　陳獨秀：《隨感錄民主黨與共產黨》，《新青年》第八卷第四號，1920年12月1日。

2　中央檔案館：《中共中央檔選集》第1冊，中共中央黨校出版社1989年版，第568頁。

中國共產黨成立前後，共產黨人把一般民主理論提升到馬克思主義民主理論，形成了我黨早期的民主觀。早在一九一九年，毛澤東已經認識到「民眾的聯合力量最強」。民眾的聯合力量，就是「由獨裁政治，變為代議政治。由限制的選舉，變為沒有限制的選舉……由少數階級專制的黑暗社會，變為全體人民自由發展的光明社會」。總之，就是「由強權得自由」[1]。「民眾的大聯合」是馬克思主義民主理論中國化的最初形態，它的提出成為黨的群眾路線和後來人民民主的理論起源。李大釗是當時我黨馬克思主義民主觀最成熟的代表。他認為「平民主義……所用的『人民』這一語，很是曖昧，很是含混……普通所說的平民政治，不是真正的平民政治，乃是中產階級的平民政治」，而「工人政治就是為工人，屬於工人，由於工人的事務管理」。[2]在李大釗看來，「現在的平民政治正在由中產階級的平民政治向無產階級的平民政治發展的途中」[3]。他相信，只有「無產階級的平民政治」才是「真正的平民政治」。在馬克思主義指導下，李大釗已經完成了思想轉變，形成了民主的科學認識。特別是，「無產階級的平民政治」這一範疇，實際上內在萌生著中國共產黨以後提出的「工人階級領導的人民民主專政」。

早期中國共產黨人初步探討了民主政治的具體內涵和奮鬥目標。中共一大黨綱提出「承認無產階級專政」[4]。中國共產黨成立後，在中國革命的實踐中，中國共產黨人逐漸對中國的民主政治進行了自己

1　《中共一大代表早期文稿選編》上冊，上海人民出版社2011年版，第736頁。
2　《建黨以來重要文獻選編》第1冊，人民出版社2011年版，第111-113頁。
3　《建黨以來重要文獻選編》第1冊，人民出版社2011年版，第112頁。
4　《建黨以來重要文獻選編》第1冊，人民出版社2011年版，第1頁。

的思考。中國共產黨發佈的《中國共產黨對時局的主張》公開提出要以「民主政治」代替「軍閥政治」。所謂民主政治，「乃是由一個能建設新的政治組織應付世界的新環境之民主黨或宗旨相近的數個黨派之聯合，用革命的手段完全打倒非民主的反動派軍閥官僚，來掌握政權的意思」[1]。真正的民主派又要具備兩個條件，一是「黨綱和政策必須不違背民主主義的原則」，二是「行動必須始終擁護民主主義與軍閥奮鬥」。[2]由此，黨提出了「使工人、貧農和小資產階級建立民主主義聯合戰線」的主張。同時提出，工人階級要堅持自身利益，在民主革命後建立「與貧苦農民聯合的無產階級專政」[3]。中國共產黨還比較準確地認識到公民權利是民主政治的題中之義。在黨的民主革命綱領中明確規定，「實行無限制的普通選舉」，「保障人民集會、結社、出版之言論自由權」，「平民需有建議權，罷官權，撤回代表權及廢止法律權；中央地方重要的國家官員需民選」，「實行都市和鄉村自治」等。[4]

早期中國共產黨人探討了國家民主和基層民主、市民社會之間的關係。毛澤東指出，實現民主政治，在政權層面，就要「由強權得自由」，就要「由獨裁政治，變為代議政治。由限制的選舉，變為沒限制的選舉」。在基層層面，就要「完全的縣自治，和完全的省自治。鄉長民選，省長民選，自己選出同輩中靠得住的人去執行公役」[5]。

1 《建黨以來重要文獻選編》第1冊，人民出版社2011年版，第90頁。

2 《建黨以來重要文獻選編》第1冊，人民出版社2011年版，第91頁。

3 《建黨以來重要文獻選編》第1冊，人民出版社2011年版，第113頁。

4 《建黨以來重要文獻選編》第1冊，人民出版社2011年版，第253頁。

5 《中共一大代表早期文稿選編》上冊，上海人民出版社2011年版，第908頁。

在社會層面，就要「政治組織是以社會組織做基礎，無社會組織決不能有政治組織，有之只是虛偽。……國民全體是以國民個人做基礎，國民個人不健全，國民全體當然無健全之望」[1]。工會群眾團體也從這個時期開始發揮了重要作用。毛澤東等為此探索了「自治模式」的政治實踐。當然，在沒有建立民主政權的情況下，「社會自治」是不可能實現的。毛澤東很快認識到這一點，決定以革命的共產黨推翻軍閥的反動統治，以實現社會根本改造。

早期中國共產黨人首次實踐了人民民主的第一個模式。黨在一九二二年就發出了「各民主派舉行聯席會議並建立民主主義聯合戰線」的呼籲。一九二五年，在我黨的主張下，中國共產黨和中國國民黨共同發起了「國民議會促成會」。「到會代表二百餘人，代表二十餘省區，一百二十餘個地方的國民會議促成會。在這些促成會旗幟之下集合的是：工農群眾，知識界，教職員，學生，商人，實業家，新聞記者，律師以及各種有職業的平民。」[2]趙世炎具體領導了這次民主實踐。他評價說：「這是一個民眾的會議！從會議之經過與結果來看，是頗良好的。這樣從民間產出的會議，在我國實不易見、或者是真正的國民會議之先聲。」[3]國民議會促成會作為人民民主實踐的第一個模式，有重要的歷史地位。從成員構成來看，它體現了各界群眾的大聯合，具有新民主主義的人民民主性質。從制度設計來看，它具有人民代議制民主性質。從運行方式來看，促成會代表由各革命階級各界各職業團體選舉產生，在決策議程中又進行了廣泛而充分的協

1 《中共一大代表早期文稿選編》上冊，上海人民出版社2011年版，第898頁。
2 《趙世炎選集》，四川人民出版社1984年版，第278頁。
3 《趙世炎選集》，四川人民出版社1984年版，第279頁。

商，兼有選舉民主和協商民主兩種形式。因此，它實際上是中國民主模式的萌芽形態。

早期中國共產黨人還認識並初步實踐了以「黨治」推進「全民政治」的民主道路。中國共產黨提出的「乃是由一個能建設新的政治組織應付世界的新環境之民主黨或宗旨相近的數個黨派之聯合……來掌握政權」[1]的主張就已經包含了由先進政黨領導民主的含義。惲代英做出了詳盡闡釋：「黨治不是開明專制或賢人政治，因一則其目的在達到民治，並非永久想要一個人或少數人包辦下去；一則黨治雖有少數人領導著進行一切，然此少數領袖絕非孤懸於上，任意進行，他們乃本於一定之主義策略，而有多數同志在下面與之共同努力擁護監督之。故可無專制或賢人政治之弊。」[2]以「黨治」推進「全民政治」的思想與實踐，就是今天「以黨內民主推動人民民主」的源頭。

綜上所述，中國共產黨的這一系列探索，涵蓋了新型民主的理論、制度、形式、道路。事實上，中國共產黨的早期民主理論與實踐探索，已經成為人民民主的歷史性開端。

二、雛形與培育：中國共產黨局部執政時期的理論與實踐

中國共產黨局部執政時期我黨實踐了新民主主義民主制度，確立了人民民主的理論基礎，形成了人民民主的模式雛形，並收穫了民主

1　《建黨以來重要文獻選編》第1冊，人民出版社2011年版，第90頁。

2　《惲代英文集》下卷，人民出版社1984年版，第865-866頁。

建設的基本經驗。

第一，從工農民主政權到「蘇維埃民主共和國」。

一九二二年黨的第二次全國代表大會闡明，黨的最高綱領是實現社會主義、共產主義，但在現階段的革命綱領是打倒軍閥，推翻國際帝國主義的壓迫，統一中國使它成為真正的民主共和國。這是黨在全中國人民面前第一次提出明確的反帝反封建的民主革命綱領，並通過了《關於「民主的聯合戰線」的議決案》指出：「共產黨應該出來聯合全國革新黨，組織民主的聯合陣線，以掃清封建軍閥推翻帝國主義的壓迫，建設真正民主政治的獨立國家為職志。」[1]為了貫徹民主革命綱領，建立民主聯合戰線，中共中央派李大釗、陳獨秀同孫中山等國民黨領導人會晤商談國共合作問題。一九二四年一月，在中國共產黨的幫助下，孫中山改組國民黨，召開第一次全國代表大會，實行「聯俄、聯共、扶助農工」的三大政策，實現了國共兩黨第一次合作，取得了北伐戰爭的勝利。

一九二七年國民黨發動政變，國共合作破裂，國民革命失敗。面對血的教訓，毛澤東為代表的中國共產黨人及時總結歷史經驗，走上了農村包圍城市、武裝奪取政權的正確道路，而在民主問題上，繼續堅持以反帝反封建的民主革命來爭取真正的民主，繼續站在勞動人民的立場上追求無產階級的民主，在革命鬥爭中開始嘗試建立工農民主政權。

---

1 中央檔案館：《中共中央檔選集》（1921-1925），中共中央黨校出版社1982年版，第38頁。

土地革命時期，中國共產黨第一次在局部地區執政。黨領導根據地人民開闢了工農革命根據地，建立了中華蘇維埃共和國，進行了新民主主義民主制度的最早建設。隨著革命形勢的蓬勃發展，為了便於統一領導各革命根據地的政權，一九三一年十一月七日，中國共產黨在江西瑞金召開了中華工農兵蘇維埃第一次代表大會，成立了中華蘇維埃臨時中央政府。中華蘇維埃共和國是新型的工農民主專政政權。《中華蘇維埃共和國憲法大綱》規定，「蘇維埃全部政權是屬於工人農民士兵及一切勞苦民眾的。在蘇維埃政權下，所有的工人農民紅軍士兵及一切勞苦民眾都有權選派代表掌握政權的管理」，同時規定「只有軍閥、官僚、地主、豪紳、資本家、富農、僧侶及一切剝削人的人和反動分子，是沒有選派代表參加政權和政治上自由的權利的」。[1]這就以根本大法的名義規定了蘇區政權的性質。與工農民主專政的國體相適應，黨領導蘇區人民建立了民主集中制原則的工農兵代表大會制度的政體。工農兵代表大會作為國家權力機關，由勞動群眾選舉產生，並排除了反動階級，從而在權力屬性上真正體現了工農民主專政。人民委員會（最高行政機關）、最高法院和審計委員會相互制衡監督，統一對全國工農兵代表大會負責。中華蘇維埃共和國通過民主選舉，把自己最信任的代表選到蘇維埃代表大會和政府機構的各個部門中去，參與國家管理，行使民主權利。蘇維埃政權實行選舉民主，群眾選舉出鄉代表，鄉代表選出區代表，區代表選出縣代表，縣代表選出省代表，省代表選出全國代表。全國工農兵代表大會是最高權力機關，由各地工農兵代表大會和紅軍選出的全國工農兵代表大會

---

1 《中華蘇維埃共和國法律檔選編》，江西人民出版社1984年版，第6頁。

代表組成，每兩年召開一次；大會閉幕期間，中央執行委員會為最高權力機關，每六個月舉行一次會議；中央執行委員會閉會期間，組織中央人民委員會作為中央最高行政機關，處理日常政務。

土地革命時期的工農民主專政是在中國共產黨的領導下，通過普遍的民主選舉產生工農兵代表大會代表，蘇維埃的全部權力屬於工人、農民、紅軍兵士及一切勞苦民眾，人民享有充分的自由。

由於蘇區普遍處於偏僻的農村，群眾的文化水準不高，文盲、半文盲占據大多數，也從未經歷民主訓練，進行蘇維埃的民主選舉仍然存在許多困難。特別是在西北蘇區，蘇維埃代表的產生，很難按照中央執行委員會頒佈的《暫行選舉法》進行，因而因地制宜，採用了群眾大會的方式進行，地方黨組織和紅軍領導幹部，會首先同當地的群眾領袖及工農先進分子進行協商，推選群眾中有覺悟、有威望的先進分子擔任基層政權的領導人，經由黨組織或紅軍代表召開群眾大會進行宣佈後，革命政權再宣告成立。

由於蘇區落後的社會基礎，也由於首次民主制度實踐缺乏經驗，中華蘇維埃共和國不可避免會有偏差失誤，主要是「名不副實」和「以黨代政」:「許多地方無所謂工農兵代表會。鄉、區兩級乃至縣一級，政府的執行委員會，都是用一種群眾會選舉的。一哄而集的群眾會，不能討論問題，不能使群眾得到政治訓練，又最便於知識份子或投機分子的操縱。一些地方有了代表會，亦僅認為是對執行委員會的臨時選舉機關；選舉完畢，大權攬於委員會，代表會再不談起」;「黨在群眾中有極大的威權，政府的威權卻差得多。這是由於許多事情為圖省便，黨在那裡直接做了，把政權機關擱置一邊」。[1]黨及時發現並糾正了這些問題。蘇區制定了民主制度的組織法和相關政策使群眾受到政治訓練，培訓了國家機關幹部，大力發展根據地經濟、文化，進行了相適應的社會改革，這就使得蘇區民主的優越性充分發揮。黨團制度的建立是正確處理黨政關係的較好嘗試。「黨在政治上是領導蘇維埃，但在組織上不能直接指導和命令蘇維埃，黨只能運用在蘇維埃中的黨員起黨團作用，實現黨的領導，黨只能得到群眾的公開邀請，公開派代表參加蘇維埃大會，不能直接由自己經常出席蘇維埃一切會議。」[2]

工農民主專政的中華蘇維埃共和國實際上是新中國政權的雛形。儘管它在政治實踐中出現過錯誤，蘇區政權對小資產階級和民族資產階級的排斥在當時條件下有著歷史局限性，但正如毛澤東所說：「蘇維埃政權的民主發展到了這樣的程度，實在是歷史上任何政治制度不曾有的。」[3]它為落後社會條件下推進民主進程以及黨的領導執政方式積累了寶貴經驗。

第二，從「蘇維埃人民共和國」到抗日人民民主政權。

抗日戰爭時期，由於中國主要矛盾的變化，也由於黨對新民主主義認識的深化，黨的民主制度實踐由「工農民主專政的蘇維埃共和國」發展為「各革命階級聯合專政的新民主主義共和國」，並全面推

1　《毛澤東選集》第1卷，人民出版社1991年版，第71-73頁。

2　《中共中央檔選集》第6冊，中共中央黨校出版社1986年版，第216頁。

3　毛澤東：《在第二次全國蘇維埃代表大會上的報告》，《中央革命根據地史料選編》下冊，江西人民出版社1982年版，第309頁。

進根據地民主建設。

一九三一年「九一八」事變爆發後，中日民族矛盾在國內主要矛盾的地位更加凸顯，中國社會的階級關係也相應地發生了重大變化。針對形勢的深刻變化，共產黨人對民主問題也在進行新的思考，最突出的表現就是將無產階級的民主思想與全國各界團結抗日的要求緊密地結合起來，提出了從「蘇維埃工農共和國」轉變為「蘇維埃人民共和國」甚至「民主共和國」的構想，以聯合各抗日階級從事抗日鬥爭，並相繼建立了各抗日階級的聯合政權。與「蘇維埃工農共和國」相比，「蘇維埃人民共和國」「民主共和國」擴大了民主的範疇，政權的性質從只屬於工農群眾轉變為屬於抗日的全體人民。一九三五年十二月瓦窯堡會議召開，會議通過的《中央關於目前政治形勢與黨的任務決議》明確指出：「不論什麼人，什麼派別，什麼武裝隊伍，什麼階級，只要是反對日本帝國主義與賣國賊蔣介石的，都應該聯合起來開展神聖的民族革命戰爭，驅逐日本帝國主義出中國，打倒日本帝國主義的走狗在中國的統治，取得中華民族的徹底解放，保持中國的獨立與領土的完整。」[1]同時向外界宣告：「為了使民族統一戰線得到更加廣大而強有力的基礎，蘇維埃工農共和國及其中央政府宣告：把自己改變為蘇維埃人民共和國，把自己的政策，即蘇維埃工農共和國的政策的許多部分，改變到更加適合反對日本帝國主義變中國為殖民地的情況。」[2]瓦窯堡會議之後，毛澤東做了《論反對日本帝國主義

1 中央檔案館：《中共中央檔選集》（1934-1935），中共中央黨校出版社1986年版，第611頁。

2 中央檔案館：《中共中央檔選集》（1934-1935），中共中央黨校出版社1986年版，第614頁。

的策略》的報告，他指出：「如果說，我們過去的政府是工人、農民和城市小資產階級聯盟的政府，那末，從現在起，應當改變為除了工人、農民和城市小資產階級以外，還要加上一切其他階級中願意參加民主革命的分子。」[1]「人民共和國的政府以工農為主體，同時容納其他反帝國主義反封建勢力的階級。」[2]「現在的情況使得我們要把這個口號改變一下改變為人民共和國。這是因為日本侵略的情況變動了中國的階級關係不但小資產階級而且民族資產階級有了參加抗日鬥爭的可能性。」[3]口號的轉變意味著中國共產黨人擴大了民主的範圍適應了全國人民要求團結抗日的形勢有利於抗日民族統一戰線的建立。在蘇維埃人民共和國口號提出的同時，共產黨人還提出了召集全國抗日救國代表大會、組織國防政府的主張。

隨著國內政治局勢的進一步發展，團結抗日的要求日益迫切，共產黨人逐漸注意到，「蘇維埃人民共和國」的主張存在著地域上的局限性，還不能完全適應團結全國人民進行抗戰的迫切要求，也不能完全反映全國人民的民主要求，同樣也不利於共產黨人在新形勢下從事革命鬥爭的實踐，於是很快就放棄了這個口號進而提出了「民主共和國」的構想。一九三六年八月二十五日，中共中央在致《中國國民黨書》中首次提出「民主共和國」的口號。九月，《中央關於抗日救亡運動的新形勢與民主共和國的決議》也指出：「中央認為在目前形勢之下，有提出建立民主共和國口號的必要，因為這是團結一切抗日力量來保障中國領土完整和預防中國人民遭受亡國滅種的最好方法，而

1　《毛澤東選集》第1卷，人民出版社1991年版，第156頁。
2　《毛澤東選集》第1卷，人民出版社1991年版，第159頁。
3　《毛澤東選集》第1卷，人民出版社1991年版，第158頁。

且這也是從廣大人民的民主要求產生出來的最適當的統一戰線的口號，是較之一部分領土上的蘇維埃制度在地域上更普及的民主，較之全中國主要地區上國民黨的一黨專政大大進步的政治制度，因此便更能保障抗日戰爭的普遍發動與徹底勝利。同時，民主共和國不但能夠使全中國最廣大的人民群眾參加到政治生活中來，提高他們的覺悟程度與組織力，而且也給中國無產階級及其首領共產黨為著將來的社會主義的勝利而鬥爭以自由活動的舞台。因此中國共產黨宣佈：積極贊助民主共和國運動。並且宣佈：民主共和國在全中國建立，依據普選權的國會實行召集之時，蘇維埃區域即將成為它的一個組成部分，蘇區人民將選派代表參加國會，並將在蘇區內完成同樣的民主制度。」[1]提出「民主共和國」的主張以取代「蘇維埃人民共和國」的口號，表明中國共產黨人的人民民主思想與全國人民的抗日民主要求進一步統一起來，也與國防政府的主張統一起來，成為這個階段共產黨人人民民主思想的中心內容。

共產黨人提出「民主共和國」方案，在新民主主義民主思想發展史上有很重要的意義，它是馬克思主義的民主思想與中國國情進一步結合的結果，是對工農民主專政思想「左」傾傾向的修正，這為以後共產黨人進一步提出新民主主義理論，使新民主主義民主思想迅速走向成熟奠定了重要基礎。

一九三七年，中國國民黨五屆三中全會接受了中國共產黨提出的兩黨合作的建議，並規定取消國民革命軍與紅軍的對立，取消國民政

1　中央檔案館：《中共中央檔選集》（1936-1938）中共中央黨校出版社1985年版，第88頁。

府與蘇維埃政府的對立，蘇區變成了邊區。蘇維埃區域的政權建設進入了新的歷史階段——抗日民主政權階段，蘇維埃工農民主演變為抗日人民民主。

中國共產黨據此領導人民在抗日根據地建立了「三三制」政權的國家民主。「無論行政機關或民意機關，共產黨員只占三分之一或少於三分之一，進步勢力占三分之一，中間勢力占三分之一。在民意機關中，還可吸收少數右派分子參加。」[1]「三三制」政權團結了一切革命階級，具有最廣泛的民主基礎。「三三制」政權的民主性還在於它本身的組織運行。從政權組織形式上，抗日根據地「在全國範圍內，首先實現普選民主制度，設立議會」，「各級議會議員的產生，均按照平等、直接、無記名投票方法選舉」；同時，這種議會選舉「與蘇維埃多層的寶塔式的選舉不同」，它是「適合各階級聯盟的民主制度，適合於各黨各派及全體人民的要求」。[2]從政權運行方式上，「重大問題預先交換意見，到相當成熟的程度，然後提到會議作決定。遇有原員分歧，爭論不能避免時，也要儘量使用會外談話方多求得解決」，「非到最後不得已時不要採取少數服從多數的表決形式」。[3]這所有的一切說明，「三三制」政權是徹底選舉民主和廣泛協商民主的融合統一。「三三制」政權還科學地協調了黨政關係。黨的領導地位不僅靠組織成分取得，更根本的是靠人民群眾對黨主張的擁護。「黨的指導機關只有命令政府中的黨團和黨員的權力，只有於必要時

1　《鄧小平文選》第1卷，人民出版社1994年版，第8頁。

2　《林伯渠文集》，華藝出版社1996年版，第46頁。

3　《林伯渠文集》，華藝出版社1996年版，第395頁。

用黨的名義向政府提出建議的權力，絕對沒有命令政府的權力。」[1]正是在這個意義之上，鄧小平指出，「三三制政權的實質是民主問題」，「這不僅是今天敵後抗戰的最好政權形式，而且是將來新民主主義共和國所應採取的政權形式」。[2]

中國共產黨領導人民建立了民主政府。政府負責人由群眾代表選舉產生，政府還要為群眾服務，接受群眾批評監督，群眾甚至可以撤換不滿意的政府工作人員。「這樣，群眾才感覺到政權是他們自己手中的工具，政府才真正是他們自己的政府。」[3]這樣的民主政府不是幾句空洞的口號，而是有制度的保證。各級政權組織不僅建立了行政機關，而且建立了參議會制度的民意機關。參議會由公民按普遍平等原則直接選舉產生。在地位上，作為全權機關的民意機關堪稱行政機關的「父母機關」。「各級政府行政委員會及其首長應由民意機關選舉，並由民意機關罷免，政府對民意機關（各級的參議會）的決定有絕對服從的義務。民意機關不但有選舉、罷免政府行政人員之權，而且有創制、複決之權，是行政機關的『上司』。」[4]

中國共產黨還領導人民建立了基層民主。一九三九年開始，我黨領導人民建立了村代表大會，部分地區建立區代表大會。基層政權是實行民主集中制的組織。「村設村代表會，代表由公民小組在村民大會上選舉產生。各公民小組對其代表可隨時撤換。」[5]

1　《鄧小平文選》第1卷，人民出版社1994年版，第13頁。
2　《鄧小平文選》第1卷，人民出版社1994年版，第8頁。
3　《董必武選集》，人民出版社1984年版，第56頁。
4　《彭真文選》，人民出版社1991年版，第10頁。
5　《彭真文選》，人民出版社1991年版，第12頁。

總之，無論在國家政權還是在基層組織，無論在民主選舉還是民主決策和民主監督，無論在選舉民主還是協商民主，中國共產黨領導下的抗日根據地建立了真正的民主模式。作為當時中國的「民主高地」，它以其強大的行動力推動了邊區改革和各項事業的發展；以其強大的感召力凝聚了整個人民的力量，為新民主主義革命的徹底勝利奠定了政治基礎。

第三，從「人民民主的共和國」「新民主主義共和國」到「人民共和國」。

盧溝橋事變爆發前，中國共產黨人曾設計過「蘇維埃人民共和國」「民主共和國」的方案。全面抗戰開始後中國共產黨人在原有方案的基礎上進行了進一步探索先後提出「人民民主的共和國」和「新民主主義共和國」的構想。「人民民主的共和國」和「新民主主義共和國」具有同樣的內涵都是設想抗日戰爭勝利後在全國範圍內建立聯合政府不同的是關注的角度。

一九三九年五月四日，毛澤東在延安青年群眾舉行的五四運動二十周年紀念會上發表了題為《青年運動的方向》的講話指出「中國反對帝國主義和封建主義的人民民主革命快要進到一個轉捩點了」[1]。他在講話中明確了人民民主革命的主體、動力及革命的目標。他指出人民民主革命的主體「就是中國的老百姓。革命的動力有無產階級、有農民階級還有其他階級中一切願意反帝反封建的人，他

1　《毛澤東選集》第2卷，人民出版社1991年版，第561頁。

們都是反帝反封建的革命力量」[1]。「這個革命要達到的目的是什麼呢？目的就是打倒帝國主義和封建主義建立一個人民民主的共和國。」「在這個人民民主主義的制度中還應當容許資本家存在。」[2]這是中國共產黨人首次喊出「人民民主」的口號，意味著中國共產黨人對民主又有新的思考。人民民主逐漸成為毛澤東對中國民主道路探索的核心並根據人民民主的理論最終形成了新民主主義共和國的構想。

一九四〇年一月，毛澤東發表《新民主主義論》，對「新民主主義共和國」進行了全面系統的闡述。他指出：大地主大資產階級專政的、封建的、法西斯的、反人民的國家制度資產階級舊式民主專政的國家制度以及社會主義國家制度均不適合中國當時的國情。「現在所要建立的」只能是「新民主主義的共和國」。就國體而言它是「一切反帝反封建的人們聯合專政的民主共和國」。毛澤東特別強調：「國體問題只是指的一個問題，就是社會各階級在國家中的地位」「資產階級總是隱瞞這種階級地位，而用『國民』的名詞達到其一階級專政的實際。這種隱瞞對於革命的人民，毫無利益，應該為之清楚地指明。『國民』這個名詞是可用的，但是國民不包括反革命分子，不包括漢奸」，因此，新民主主義共和國實際上是「一切革命的階級對於反革命漢奸們的專政」。就政體而言，「新民主主義的政權組織，應該採取民主集中制，由各級人民代表大會決定大政方針，選舉政府。它是民主的，又是集中的，就是說，在民主基礎上的集中，在集中指導下的民主。只有這個制度，才既能表現廣泛的民主，使各級人民代表大

1　《毛澤東選集》第2卷，人民出版社1991年版，第562頁。

2　《毛澤東選集》第2卷，人民出版社1991年版，第563頁。

會有高度的權力；又能集中處理國事，使各級政府能集中地處理被各級人民代表大會所委託的一切事務，並保障人民的一切必要的民主活動」[1]。對新民主主義共和國的國體、政體以及政權中各階級的地位及相互關係等，都做了概括而明確的回答。「新民主主義共和國」是一個比較明確的與中國國情相適應的民主制度的模式，從中已能看到後來人民共和國的初步輪廓。《新民主主義論》的發表，意味著毛澤東對中國的民主道路探索在理論上已經趨於成熟。

第四「人民共和國」的形成。

抗日戰爭勝利初期，中國共產黨根據戰後國際國內形勢的發展變化，一面反對內戰，一面順應民意，在解放區內部仍保持了與抗戰時期性質與組織形式都基本相同的人民民主政權，在全國範圍內，提出和平、民主、團結的口號，繼續擴大革命統一戰線，要求國民黨成立舉國一致的民主的聯合政府，迫使國民黨不得不同意中共提出的「以和平民主團結為基礎」的「和平建國的基本方針」，於一九四六年一月召開了由各黨各派和無黨派人士參加的政治協商會議。經過不懈的努力，與會各黨派最後通過了《政府組織》《國民大會》《和平建國綱領》《憲法草案》《軍事問題》等五項決議。儘管這些決議的內容不同於中國新民主主義的綱領，但卻否定了國民黨的一黨專政和個人獨裁，一定程度上有利於和平建國和民主建國，也有利於爭取廣大人民群眾，團結中間階級和國民黨中的民主派，從而有力地孤立了國民黨反動獨裁勢力。但是，中國共產黨建立聯合政府的美好願望很快就

1　《毛澤東選集》第3卷，人民出版社1991年版，第1057頁。

在蔣介石及國民黨發動內戰後歸於破滅。一九四六年六月二十六日，國民黨統治集團徹底撕毀停戰協議，以三十萬大軍圍攻中原解放區；七月十二日又命令國民黨軍進攻蘇北解放區，全面內戰正式爆發。中國共產黨根據形勢的劇烈變動，迅速調整政策。在一九四六年十月舉行的邊區第三屆政府委員會第二次會議上，中國共產黨根據國內形勢的變化，把反對美蔣反動派和徹底實行土地改革作為政府的主要任務。邊區抗日民主政權從此基本完成向人民民主政權的轉變。

隨著解放戰爭的形勢已經明朗，一九四八年年初，解放戰爭的形勢已根本扭轉，人民解放軍通過半年的外線作戰積極擴大戰果，全國各地許多解放區已經連成一片，形成一個整體，奪取了很多城市。人民解放軍在戰爭中經過磨煉，其正規性、戰鬥力大為提高。奪取全國勝利已在眼前，「但同時黨內和軍內也存在很多無紀律無政府狀態」。為奪取全國的勝利，「建立一個以全國絕大多數人民為基礎而在工人階級領導之下的統一戰線的民主聯盟的國家制度」，成為黨下一步要完成的革命任務。

一九四九年一月，人民解放軍已取得戰略決戰的勝利。三月，毛澤東在中共七屆二中全會的報告中，初步提出了人民民主專政思想——「無產階級領導的以工農聯盟為基礎的人民民主專政」[1]。四月二十三日，南京解放，國民黨政權在全國垮臺。形勢的發展促使中國共產黨人在民主理論上進一步發展。六月三十日，在為紀念中國共產黨成立二十八周年而寫的《論人民民主專政》一文中，毛澤東全面

1 《毛澤東選集》第4卷，人民出版社1991年版，第1480頁。

系統地闡述了人民民主專政的理論。他提出並闡釋了「人民民主專政」或者「人民民主獨裁」的概念，同時對「人民民主主義」或「新民主主義」與孫中山的新「三民主義」中的「民權主義」之間的區別進行了詳細辨別說明。毛澤東最後總結道，所謂人民民主專政，「總結我們的經驗，集中到一點，就是工人階級（經過共產黨）領導的以工農聯盟為基礎的人民民主專政」[1]，表現為對人民內部的民主和對反對派的專政兩方面的結合。「人民民主專政」的科學概念在這時正式形成，人民民主專政的理論論述基本完成。「人民共和國」的提出是新民主主義民主思想成熟的標誌。這一概念也為新政權所採用，「中華人民共和國」國名因此而來。

為使人民民主專政的國家政權儘早建立，中國共產黨人將抗日戰爭期間黨派參加的參議會制度和解放區農村土地改革中創造的新經驗創造性地結合起來，創立了人民代表會議制度。一九四七年十一月，中共中央在給冀東區黨委的指示中指出：「目前解放區各級政權形式，應採取從上至下的代表會議制度，其名稱一般以稱人民代表會議為妥。各級農民代表會，或人民代表會，為各級政府最高權力機關，一切權力應集中於代表會而不應集中於委員會，或群眾大會。各級代表會代表，縣以下由區、村人民直接選舉（亦可以說由人民直接委派）。縣以上由區、縣代表會間接選舉。各級政府機關，應向代表會報告自己的一切工作，並請求審查和批准。代表會對於政府的行政、立法、司法、監察及武裝等一切事項均有權決議或否決之各級政府機關須完全遵守並執行代表會決議。代表會代表不稱職者得隨時由選民

1　《毛澤東選集》第4卷，人民出版社1991年版，第1480頁。

撤回另派。各級政府委員會不稱職者，得由代表會全部或個別撤換、審核。」[1]一九四八年四月毛澤東充分肯定了人民代表會議在解放區成功實施所取得的經驗。毛澤東指出：「在反對封建制度的鬥爭中，在貧農團和農會的基礎上建立起來的區村（鄉）兩級人民代表會議，是一項極可寶貴的經驗。只有基於真正廣大群眾的意志建立起來的人民代表會議，才是真正的人民代表會議。這樣的人民代表會議，現在已有可能在一切解放區出現。這樣的人民代表會議一經建立，就應當成為當地的人民的權力機關，一切應有的權力必須歸於代表會議及其選出的政府委員會。」[2]同年九月，毛澤東在西柏坡主持召開中共中央政治局會議（即九月會議）時指出：「關於建立民主集中制的各級人民代表會議制度問題，我們政權的制度是採取議會制呢，還是採取民主集中制？過去我們叫蘇維埃代表大會制度，蘇維埃就是代表會議，我們又叫『蘇維埃』又叫『代表大會』，『蘇維埃代表大會』就成了『代表大會代表大會』。這是死搬外國名詞。現在我們就用『人民代表會議』這一名詞。我們採用民主集中制，而不採用資產階級議會制。議會制，袁世凱、曹錕都搞過，已經臭了。在中國採取民主集中制是很合適的。」[3]會後，解放區各地紛紛建立人民代表會議，並選舉產生了各地人民政府。

新民主主義革命實踐中，以毛澤東為代表的中國共產黨人創造性地發展了馬克思主義理論，提出了著名的國體政體學說和人民民主專

1 中共中央文獻研究室：《毛澤東思想形成與發展大事記》，中央文獻出版社2011年版，第434頁。

2 《毛澤東選集》第4卷，人民出版社1991年版，第1308頁。

3 《毛澤東選集》第4卷，人民出版社1991年版，第136頁。

政理論。毛澤東指出，國體就是「社會各階級在國家中的地位」，政體就是「政權構成的形式問題，指的是一定的社會階級取何種形式去組織那反對敵人保護自己的政權機關」。[1]並進一步指出，新民主主義共和國的國體是各革命階級聯合專政，政體是民主集中制（具體可以採用人民代表大會制），這就是新民主主義的民主政治。新中國成立前夕，毛澤東又把「各革命階級聯合專政」凝練地概括為「人民民主專政」。「人民是什麼？在中國，在現階段，是工人階級，農民階級，城市小資產階級和民族資產階級……對於人民內部，則實行民主制度，人民有言論集會結社等項的自由權。選舉權，只給人民，不給反動派。這兩方面，對人民內部的民主方面和對反動派的專政方面，互相結合起來，就是人民民主專政。」[2]人民民主專政理論是中國化的馬克思主義民主理論，是新中國的立國之本，也是當代中國特色社會主義民主的理論基礎。

三、奠基與探索：社會主義過渡和建設時期的理論與實踐

如何建立起新民主主義的民主制度，在實踐中落實新民主主義的政治綱領，是擺在毛澤東等中國共產黨人面前的首要任務。中國共產黨人及時總結新民主主義革命實踐的經驗教訓，適時將實踐經驗昇華為相應的制度加以實施，從而在新民主主義的實踐中確立了新民主主義的各項民主制度，建立了人民民主專政的社會主義民主制度和組織

1　《毛澤東選集》第2卷，人民出版社1991年版，第676-677頁。

2　《毛澤東選集》第4卷，人民出版社1991年版，第1475頁。

形式，為中國特色社會主義民主奠定了根本基礎。此外，黨的第一代領導集體還探索了人民民主發展的若干原則，並首次提出了政治體制改革設想。

第一，人民代表大會制度的確立。

人民代表大會制度是我國的根本政治制度。中國共產黨領導的多黨合作和政治協商制度是我國的一項基本政治制度。兩者珠聯璧合，構成了人民民主的核心制度。

《論人民民主專政》發表後，人民代表會議制度在全國解放區得到進一步完善和實踐。一九四九年八月，毛澤東為中共中央起草《覆華東局並告各中央局、分局、各野戰軍前委電》，強調三萬以上人口的城市和各縣均應召開各界人民代表會議。

在毛澤東的宣導和督促下，全國各地先後召開了各界人民代表會議。毛澤東在八月十三日親自出席了北平市各界代表會議。解放區各界人民代表會議的召開，為新中國成立以後召開普選的各級人民代表大會準備了條件，奠定了基礎。

新中國成立之初，全國尚未完全解放，召開地方各級直至全國人民代表大會的客觀條件還不具備。為此，黨和國家採取了一些過渡性的措施。在中央，由中國人民政治協商會議全體會議代行全國人民代表大會的職權，制定中華人民共和國中央人民政府組織法，選舉中央人民政府委員會，並賦之以行使國家權力的職能。這種依法授權國家權力的方式，體現了共和國的締造者對建國法定程序的特別尊重。在地方，則首先建立軍事管制委員會這種臨時性政權，同時自上而下委派人員組成地方人民政府；在政治條件許可時，召開各界人民代表會議，逐步代行人民代表大會的職權，通過民主選舉的方式建立各級地方人民政府。一九五二年年底，第一屆全國政協任期屆滿，是否召開人民代表大會的問題被提到了議事日程上。是否如期召開人民代表大會，按照中央的已有承諾和設計，及時召開全國人民代表大會，結束政治協商會議代行政權組織形式的功能，並制定憲法，依法保障人民民主專政的國家政權，是黨內爭論的焦點。有部分領導人認為在較短時間內無法完成召開全國人大所做的各種準備工作，應該繼續沿用政治協商會議，新中國成立的頭三年，政治協商會議在全國人民心目中有很好的信譽，各民主黨派政治協商會議的作用給予肯定，他們並不積極要求召開全國人民代表大會。中國共產黨人從歷史與現實的高度，肯定了民主黨派的作用。一九五〇年四月，毛澤東在聽取第一次全國統戰工作會議彙報時指出：從長遠和整體看，必須要民主黨派。民主黨派是聯繫小資產階級和資產階級的，政權中要有他們的代表才行。黨中央經認真研究，初步考慮先在一九五三年春夏之間召開全國政協二屆全體會議，而把全國人民代表大會推到三年以後再召開。做出如期召開全國人民代表大會的決定，標誌著中國共產黨人決心兌現民主革命時期的政治諾言，也標誌著全黨形成了採取代議制方式建立人民共和國的共識。這對於人大制度的確立起到了第一推動力的作用。

一九五三年一月二十日，在中央人民政府委員會第二十次會議討論召開全國人民代表大會問題時，毛澤東宣佈：就全國範圍來說，召開各級人民代表大會的條件已經成熟。根據《中華人民共和國全國人民代表大會及地方各級人民代表大會選舉法》，從一九五三年下半年開始，在全國範圍內開展選民登記和投票選舉。這是我國歷史上第一次普選運動，它極大地喚醒了廣大人民當家作主的意識，大大地推動了我國人民民主事業。一九四九年制定通過的《共同綱領》已經不能適應形勢進一步發展的要求，中國人民需要把建設社會主義的共同目標以及為實現這個目標所必需的民主制度和措施用根本大法的形式確定下來。一九五三年，中央成立了憲法起草委員會，負責起草憲法的工作，毛澤東親自領導了憲法起草小組的工作，親自參加憲法草案的具體內容討論。他深入研究和比較了國內外各類憲法的優劣，學習吸收中外歷史上一切革命性、民主性、進步性的東西，借鑒一切對人民有利的經驗。憲法草案在一九五四年公佈後，在兩個月的時間裡，引起了全國人民的熱烈討論，共有一點五億人參加。一九五四年九月，第一屆全國人民代表大會召開。會議通過了中國第一部社會主義類型的憲法。憲法明確規定中國的政權組織形式是人民代表大會制度，結束了由政協全體會議授權中央人民政府代行國家最高權力的歷史。同時，大會還選舉了中央各國家機構負責人，制定了中央和地方國家機關組織法等。根據這些法律，產生了全國人大常委會、國務院、最高人民法院和最高人民檢察院。從此，全國人民代表大會制度正式在全國範圍內建立起來。

經過人民代表會議的試點實踐，新中國終於在一九五四年九月建立了人民代表大會制度，並頒佈了我國歷史上第一部社會主義類型的憲法。憲法規定「中華人民共和國是以工人階級領導的以工農聯盟為基礎的人民民主國家」，同時規定「中華人民共和國的一切權力屬於人民。人民行使權力的機關是全國人民代表大會和地方各級人民代表大會」，從而以根本大法的形式明確了我國的國體和政體。一九五四年九月，第一屆全國人民代表大會第一次會議在北京召開，標誌著人民代表大會制度在全國範圍內建立起來。人民代表大會制度體現了人民主權原則與中國具體實際的結合，既符合我國國情又實現了人民當家作主，是我國的根本政治制度。

第二，共產黨領導的多黨合作政治協商制度的形成。

黨派合作協商思想，是中國共產黨在抗戰期間領導參與憲政民主運動的實踐中逐漸形成並發展起來的。抗戰期間，根據「新民主主義共和國」的構想，結合抗日根據地的具體情況，中國共產黨人形成了獨到的「三三制」政權思想。「三三制」的實行，帶來了中國歷史上前所未有的民主之風，不僅從政治上進一步團結了各抗日黨派、各抗日階級與階層，也爭取了中間力量，調動起一切積極因素，共同為抗戰救國貢獻力量，在一定程度上推動了全國的民主化運動。「三三制」民主政權是抗日根據地民主政權建設的典型，也是中國協商民主制度的雛形。

抗戰勝利後，為避免內戰爆發，以毛澤東為首的中國共產黨非常重視團結各民主黨派，與各民主黨派團結合作爭取和平民主建立新中國。一九四五年八月二十五日中共中央發出對目前時局的宣言，公開提出「和平、民主、團結」的方針。「要求國民黨政府立即實施六項措施，承認各黨派的合法地位，立即召開各黨派和無黨派代表人物會議成立舉國一致的民主的聯合政府。」[1]宣言得到各民主黨派熱烈回應。為進一步爭取和平民主的實現，八月二十八日毛澤東親自率領中國代表團赴重慶與蔣介石展開重慶和談。談判期間，毛澤東與各民主黨派、人民團體、無黨派人士代表人物包括張瀾、沈鈞儒、黃炎培、章伯鈞等人廣泛接觸會晤，開誠佈公地向他們宣傳中國共產黨的政治主張和實現和平、民主、團結的和平建國基本方針。這樣，團結了各民主黨派，與各民主黨派建立了親密的友誼關係。

「雙十協定」簽訂後，為了解決國內和平建設問題在中國共產黨與各民主黨派緊密合作、努力鬥爭下，一九四六年一月國民政府在重慶召開了政治協商會議。會議期間，中國共產黨人進一步加強同民盟及其他民主黨派的協商與合作，團結一致、抵制國民黨一黨專政的圖謀，使政協會議通過了施政綱領、政治組織、憲法草案等五個決議案。這些決議規定的內容雖然與黨的新民主主義綱領有很大差距，但卻因公開地否定了蔣介石的專制獨裁和內戰政策，有利於人民而不利於蔣介石與國民黨的獨裁統治。中國共產黨同民主黨派和民主人士的團結合作，為多黨合作和政治協商制度的確立打下了堅實的基礎。國民黨發動全面內戰後，中國共產黨堅持與民主黨派真誠合作，共商國是共同奮鬥。各民主黨派對中間路線仍抱有幻想，主張在國民黨和共產黨之間實行「中間路線」，另走「第三條道路」，試圖在中國建立一個歐美式的資本主義國家，自由地發展資本主義。然而，已決心用武力解決一切的國民黨，對民主黨派所主張的「中間路線」已無法容忍，一九四七年十月國民黨政府勒令民盟解散，「第三條道路」和

1 《毛澤東年譜（1893-1949）》下卷，人民出版社1993年版，第14頁。

「中間路線」破產。這充分說明在抗戰勝利後的中國，由於國內外局勢的變化，民族資產階級自身的兩面性，根本不可能在國共兩黨之外建立起一個歐美式的資本主義民主政權。為了團結各民主黨派、無黨派愛國民主人士及社會各界，建立一個廣泛的人民民主統一戰線，一九四七年十月，毛澤東在《中國人民解放軍宣言》中向中外宣佈：「聯合工農兵學商各被壓迫階級、各人民團體、各民主黨派、各少數民族、各地華僑和其他愛國分子，組成民族統一戰線，打倒蔣介石獨裁政府，成立民主聯合政府。」[1]一九四八年四月，中共中央發佈紀念五一勞動節口號，號召「團結各民主黨派、各人民團體、各社會賢達迅速召開沒有反動分子參加的新的政治協商會議，討論並實現召集人民代表大會，成立民主聯合政府」[2]。中國共產黨的號召，先後得到各民主黨派、無黨派民主人士和海外華僑的熱烈響應。一九四八年五月一日，毛澤東致信李濟深、沈鈞儒時指出：「此項會議似宜定名為政治協商會議。」一九四九年一月，李濟深、沈鈞儒等五十五名抵達解放區的民主人士聯名發表《我們對時局的意見》，一致表示「願在中共領導下，獻其綿薄，共策進行，以期中國人民民主革命之迅速成功，獨立、自由、和平、幸福的新中國之早日實現」[3]。

一九四九年三月，毛澤東在中共七屆二中全會上的報告中，批評了在對待黨外民主人士問題上存在的關門主義等錯誤傾向，全面闡述了同各民主黨派長期合作的思想，明確提出了黨派合作的重要性，要

1　《毛澤東選集》第4卷，人民出版社1991年版，第1237頁。

2　《毛澤東年譜（1893-1949）》下卷，人民出版社1993年版，第305-306頁。

3　中國民主同盟中央文獻委員會：《中國民主同盟歷史文獻（1941-1949）》，文史資料出版社1983年版，第505頁。

求全黨對於這個問題必須有認真的檢討和正確的認識。通過七屆二中全會，中國共產黨進一步加強了同各民主黨派、無黨派人士的團結與合作，一個嶄新的政黨制度即將在新中國誕生。此後，中國共產黨在與民主黨派、無黨派人士團結合作、共商國是的實踐中，確定了多黨合作的具體形式。

一九四九年六月十五日，新政治協商會議籌備會在北京召開第一次全體會議。一九四九年九月十七日，新政治協商會議籌備會第二次全體會議最終決定將新政治協商會議名稱改為「中國人民政治協商會議」，在九月下旬召開中國人民政治協商會議第一屆全體會議。九月二十一日開始的中國人民政治協商會議，經多方討論協商，通過法定程序最終成為多黨合作制度的主要組織形式。政治協商會議上確定了民主黨派人士在即將成立的中央政府任職參政，成為多黨合作制度的又一具體形式。會議通過的《共同綱領》成為中國共產黨和各民主黨派合作的共同政治基礎，這樣，中國共產黨領導的多黨合作和政治協商制度就在法律上和實踐中得到了確立。

一九五四年十二月，在中共中央的建議下，中國人民政治協商會議第二屆全國委員會第一次會議在北京舉行，會議通過了《中國政治協商會議章程》，奠定了中共領導下政治協商的制度基礎，在中國共產黨的領導下，各政黨、各人民團體、少數民族和社會各界的代表，以中國人民政治協商會議為組織形式，就國家的大政方針進行民主協商的做法，逐漸成為人民民主專政的重要制度。隨著過渡時期總路線的貫徹實施，社會主義改造在一九五六年年末基本完成，社會主義的基本制度已經確立。中國進入了嶄新的社會主義社會。毛澤東在《論十大關係》《關於正確處理人民內部矛盾》等講話中，對黨派政治協商的原則進行了創造性地闡述，提出了「長期共存、互相監督」八字方針，對政治協商制度的發展起到了推動作用。在隨後召開的全國人大第三次會議和黨的第八次全國代表大會上，「長期共存、互相監督」作為社會主義時期多黨合作、處理黨派關係的指導方針，得到了正式的確認。對於政協二屆全國委員的產生，中共中央確定了人民政協以各民主黨派、人民團體為基礎的政治原則和全國委員會名單由各黨派協商提名的原則，最後達到了五五九人，比第一屆全國委員會一九八人增加了一倍多，中共委員名額被有意識地減少，為一百五十人，僅占百分之二十六點八，各民主黨派和各界民主人士達四〇九人，占百分之七十三點二。大會選出的十六名副主席當中，各民主黨派負責人和無黨派民主人士十三人，占百分之八十一點二。

中國人民政治協商會議以中國共產黨領導的多黨合作和政治協商的重要機構的職能發揮作用成為我國社會主義民主的重要組成部分。「人民通過選舉、投票行使權力和人民內部各方面在選舉投票之前進行充分協商盡可能就共同性問題取得一致意見，是我國社會主義民主的兩種形式。」[1]這兩種形式使得中國特色社會主義民主開始就與蘇聯等社會主義國家不同，更是西方民主無可比擬的。

第三民族區域自治制度的奠基。

民族問題一向是困擾中國這個多民族國家的難題。在歷史上對民

1 中共中央文獻研究室：《江澤民論有中國特色社會主義（專題摘編）》，中央文獻出版社2002年版，第347頁。

族問題的處理，歷代統治者的政策自有其利弊得失，但總體上並未得到妥善處理。辛亥革命後的中華民國政府，在民族問題民族政策上依然具有大漢族主義的傾向，其民族政策也始終未能平等對待各少數民族。中國共產黨人接受列寧領導下的共產國際所提出的民族政策，在二大上明確提出「民族自決」的主張。這是有關民族問題的理論雛形。長征結束後，中國共產黨在西北地區發展，對民族自決的政策進行了發展，逐漸形成了民族自治的思想。一九三七年八月十五日，中國共產黨公佈了《抗日救國十大綱領》，在「全國人民的總動員」條文中，曾明確規定：「動員蒙民、回民及其他一切少數民族，在民族自決和民族自治的原則下，共同抗日。」[1]同年十一月，中共中央制定的陝甘甯邊區施政綱領中也有同樣的規定。國難當頭，中國共產黨人已經將民族綱領的重心開始向實現民族自治轉移。

一九三八年九月，中共在延安召開擴大的第六屆中央委員會第六次全體會議，毛澤東在會上做了題為《論新階段》的政治報告。在報告中，毛澤東對「民族區域自治」基本政策進行了全面系統的理論闡述。提出允許各少數民族與漢族享有平等權利，在共同抗日原則之下，有自己管理自己事務的權利，尊重各少數民族的文化、宗教、習慣，贊助他們發展各自的文化教育。六屆六中全會是民族區域自治思想趨於成熟的歷史標誌。隨後，中共中央在西北局專門成立了民族問題研究室，調研西北各少數民族，特別是蒙古族、回族的情況，為中央制定民族政策提供依據。民族自治構想的提出，推動了各少數民族

1　中央檔案館：《中共中央檔選集》第11冊，中共中央黨校出版社1991年版，第328頁。

團結一致參加抗戰。抗戰期間，大青山革命根據地蒙漢民族民主政權、瓊崖抗日根據地民主政權的創建發展，陝甘寧邊區轄區民族自治權的實施，在很大程度上與民族自治構想的實施有密切關係。

抗戰勝利後，中國共產黨人進一步發展民族自治的構想。一九四六年中共代表團在政治協商會議上提交了《和平建國綱領草案》，提出少數民族區域承認其自治權，確定省縣參議員的名額等主張。《草案》獲得通過，少數民族的自治權得到法律保障，或國家政權認可。

此後，中共中央在內蒙古、海南、新疆等地將民族自治的政策不斷貫徹實施，獲得了空前的發展。理論上，民族區域自治已經發展成為一個基本成熟的政策體系。實踐上，一九四八年內蒙古民族自治政權的建設取得了歷史性的成功，為新民主主義社會民族區域自治的國家制度奠定了理論基礎，積累了經驗。

一九四九年年初，毛澤東根據中國歷史和當時國情，決定不實行聯邦制而採用民族區域自治制度。一九四九年九月，周恩來在向政治協商會議代表徵詢意見時指出：「任何民族都是有自決權的，這是毫無疑問的事。但是今天帝國主義者又想分裂我們的西藏、臺灣甚至新疆，在這種情況下，我們希望各民族不要聽帝國主義者的挑撥。為了這一點，我們國家的名稱，叫中華人民共和國，而不叫聯邦。我們雖然不是聯邦，但卻主張民族區域自治，行使民族自治的權力。」[1]經過充分協商與討論，民族區域自治制度最終被明確寫入《共同綱領》

1 《周恩來統一戰線文選》，浙江人民出版社1985年版，第139-140頁。

中，這標誌著中國共產黨民族區域自治在理論上形成和在實踐上被作為國家的一項政治制度正式確立了。

解放戰爭時期中國共產黨制定的民族自治政策，既使所有少數民族都能享受自治權利，維護本民族的民主權益，真正使各族人民群眾都實現當家作主，都能廣泛參與國家和本民族內部事務的管理，又保證了中華民族的大團結和國家政治的統一。民族區域自治是對民主實現形式的偉大創造，被稱為「史無前例的創舉」。

除了以上各項民主制度的確立外，黨的第一代領導集體還領導人民開啟了社會主義法制建設。在當時的歷史時期，劉少奇曾提出：「無產階級法制，就是人民民主的法制，也就是社會主義法制。法制不一定是指專政方面的，人民內部也要有法制，國家工作人員和群眾也要受公共章程的約束……法院獨立審判是對的，是憲法規定了的，黨委和政府不應該干涉他們判案子。」[1]與此同時，民族區域自治制度也在這個時期建立起來。《中國人民政治協商會議共同綱領》明確規定：「各少數民族聚居的地區，實行民族區域自治，按照民族聚居的人口多少和區域大小，分別建立各種民族自治機關。」後來，民族區域自治制度載入憲法，成為我國一項重要的基本政治制度。此外，中國共產黨還領導人民建立了街道居民委員會的群眾自治組織，開始了基層民主實踐。

中國共產黨第一代領導集體還創造性提出了中國特色社會主義民主發展的若干原則。毛澤東指出，要調動一切積極因素建設社會主

1　《劉少奇選集》下卷，人民出版社1985年版，第452頁。

義，以「團結—批評—團結」的民主方式正確處理人民內部矛盾，造成一種「又有集中又有民主，又有紀律又有自由，又有統一意志又有個人心情舒暢、生動活潑」[1]的政治局面，「勞動者管理國家、管理軍隊、管理各種企業、管理文化教育的權利……這是社會主義制度下勞動者的最大權利，最根本的權利」[2]，以及發動群眾反對官僚主義，精簡黨政機構，用規章制度管人，等等。此外，毛澤東還特別提出要依據經濟基礎和生產力的發展需要，鼓勵群眾以首創精神改革國家制度的重要思想。毛澤東指出：「上層建築一定要適合經濟基礎和生產力的發展需要……在群眾覺悟提高的基礎上，允許並且鼓勵群眾的那些打破限制生產力發展的規章制度的創舉。」[3]這所有的一切對當代中國特色社會主義民主的發展仍有著重要指導意義。周恩來指出：「我們現在還不是普遍實行直接的、秘密的選舉，全國的經濟和文化水準還沒有發展到具備這樣的條件。但是我們可以從另外一些方面來擴大民主，例如：第一，使人大代表經常去接觸人民。我們的人大代表，還有政協委員，每年應有兩次到人民中去直接視察工作。他們可以從與政府不同的角度去接觸廣大人民，接觸實際，看我們的工作是否做得恰當，做錯了沒有，有什麼缺點，有什麼偏差……第二……就是把所有代表的發言，包括批評政府工作的發言，不管對的、部分對的甚至錯的都發表出來。這就在人民中揭露了政府工作的缺點……西方議會的某些形式和方法還是可以學的，這能夠使我們從不同方面來發現問題……第三，我們還要進一步使人大代表參加對政府工作的檢

1　《毛澤東選集》第5卷，人民出版社1977年版，第456頁。

2　《毛澤東文集》第8卷，人民出版社1999年版，第129頁。

3　《毛澤東文集》第7卷，人民出版社1999年版，第353頁。

查，一直到檢查公安、司法工作……不僅這樣，中央與地方也要互相影響……中央與地方要相互影響，相互監督，不要以為只是上面對下面監督，下面同樣要監督上面起制約的作用。唱『對臺戲』就是從兩個方面看問題，來完成社會主義的偉大事業。」[1]可以說，今天我們完善人民代表大會制度的重大舉措，都是在實踐周恩來當年提出的設想。此外，劉少奇還提出了借鑒參考美國總統任期制的設想。[2]在中國共產黨領導的多黨合作和政治協商制度方面，在明確政協性質和任務基礎上發展了協商民主；以「長期共存、互相監督」的方針發展了社會主義新型政黨關係；等等。

當然，在全面建設社會主義時期，黨的第一代領導集體在我國民主實踐中出現了失誤。重提「以階級鬥爭為綱」，以及把「大鳴、大放、大辯論、大字報」作為「充分發揮了社會主義民主」的形式，最終導致深重浩劫的十年內亂。事實證明，「大民主」對社會主義民主不是發展了，而是嚴重破壞了。這些錯誤的理論與實踐給黨和國家民主政治發展帶來了深刻教訓。

四、成型與創新：改革開放新時期的理論與實踐

中共十一屆三中全會以後，黨領導人民開始了改革開放和社會主義建設的新征程。我國民主運行恢復了正常秩序，中國特色社會主義

1　《周恩來選集》下卷，人民出版社1984年版，第107-108頁。

2　蕭東連：《求索中國：文革前十年史》下，中共黨史出版社2011年版，第855-856頁。

民主隨著社會主義現代化建設的發展逐步完善。一九八二年，《中華人民共和國憲法》正式施行。「以國家根本法的形式，確立了中國特色社會主義道路、中國特色社會主義理論體系、中國特色社會主義制度的發展成果，反映了我國各族人民的共同意志和根本利益，成為歷史新時期黨和國家的中心工作、基本原則、重大方針、重要政策在國家法制上的最高體現。」[1]鄧小平提出「沒有民主就沒有社會主義，也就沒有社會主義現代化」[2]這一重要論斷，特別強調「我們提出改革時，就包括政治體制改革。現在經濟體制改革每前進一步，都深深感到政治體制改革的必要性。不改革政治體制，就不能保障經濟體制改革的成果，不能使經濟體制改革繼續前進，就會阻礙生產力的發展，阻礙四個現代化的實現」[3]。黨的十三大提出包括完善人民代表大會制度、中國共產黨領導的多黨合作和政治協商制度以及基層民主生活制度化在內的社會主義民主政治若干制度。特別是依據一九八二年憲法正式創建了包括城市居民委員會和農村村民委員會兩方面的直接民主的基層群眾自治制度。至此，我們黨明確把國家政權的人民代表大會制度和國家基層的群眾自治制度共同作為人民民主的兩個層面。[4]黨的十三大還提出不斷推進政治體制改革發展社會主義民主政治的基本思路。十三大報告認為，政治體制改革的長遠目標是「建立高度民主、法治完備、富有效率、充滿活力的政治體制」，近期目標是「建立有利於提高效率、增強活力和調動各方面積極性的領導體

1　習近平：《在首都各界紀念現行憲法公佈施行30周年大會上的講話》，《人民日報》2012年12月5日第2版。

2　《鄧小平文選》第2卷，人民出版社1993年版，第168頁。

3　《鄧小平文選》第3卷，人民出版社1993年版，第176頁。

4　《彭真文選》，人民出版社1991年版，第607-608頁。

制」。[1]

黨的十四大進一步完善了人民代表大會制度，提出「逐步形成深入了解民情、充分反映民意、廣泛集中民智的決策機制」；進一步完善中國共產黨領導的多黨合作和政治協商制度，提出以「規範化」「制度化」地推進人民政協政治協商、民主監督和參政議政；把基層民主提升到「社會主義民主最廣泛的實踐」高度，並把職工代表大會制度為基本形式的企業民主管理制度納入其中，使得原有的基層群眾自治制度擴展到由城市居民委員會、農村村民委員會和職工代表大會制度組成的三個方面。[2]黨的十五大把「建設有中國特色社會主義的政治」作為社會主義初級階段基本綱領的重要組成部分，具體內容有：「在中國共產黨領導下，在人民當家作主的基礎上，依法治國，發展社會主義民主政治。這就是要堅持和完善工人階級領導的、以工農聯盟為基礎的人民民主專政；堅持和完善人民代表大會制度和共產黨領導的多黨合作、政治協商制度以及民族區域自治制度。發展社會主義民主，健全法制，建設社會主義法治國家。實現社會安定，政府廉潔高效，全國各族人民團結和睦，生動活潑的政治局面。」[3]此外，十五大還正式把「依法治國」作為黨領導人民治理國家的基本方略，以實現社會主義民主的制度化、法律化。

黨的十六大進一步提出了「實現社會主義民主政治的制度化、規範化和程序化」的要求，並首次提出建設「社會主義政治文明」。黨

1　《十三大以來重要文獻選編》上，人民出版社2011年版，第39頁。

2　《江澤民文選》第2卷，人民出版社2006年版，第29-30頁。

3　《十五大以來重要文獻選編》上，人民出版社2011年版，第16頁。

的十七大第一次完整地闡述了「中國特色社會主義政治發展道路」命題，指出中國特色社會主義政治發展道路就是「堅持中國特色社會主義政治發展道路，堅持黨的領導、人民當家作主、依法治國有機統一，堅持和完善人民代表大會制度、中國共產黨領導的多黨合作和政治協商制度、民族區域自治制度以及基層群眾自治制度，不斷推進社會主義政治制度自我完善和發展」[1]。與此同時，還第一次把基層群眾自治制度納入中國特色社會主義民主制度體系。人民代表大會的根本政治制度、中國共產黨領導的多黨合作和政治協商制度、民族區域自治制度、基層群眾自治制度以及建立在這個制度上的政治體制共同構成了中國特色社會主義政治制度。中國特色社會主義政治制度同經濟制度、文化制度、社會制度等一起，「是黨和人民九十多年奮鬥、創造、積累的根本成就」，同時是「改革開放三十多年一以貫之的接力探索」的成果。[2]黨的十七屆四中全會又提出以「黨內民主帶動人民民主」這一推動中國特色社會主義民主發展的新舉措。

黨的十八大對中國特色社會主義民主進行了嶄新的布局。十八大報告提出提高基層人大代表特別是一線工人、農民、知識份子代表比例，降低黨政幹部代表比例；在人大設立代表聯絡制度，完善代表聯繫群眾制度；加強權力機關組織制度創新，優化常委會、專委會知識、年齡結構，提高專職人員比例；加強對「一府兩院」的監督，並首次提出「加強對政府全口徑預算結算的審查和監督」等一系列重大舉措，發展了作為根本政治制度的人民代表大會制度。十八大報告首

1　《十七大以來重要文獻選編》上，人民出版社2011年版，第22頁。

2　《十七大以來重要文獻選編》上，人民出版社2011年版，第12頁。

次提出「社會主義協商民主制度」這一命題。社會主義協商民主制度，包括人民政協政治協商制度、中國共產黨同民主黨派的政治協商制度，也包括專題協商、對口協商、界別協商、提案辦理協商制度等多形式協商制度；國家政權機關政治協商、政協組織政治協商、黨派團體政治協商等多管道協商制度；以及基層民主協商、地方政治協商、國家政治協商等多層次政治協商制度。「社會主義協商民主制度」的提出，大大拓展了原有中國共產黨領導的多黨合作和政治協商制度，使得協商民主由「形式」上升到「制度」。十八大報告對基層民主制度做出了新界定，把原先的「農村村民委員會、城市居民委員會、企業職工代表大會」重新概括為包括「城鄉社區治理群眾自治、基層公共事務群眾自治、公益事業群眾自治和企事業單位職工代表大會制度」在內的基層民主自治體系。十八大報告正式提出我國行政體制改革的目標是建立中國特色社會主義行政體制，即「深入推進政企分開、政資分開、政事分開、政社分開，建設職能科學、結構優化、廉潔高效、人民滿意的服務型政府。」[1]十八大報告提出「健全權力運行制約和監督體系」，包括四個方面：健全決策機制和程序；健全問責和糾錯制度；健全公開制度；健全監督制度。十八大報告還提出在民主集中制基礎上健全黨內民主制度體系。作為人民民主的帶頭示範，黨內民主取得了率先發展。

二〇一三年十八屆三中全會召開，會議提出了《中共中央關於全面深化改革若干重大問題的決定》，實現了推進民主政治建設的進一

1 胡錦濤：《堅定不移沿著中國特色社會主義道路前進為全面建成小康社會而奮鬥》，人民出版社2012年版，第28頁。

步創新。

首先，提出加快推進社會主義民主政治制度化、規範化、程序化。

十八屆三中全會提出：緊緊圍繞堅持黨的領導、人民當家作主、依法治國有機統一深化政治體制改革，加快推進社會主義民主政治制度化、規範化、程序化，建設社會主義法治國家，發展更加廣泛、更加充分、更加健全的人民民主。要求緊緊圍繞提高科學執政、民主執政、依法執政水平深化黨的建設制度改革，加強民主集中制建設，完善黨的領導體制和執政方式，保持黨的先進性和純潔性，為改革開放和社會主義現代化建設提供堅強政治保證。指出：發展社會主義民主政治，必須以保證人民當家作主為根本，堅持和完善人民代表大會制度、中國共產黨領導的多黨合作和政治協商制度、民族區域自治制度，以及基層群眾自治制度，更加注重健全民主制度、豐富民主形式，從各層次各領域擴大公民有序政治參與，充分發揮我國社會主義政治制度優越性。

其次，對社會主義民主政治建設做出了全面部署。

一是推動人民代表大會制度與時俱進。堅持人民主體地位，推進人民代表大會制度理論和實踐創新，發揮人民代表大會制度的根本政治制度作用。完善中國特色社會主義法律體系，健全立法起草、論證、協調、審議機制，提高立法質量，防止地方保護和部門利益法制化。健全「一府兩院」由人大產生、對人大負責、受人大監督制度。健全人大討論、決定重大事項制度，各級政府重大決策出臺前向本級人大報告。加強人大預算決算審查監督、國有資產監督職能。落實稅收法定原則。加強人大常委會同人大代表的聯繫，充分發揮代表作用。通過建立健全代表聯絡機構、網路平臺等形式密切代表同人民群眾聯繫。完善人大工作機制，通過座談、聽證、評估、公佈法律草案等擴大公民有序參與立法途徑，通過詢問、質詢、特定問題調查、備案審查等積極回應社會關切。

二是推進協商民主廣泛多層制度化發展。指出協商民主是我國社會主義民主政治的特有形式和獨特優勢，是黨的群眾路線在政治領域的重要體現。在黨的領導下，以經濟社會發展重大問題和涉及群眾切身利益的實際問題為內容，在全社會開展廣泛協商，堅持協商於決策之前和決策實施之中。要求：構建程序合理、環節完整的協商民主體系，拓寬國家政權機關、政協組織、黨派團體、基層組織、社會組織的協商管道。深入開展立法協商、行政協商、民主協商、參政協商、社會協商。加強中國特色新型智庫建設，建立健全決策諮詢制度。要求發揮統一戰線在協商民主中的重要作用。完善中國共產黨同各民主黨派的政治協商，認真聽取各民主黨派和無黨派人士意見。中共中央根據年度工作重點提出規劃，採取協商會、談心會、座談會等進行協商。完善民主黨派直接向中共中央提出建議制度。貫徹黨的民族政策，保障少數民族合法權益，鞏固和發展平等團結、互助和諧的社會主義民族關係。進一步發揮人民政協作為協商民主重要管道作用。重點推進政治協商、民主監督、參政議政制度化、規範化、程序化。各級黨委和政府、政協制定並組織實施協商年度工作計畫，就一些重要決策聽取政協意見。完善人民政協制度體系，規範協商內容、協商程序。拓展協商民主形式，更加活躍有序地組織專題協商、對口協商、界別協商、提案辦理協商，增加協商密度，提高協商成效。在政協健全委員聯絡機構，完善委員聯絡制度。

三是發展基層民主。暢通民主管道，健全基層選舉、議事、公開、述職、問責等機制。開展形式多樣的基層民主協商，推進基層協商制度化，建立健全居民、村民監督機制，促進群眾在城鄉社區治理、基層公共事務和公益事業中依法自我管理、自我服務、自我教育、自我監督。健全以職工代表大會為基本形式的企事業單位民主管理制度，加強社會組織民主機制建設，保障職工參與管理和監督的民主權利。

隨著改革開放的進一步深入，特別是黨的十八屆三中全會對今後十年全面深化改革的總目標定為「完善和發展中國特色社會主義制度，推進國家治理體系和治理能力的現代化」。並將國家治理思想概括為八個方面：一是中國共產黨與人大、政府、政協等其他各個主體之間的責、權、利關係；二是政府與市場的關係；三是公有制經濟與非公有制經濟的關係；四是中央政府與地方政府的關係；五是農村與城市之間的關係；六是當代人與後代人在資源環境權益方面的關係；七是特權與民權的關係；八是國內與國際的關係。[1]在十八屆三中全會《決定》強調了兩個重點：一是中國共產黨在未來的改革中發揮領導作用；二是改革要保證正確的政治方向，不能走封閉僵化的老路，也不能走改旗易幟的邪路，一定要堅定不移地走中國特色社會主義道

---

1 李佐軍：《十八屆三中全會的國家治理思想》，《華中科技大學學報》（社會科學版）2014年第3期。

路。在政府方面，《決定》重點強調了政府職能轉變。在人大方面，明確指出「一府兩院」由人大任免，對人大負責，接受人大監管，各級政府的重大決策必須通過同級人大。在政協方面，強調要推進協商民主，作為中國特色民主的主要形式。

總結十八大以來，以習近平為核心的黨的新一屆領導集體對中國特色社會主義民主及其發展做出了重大貢獻：

首先，對中國特色社會主義民主及其發展做出了進一步明確的闡釋：「緊緊圍繞堅持黨的領導、人民當家作主、依法治國有機統一深化政治體制改革，加快推進社會主義民主政治制度化、規範化、程序化，建設社會主義法治國家，發展更加廣泛、更加充分、更加健全的人民民主」，重申了中國特色社會主義民主的發展道路；同時指出：「更加注重健全民主制度、豐富民主形式，從各層次各領域擴大公民有序政治參與，充分發揮我國社會主義政治制度優越性。」[1]

其次，具體地提出了中國特色社會主義民主發展的基本方略。中國特色社會主義民主治理已然構成國家治理體系的核心樞紐。二〇一四年九月五日，習近平在慶祝全國人民代表大會成立60周年大會上講話，論述了中國特色社會主義民主的合理性與必然性：「各國國情不同，每個國家的政治制度都是獨特的，都是由這個國家的人民決定的，都是在這個國家歷史傳承、文化傳統、經濟社會發展的基礎上長期發展、漸進改進、內生性演化的結果。中國特色社會主義政治制度

---

1 《中共中央關於全面深化改革若干重大問題的決定》，http://paper. people. com. cn/rmrbhwb/html/2013-11/16/content_1325398. htm.

之所以行得通、有生命力、有效率，就是因為它是從中國的社會土壤中生長起來的。中國特色社會主義政治制度過去和現在一直生長在中國的社會土壤之中，未來要繼續茁壯成長，也必須深深紮根於中國的社會土壤。」

再次，系統地概括了中國特色社會主義民主的制度安排及其特色。習近平指出：「中國實行工人階級領導的、以工農聯盟為基礎的人民民主專政的國體，實行人民代表大會制度的政體，實行中國共產黨領導的多黨合作和政治協商制度，實行民族區域自治制度，實行基層群眾自治制度，具有鮮明的中國特色。」[1]

最後，明確了中國特色社會主義選舉民主和協商民主的內在關係。二〇一四年九月二十一日，習近平在慶祝中國人民政治協商會議成立65周年大會上講話，重申了中國特色社會主義民主的兩種形式及其內在關係：「人民通過選舉、投票行使權利和人民內部各方面在重大決策之前進行充分協商，盡可能就共同性問題取得一致意見，是中國社會主義民主的兩種重要形式。在中國，這兩種民主形式不是相互替代、相互否定的，而是相互補充、相得益彰的，共同構成了中國社會主義民主政治的制度特點和優勢。」[2]

另外，中共十八大以來，以習近平同志為核心的中共中央認清時代性、把握規律性、富於創造性形成一系列重大理論創新。比如：

---

1 習近平：《在慶祝全國人民代表大會成立60周年大會上的講話》，《人民日報》2014年9月6日，第2版。

2 習近平：《在慶祝中國人民政治協商會議成立65周年大會上的講話》，《人民日報》2014年9月22日，第2版。

「設計和發展國家政治制度，必須注重歷史和現實、理論和實踐、形式和內容有機統一。要堅持從國情出發、從實際出發，既要把握長期形成的歷史傳承，又要把握走過的發展道路、積累的政治經驗、形成的政治原則，還要把握現實要求、著眼解決現實問題，不能割斷歷史，不能想像突然就搬來一座政治制度上的『飛來峰』」；「各國國情不同，每個國家的政治制度都是獨特的，都是由這個國家的人民決定的，都是在這個國家歷史傳承、文化傳統、經濟社會發展的基礎上長期發展、漸進改進、內生性演化的結果」；「評價一個國家政治制度是不是民主的、有效的，主要看國家領導層能否依法有序更替，全體人民能否依法管理國家事務和社會事務、管理經濟和文化事業，人民群眾能否暢通表達利益要求，社會各方面能否有效參與國家政治生活，國家決策能否實現科學化、民主化，各方面人才能否通過公平競爭進入國家領導和管理體系，執政黨能否依照憲法法律規定實現對國家事務的領導，權力運用能否得到有效制約和監督」。[1]這一系列論斷，集中體現在《在首都各界紀念現行憲法公佈施行30周年大會上的講話》《在慶祝全國人民代表大會成立60周年大會上的講話》《在慶祝中國人民政治協商會議成立65周年大會上的講話》等習近平同志的一系列重要講話中，涵蓋了民主制度的設計和發展原則、民主制度的形成規律和民主制度的評價標準，成為馬克思主義民主理論中國化的最新成果。

總之，以習近平為核心的黨的新一屆領導集體，系統地闡釋了中

---

1 習近平：《在慶祝全國人民代表大會成立60周年大會上的講話》，《人民日報》2014年9月6日，第2版。

國特色社會主義民主的合理性和必然性，闡釋了中國特色社會主義民主的制度、形式和發展道路，凝練地概括了中國特色社會主義民主的特色和優勢，這所有的一切標誌著中國特色社會主義民主的成型。在全面建成小康社會的歷史新起點下，在完善和發展中國特色社會主義制度、推進國家治理體系和治理能力現代化的改革推進中，在「兩個一百年」和中華民族偉大復興的中國夢歷史征程中，中國特色社會主義民主必將進一步成熟，發揮其強大的生命力和無比的優越性。

五、中國特色社會主義民主的內涵與模式

（一）中國特色社會主義民主的內涵

第一，從制度構成來看，中國特色社會主義民主是一項根本政治制度和三項基本政治制度的有機整體。

馬克思指出，「政治制度是國家機體，或者國家機體是政治制度」[1]。民主制度是民主治理體系的骨架。中國特色社會主義民主制度，就是以人民代表大會制度為根本政治制度，以中國共產黨領導的多黨合作和政治協商制度、民族區域自治制度和基層群眾自治制度為三項基本政治制度組成的有機整體。習近平指出：「這樣一套制度安排，能夠有效保證人民享有更加廣泛、更加充實的權利和自由，保證人民廣泛參加國家治理和社會治理；能夠有效調節國家政治關係，發展充滿活力的政黨關係、民族關係、宗教關係、階層關係、海內外同

1　《馬克思恩格斯全集》第3卷，人民出版社2002年版，第15頁。

胞關係，增強民族凝聚力，形成安定團結的政治局面；能夠集中力量辦大事，有效促進社會生產力解放和發展，促進現代化建設各項事業，促進人民生活質量和水平不斷提高；能夠有效維護國家獨立自主，有力維護國家主權、安全、發展利益，維護中國人民和中華民族的福祉。」[1]

人民代表大會制度作為中國特色社會主義民主的政權組織形式，是支撐中國國家治理體系的根本政治制度，是中國特色社會主義民主的最高實現形式。政體是國體的制度表現。人民代表大會制度是我國新型人民民主的根本實現形式。中華人民共和國的一切權力屬於人民，人民行使國家權力的機關是全國人民代表大會和地方各級人民代表大會，全國人民代表大會和地方各級人民代表大會都由人民選舉產生，對人民負責，受人民監督，國家行政機關、審判機關、檢察機關都由人民代表大會產生，對它負責，受它監督。人民代表大會制度與西方國家政體有本質區別。一是人民代表大會與西方議會有本質不同。我國「縣鄉人大代表是按選區直接選舉產生的。縣級以上人大的代表由下一級人民代表大會選舉產生，並按照選舉單位組成代表團參加代表大會。我們的人民代表大會中沒有議會黨團，也不以界別開展活動。無論是代表大會，還是常委會或專門委員會，都不按黨派分配席位。我們的人大代表、常委會組成人員、專門委員會組成人員，無論是共產黨員，還是民主黨派成員或者無黨派人士，肩負的都是人民的重托，都在中國共產黨領導下依法履行職責，為人民服務，根本利

1 習近平：《在慶祝全國人民代表大會成立60周年大會上的講話》，《人民日報》2014年9月6日，第2版。

益是一致的。」二是人大與「一府兩院」的關係與西方國家機關關係有本質區別。我國是由人民代表大會統一行使國家權力，「一府兩院」由人大選舉產生，對人大負責，受人大監督，不是西方的「三權分立」。這體現了在我國人民權利高於一切。三是人民代表與西方議員有本質區別。「我們的全國人大代表來自各地區、各民族、各方面，人口再少的民族也至少有一名代表，具有廣泛的代表性，不像西方議員是某黨某派的代表。我們的人大代表，生活在人民中間，同人民群眾保持密切聯繫。我們的人大代表，有各自的工作崗位，對黨和國家的方針政策、憲法法律的貫徹實施情況體會最深刻，對現實生活中的實際問題了解最深入。我們的人大代表，是通過會議的方式依法集體行使職權，而不是每個代表個人直接去處理問題，各級人大常委會辦事機構是代表的集體參謀助手和服務班子。」[1]

中國共產黨領導的多黨合作和政治協商制度（簡稱中國多黨合作制度）作為中國特色社會主義民主的政黨制度，是支撐中國特色社會主義民主治理體系的一項基本政治制度。中國多黨合作制度與我國國體相適應，既體現了工人階級的領導地位，又體現了最廣泛的人民民主；既與西方資產階級專政有本質區別，又比一般的無產階級專政更豐富；既避免了西方多黨制的相互競爭傾軋，又避免了一黨制的固執己見。中國共產黨與各民主黨派長期共存、互相監督、肝膽相照、榮辱與共，形成了以「共產黨領導、多黨派合作共產黨執政、多黨派參政」為基本特徵的團結合作的新型政黨關係。中國多黨合作制的內容有：「第一，中國共產黨就重大方針政策和重要事務同各民主黨派進

1　《十七大以來重要文獻選編》上，人民出版社2009年版，第929-930頁。

行政治協商，實行相互監督。第二，各民主黨派成員在國家權力機關中佔有適當數量，依法履行職權。第三，各民主黨派成員擔任國家及地方人民政府和司法機關的領導職務；各級人民政府通過多種形式與民主黨派聯繫，發揮他們的參政議政作用。第四，各民主黨派通過人民政協參加國家重大事務的協商。第五，中國共產黨支持民主黨派參加改革開放和社會主義現代化建設。」[1]人民政協作為中國多黨合作和政治協商的機構，發揮政治協商、民主監督、參政議政的職能，是中國特色社會主義民主的重要實現形式。新時期新形勢下，人民政協政治協商已經納入決策程序；人民政協民主監督的組織領導、權益保障、知情回饋、溝通協調機制更加完善；人民政協建言資政作用更好發揮。

民族區域自治制度同樣是支撐中國特色社會主義民主治理體系的一項基本政治制度，是指在國家的統一領導下，各少數民族聚居的地方實行區域自治，設立自治機關，行使自治權的制度。民族區域自治制度的核心是保障少數民族當家作主，管理本民族、本地方事務的權利。根據我國《民族區域自治法》的規定，自治區主席、自治州州長、自治縣縣長由實行區域自治的民族的公民擔任；民族自治地方的人民代表大會常務委員會應當由實行區域自治的民族的公民擔任主任或者副主任；民族自治地方的人民代表大會中，除實行區域自治的民族的代表外，其他居住在本行政區內的民族特別是少數民族也應有適當名額的代表，而且對人口較少的民族的代表名額和比例分配將依法給予適當的照顧；民族自治地方的人民政府的組成人員以及政府所屬

1　國務院新聞辦：《中國的政黨制度》白皮書，2007年11月15日

工作機構中，要儘量配備少數民族的幹部，對基本符合條件的少數民族幹部要優先配備。

基層群眾自治制度是中國特色社會主義民主最直接、最廣泛的民主制度形式，是支撐中國特色社會主義民主治理體系又一項基本政治制度。鄧小平指出，「把權力下放給基層和人民……這就是最大的民主」[1]。黨的十七大報告首次把基層群眾自治制度納入中國特色社會主義民主的基本範疇。十八大報告將基層群眾自治制度的職能由原先的「自我管理、自我教育、自我服務」拓展為「自我管理、自我服務、自我教育、自我監督」；並將中國基層群眾自治體系由之前的農村村民委員會、城市居民委員會、企業職工代表大會三個組成部分重新概括為城鄉社區治理群眾自治、基層公共事務群眾自治、公益事業群眾自治和企事業單位職工代表大會制度四個組成部分。基層群眾自治制度的屬性更加明確內涵更加豐富地位更加提升。可以說基層群眾自治制度正是現階段中國特色社會主義民主的基礎性制度形態。

第二從實踐形式來看中國特色社會主義民主是選舉民主和協商民主的結合並舉。

如果說一項根本政治制度和三項基本政治制度的有機整體是構成中國特色社會主義民主治理體系的骨架那麼選舉民主和協商民主的結合並舉就是中國特色社會主義民主治理體系的實踐形式。這兩種形式內在地包含於四項民主制度中是中國特色社會主義民主的獨特創舉。「在中國這兩種民主形式不是相互替代、相互否定的而是相互補充、

1　《鄧小平文選》第3卷，人民出版社1993年版，第252頁。

相得益彰的共同構成了中國社會主義民主政治的制度特點和優勢。」[1]

事實上，選舉民主和協商民主結合並舉的形式，在新中國成立後就成為中國特色社會主義民主實踐的優良傳統。江澤民第一次提出：「人民通過選舉、投票行使權力和人民內部各方面在選舉投票之前進行充分協商，盡可能就共同性問題取得一致意見，是我國社會主義民主的兩種形式。這是西方民主無可比擬的，也是他們無法理解的。」[2] 二〇〇六年二月，《中共中央關於加強人民政協工作的意見》第一次以檔形式明確規定了選舉民主、協商民主是中國特色社會主義民主的兩種重要形式。二〇一四年九月二十一日，習近平在慶祝中國人民政治協商會議成立65周年大會上的講話中指出：「人民是否享有民主權利，要看人民是否在選舉時有投票的權利，也要看人民在日常政治生活中是否有持續參與的權利；要看人民有沒有進行民主選舉的權利，也要看人民有沒有進行民主決策、民主管理、民主監督的權利。社會主義民主不僅需要完整的制度程序，而且需要完整的參與實踐」；「古今中外的實踐都表明，保證和支持人民當家作主，通過依法選舉、讓人民的代表來參與國家生活和社會生活的管理是十分重要的，通過選舉以外的制度和方式讓人民參與國家生活和社會生活的管理也是十分重要的。人民只有投票的權利而沒有廣泛參與的權利，人民只有在投票時被喚醒、投票後就進入休眠期，這樣的民主是形式主義的」。這些講話闡述了兩種民主實踐形式相結合的理論依據。

1　習近平：《在慶祝中國人民政治協商會議成立65周年大會上的講話》，《人民日報》2014年9月22日，第2版。

2　中共中央文獻研究室：《江澤民論有中國特色社會主義（專題摘編）》，中央文獻出版社2002年版，第347頁。

選舉民主是民主政治的根本形式。馬克思指出：「代表制邁進了一大步，因為它是現代國家狀況的公開的、真實的、徹底的表現。」[1]列寧指出：「民主的組織原則，在其高級形式……就意味著要使每一位群眾代表，每一個公民都既能參加討論國家的法律，選舉自己的代表，又能執行國家的法律……群眾有權為自己選擇負責的領導者。」[2]西方政治生活向來標榜它所謂「一人一票」的選舉政治。事實上，只有社會主義民主政治才能給以選舉民主制度、法律、物質的保障，確保民主選舉的公平有效。我國《選舉法》明確規定：「中華人民共和國年滿十八周歲的公民不分民族、種族、性別、職業、家庭出身、宗教信仰、教育程度、財產狀況和居住期限都有選舉權和被選舉權。」中國式選舉民主主要包括三個方面。一是國家權力機關即人民代表大會的選舉民主。人民代表大會選舉民主包含直接選舉和間接選舉兩種方式即全國人民代表大會的代表省、自治區、直轄市、設區的市、自治州的人民代表大會的代表由下一級人民代表大會選舉；不設區的市、市轄區、縣、自治縣、鄉、民族鄉、鎮的人民代表大會的代表由選民直接選舉。二是基層選舉民主。基層選舉民主採用直接選舉方式包括村委會選舉民主、城市社區居委會選舉民主和企事業職工代表大會選舉民主。三是政黨、人民團體的選舉民主。

協商民主是民主政治有效性的關鍵形式。「民主與平等參與的理念聯繫在一起，同時它還意味著表達意見所不可或缺的公民權利。」[3]

1 《馬克思恩格斯全集》第1卷，人民出版社1956年版，第338頁。

2 《列寧論蘇維埃政權建設》上冊，法律出版社1958年版，第91-92頁。

3 〔美〕基恩·福克斯：《公民身份》，吉林出版集團有限責任公司2009年版，第92頁。

在西方，為了矯正選舉民主的不足，二十世紀八〇年代產生了「協商民主」的概念。事實上協商民主在中國的實踐遠遠早於西方。習近平指出：「協商民主是中國社會主義民主政治中獨特的、獨有的、獨到的民主形式。」[1]鄧穎超在擔任政協主席時對協商民主有過一段經典生動的論述：「經常想到發揚民主，就會想到這件事或那件事應該找哪幾個同志商議商議，應該跟哪幾個同志談談心。因為一個人想問題總不如兩個人，兩個人不如三個人，三個人不如四個人、五個人。」[2]「社會主義協商民主」這一命題，是黨的十八大第一次提出的。黨的十八大以來，我們推進協商民主廣泛、多層、制度化發展，遠遠突破了原有「政治協商」的內涵。習近平指出：「在中國社會主義制度下，有事好商量，眾人的事情由眾人商量，找到全社會意願和要求的最大公約數，是人民民主的真諦。」這段論述實際上已經指出了社會主義協商民主的本質。西方的協商民主只是停留於對代議制民主的某種修補，未能上升至成規模的民主實踐形式。在中國，協商民主作為兩大民主形式之一，已經形成一套完整的體系。協商管道上，既有宏觀層次的國家政權機關、政協組織、黨派團體的政治協商，又有中觀層次的專題協商、對口協商、界別協商、提案辦理協商，還積極發展微觀層次的基層協商、企事業單位協商、社會組織協商、各類智庫協商；協商方式上，有提案、會議、座談、論證、聽證、公示、評估、諮詢、網絡等多種協商；不僅如此，協商民主實踐過程上，還把協商民主納入決策程序，既有決策之前的協商，又有決策之中的協商。

---

1 習近平：《在慶祝中國人民政治協商會議成立65周年大會上的講話》，《人民日報》2014年9月22日，第2版。

2 《十二大以來重要文獻選編》下，人民出版社2011年版，第7頁。

第三，從發展模式來看，中國特色社會主義民主是「執政黨民主—國家民主—群眾民主」的協同推進。

如前所述，中國特色社會主義民主治理體系有其骨架，也有其內在實踐形式。但並不是說它是封閉的、停滯的、僵化的靜態體系，而是開放的、發展的、不斷完善的動態體系。除了其本身的內容結構，發展模式同樣是動態體系的本質屬性。中國特色社會主義民主，是按照「執政黨民主—國家民主—群眾民主」協同推進的模式不斷發展的。

西方社會先有民主國家後有政黨。中國則先有政黨後有民主國家。中國共產黨正是在中國人民對民主的艱辛探索中應運而生的。人民民主是中國共產黨始終高舉的旗幟。中國特色社會主義民主制度是中國共產黨領導人民創建的。改革開放以來中國特色社會主義民主的發展也是黨領導下推進的。歷史證明，中國共產黨是代表中國民主進步的先進政黨。中國共產黨執政的實質是代表無產階級領導下的最廣大人民執政。這是黨的性質決定的。因此，黨的領導是中國特色社會主義民主的根本保證。中國共產黨是中國人民和中華民族的先鋒隊，就必須親自帶頭和示範人民民主。因此，黨的十七屆四中全會決議指出，「堅持以黨內民主帶動人民民主，以黨的堅強團結保證全國各族人民的大團結」[1]。與此同時，由於中國共產黨處於中國國家權力的核心，中國共產黨的黨內民主實質是中國國家權力的核心民主。因此，中共十八大提出「在民主集中制基礎上健全黨內民主制度體系」

---

1 《中共中央關於新形勢下加強和改進黨的建設若干重大問題的決定》，《人民日報》2009年9月28日，第1版。

的要求，並從七個方面提出完善和創建黨內民主制度體系的重要舉措，包括：黨員民主權利保障制度、黨的代表大會制度、黨內選舉制度、常委會議事規則和決定程序、地方黨委討論決定重大問題和任用重要幹部票決制、黨員定期評議基層領導班子等制度和黨員旁聽基層黨委會議、黨代會代表列席同級黨委有關會議等。[1]

列寧指出：「民主是國家形式，是國家形態的一種。」[2]沒有國家民主，黨內民主就會失去生存載體，群眾民主也會失去政治保障。因此，完善國家民主是中國特色社會主義民主進步的中心環節。對此，中國特色社會主義民主已經取得了重大進步。在人民代表大會制度方面，提高基層人大代表特別是一線工人、農民、知識份子代表比例，降低黨政幹部代表比例；設立代表聯絡制度，完善代表聯繫群眾制度；拓展人民有序參與立法途徑，這些無不是保證人民主體地位、發展人民民主制度的重大創舉。中共十八大提出支持和保證人民通過人民代表大會行使國家權力，黨的主張必須通過人民代表大會的法定程序才能上升為國家意志，進一步改善了黨的執政方式，保證了人民的主體地位，避免了「黨替民做主」。人民代表對黨的決議已不再是無條件地表示支持，而是進行積極討論，許多情況下甚至提出了反對意見。[3]不僅如此，人民代表大會依法加強對「一府兩院」的監督，加強對政府全口徑預算結算的審查和監督，嚴格確保任何組織和個人必

1 參見胡錦濤：《堅定不移沿著中國特色社會主義道路前進　為全面建成小康社會而奮鬥》，人民出版社2012年版，第51-52頁。

2 《列寧選集》第3卷，人民出版社2012年版，第201頁。

3 〔日〕加茂具樹：《人民代表大會的職能改革及其與中國共產黨的關係》，載於《民主的長征：海外學者論中國政治發展》，中央編譯出版社2011年版，第107頁。

須在憲法和法律的範圍內活動，這些充分表明人民代表大會作為我國權力機關的職能進一步增強。在人民政協事業方面，把人民政協政治協商納入決策程序；通過完善民主監督的組織領導、權益保障、知情回饋、溝通協調機制以加強人民政協民主監督；完善政協委員產生機制，吸納優秀人士到政協委員隊伍中；拓展有序政治參與空間等，這些無不進一步完善了中國共產黨領導的多黨合作和政治協商制度。

馬克思指出：「歷史活動是群眾的活動，隨著歷史活動的深入，必將是群眾隊伍的擴大。」[1]群眾民主是推動中國特色社會主義民主進步的重要基礎。首先，群眾的民主實踐直接推動了基層民主的創建，又進一步推動了中國特色社會主義民主的全面進步。農村村民自治制度就是中國農民群眾的創造。正是村級自治的良好效應推動了鄉鎮長直選。從四川省最先以「公推公選」的方式選舉鄉鎮長，到我國《選舉法》規定「不設區的市、市轄區、縣、自治縣、鄉、民族鄉、鎮的人民代表大會的代表，由選民直接選舉」，正是群眾的民主實踐成果。鄧小平曾經預言，二十一世紀中葉可以實現普選。[2]普通公民的自薦競選基層人大代表，又推動了《選舉法》改革。群眾的民主實踐還推動了黨內民主的進步。多個省市推行了「兩票制」「公推直選」「兩推一選」等方式選舉黨支部幹部，展現了群眾的主人翁地位。其次，群眾的民主實踐推動著中國市民社會的成熟發育，從而開拓了中國特色社會主義民主發展的新內涵。根據《中國民政統計年鑒2008》，民政部登記註冊的社會組織共計三八六九一六個，其中社團

1 《馬克思恩格斯文集》第1卷，人民出版社2009年版，第287頁。

2 《鄧小平文選》第3卷，人民出版社1993年版，第284頁。

二一一六六一個，民辦非企業單位一七三九一五個，基金會一三四〇個。二〇〇九年第一季度，在民政部登記註冊的各類民間組織共計四一四六一四個。社會組織的蓬勃發展使其躍升為基層群眾自治制度的重要組成部分。它直接推動了行政體制改革和政府轉型。如今，它又成為中國協商民主的重要管道。再次，群眾的民主實踐創造了無數推進民主的生動案例，為中國特色社會主義民主發展提供了豐富啟示。無論是浙江溫嶺的「民主懇談」，還是河北青縣的「村代會常任制」；無論是黑龍江富錦市「新三權」縣域權力配置的創新性民主制度設計，還是浙江楓橋把傳統和現實、管理和參與、專業化和群眾化有機結合的民主管理典型，甚至溫州樂清的「廣場政治」「人民聽證」等，無不顯示了活力。

（二）中國特色社會主義民主的模式選擇

回顧九十四年黨的民主政治建設的實踐以及六十六年新中國民主政治建設的歷程，經過艱難探索，中國共產黨終於找到了一個具有中國特色的社會主義民主政治模式。

改革開放以來，與經濟體制漸進式改革相適應，中國的政治發展明顯不同於中國的傳統政治意識形態和政治制度，更不同於西方的資本主義政治模式。相反，中國正在形成一種具有中國特色的社會主義民主政治模式，這種模式的理想目標是實現黨的領導、人民當家作主和依法治國三者的有機統一。這種政治模式最明顯的特徵，就是通過漸進式的增量改革來逐漸推進中國的民主治理，擴大公民的政治權益[1]，其基本制度框架包括人民代表大會制度、共產黨領導的多黨合作和政治協商制度、民族區域自治制度以及基層群眾自治制度。如何切實地堅持和完善好上述四項政治制度，已成為建設中國特色社會主義民主，進一步推進政治體制改革、發展社會主義政治文明的一項重要內容。政治體制改革中的漸進式的「增量民主」模式，鞏固了人民民主專政，堅持和完善了中國特色社會主義民主的基本制度框架。

首先，「增量民主」是堅持和完善中國特色社會主義民主基本制度框架的題中應有之義。「增量民主」的核心理念就是要通過增量改革來逐漸推進中國的民主建設，擴大公民的政治權益。這種增量式的民主化過程，一個重要前提就是強調既有「存量」民主的基礎作用，即一方面必須與既定的社會經濟體制和經濟發展水準相一致，另一方面又必須符合現存的政治法律框架，不能違背現有的憲法及其他基本法律。從這個意義上講，通過漸進式的「增量民主」改革，推進民主政治的發展，其前提就是要堅持既有制度的基本框架，只能在既有的制度框架內進行突破。因此，堅持人民代表大會制度、堅持中國共產黨領導的多黨合作和政治協商制度、堅持民族區域自治制度以及堅持基層群眾自治制度就成了推行漸進式的「增量民主」改革的重要前提。同時，漸進式的「增量民主」又是個漸進的民主化過程，強調對「存量」要不斷地增加，必須在原有的基礎上有所突破，而不能是對既有民主政治建設成績的簡單固守。這就要求人民代表大會制度、中國共產黨領導的多黨合作和政治協商制度、民族區域自治制度以及基層群眾自治制度也必須不斷地進行自我完善。也就是說，堅持中國特

1　俞可平：《增量民主：中國特色政治模式》，《上海教育》2008年第2期。

色社會主義民主的基本制度框架是推行漸進式的「增量民主」改革的前提，而完善中國特色社會主義民主的基本制度框架則是推行漸進式的「增量民主」改革的題中應有之義，沒有中國特色社會主義民主基本制度框架的堅持與完善，政治體制的增量化改革之路顯然是難以取得成效的。

其次，漸進式的「增量民主」是一條堅持和完善中國特色社會主義民主的可行路徑。人民代表大會制度作為我國的根本政治制度，是人民當家作主的根本途徑和最高實現形式，集中體現了中國特色社會主義民主的特點和優勢。實踐證明，人民代表大會制度是需要不斷地進行自我發展與完善的。通過六十多年的實踐探索，我們已總結出了一些堅持和完善中國特色社會主義民主具體制度的寶貴經驗，確立了若干基本原則，其中最關鍵的就是要堅持黨的領導、人民當家作主和依法治國的有機統一。漸進式的「增量民主」是堅持和完善中國特色社會主義民主基本制度框架的一條可行路徑。因為這種增量改革，它在過程上是漸進的，是在遵循先前的歷史軌道上進行的某種延伸，其結果是一種突破而非突變。以此來衡量我們的基本制度框架，對哪些東西應該堅持，哪些方面應該完善，就可以有大致明確的方向。如對於人民代表大會制度的基本內容就應當堅持，對於人民代表大會制度的具體制度就應當予以完善，包括具體的選舉制度、代表工作制度、人大組織制度，以及立法、監督等人大議事制度，就應當根據社會發展的實際情況，進行適時的調整與完善。

最後，漸進式的「增量民主」為堅持和完善中國特色社會主義民主提供了可資衡量的一種標準。人民代表大會制度是我國社會主義政治文明的重要制度載體，能否堅持好、完善好人民代表大會制度，對於中國特色社會主義民主的建設，具有決定性的作用。當下有關完善人民代表大會制度的各種實踐，都在進行中。因此，如何評價這些探索和舉措是否有利於我國社會主義民主政治的發展，是否有利於人民代表大會制度的堅持與完善，至關重要。十八屆三中全會公佈的《決定》中，特別提到堅持和完善中國共產黨領導的多黨合作和政治協商制度，發展協商民主。當下有關完善協商民主各種類型的實踐探索，如立法協商、行政協商、民主協商、參政協商、社會協商，以及拓展協商民主形式，更加活躍有序地組織專題協商、對口協商、界別協商、提案辦理協商等等，為堅持和完善中國特色的協商民主，具有重要意義。漸進式的「增量民主」模式可以為此提供一個可資衡量的標準。因為，漸進式的「增量民主」，其實質就是在不損害人民群眾原有政治利益的前提下，最大限度地增加人民群眾新的政治權益。多年的實踐證明，漸進式的增量改革模式符合我國政治發展的實際，有利於社會主義各項事業的和諧發展。因此，以漸進式的「增量民主」來推動中國特色社會主義民主的不斷完善，不失為一個較為可行的選擇。

第五章

「四位一體」的新布局

——中國特色社會主義民主的邏輯構成

人民民主是社會主義的生命，沒有人民民主就沒有社會主義，就沒有社會主義的現代化。發展社會主義民主政治，是我們黨始終不渝的奮鬥目標。長期以來，我們堅持中國特色社會主義政治發展道路，堅持黨的領導、人民當家作主、依法治國有機統一，不斷擴大人民民主，保證人民當家作主，使中國特色社會主義民主展現出旺盛的生命力。中國特色社會主義民主是馬克思主義民主理論與中國特色社會主義實踐相結合的產物，是對資本主義民主的揚棄和超越，是符合民主本意、更高類型的民主。「我們進行社會主義現代化建設，是要在經濟上趕上發達的資本主義國家，在政治上創造比資本主義國家民主更高更切實的民主。」[1]黨的十八大對中國特色社會主義認識達到了新高度，推動了中國特色社會主義民主的新發展。這集中體現在十八大報告對中國特色社會主義民主建設進行了嶄新的布局，這一新布局包括選舉民主、協商民主、基層民主和黨內民主四個方面的整體架構和全面展開。這種「四位一體」的新布局，深刻內蘊著黨對中國特色社會主義民主觀的新自覺，也找到了中國特色社會主義民主建設新發展的路徑。

一、選舉民主：人民通過人民代表大會行使民主權力

（一）選舉民主的意涵

現代政治意義上的選舉民主是人民通過選舉的方式參與國家權力

1 《鄧小平文選》第2卷，人民出版社1994年版，第322頁。

行使過程的一種基本民主形式，是公民最基本的參政活動。「選舉式民主論認為——請回想一下——（一）民主要求以獨立的公共輿論為先決條件；（二）它通過選舉，支持得到同意的統治；（三）這種統治又反過來對公共輿論負責。」[1]選舉民主是參與民主的一種，「在有關政治的理論研究和經驗研究中，參與都是一個核心概念。它在對於民主的分析中具有特別重要的作用」[2]。選舉民主具有以下幾個特徵。

第一，公民基本政治權利和自由是選舉民主的前提條件。

公民如果沒有基本的政治權利和自由，也就沒有真正的選舉民主。現代社會選舉民主的一個最典型特點就是選舉權的普遍性，選舉活動不再是特定階級或某個集團的選舉民主，而成為廣大人民的選舉民主。選舉權的普遍程度，是衡量無產階級政黨是否成熟的一個重要尺度。因而，現代選舉民主的前提是公民享有基本政治權利和自由，其中包括平等權、選舉權與被選舉權、表達自由等等。公民享有平等權，意味著公民在政治權利上是平等的，其受到法律的平等保護。平等權的確立，也是人民群眾經過長期的艱苦奮鬥得來的結果。「身份平等的逐步發展，是事所必至，天意使然。這種發展具有的主要特徵是：它是普遍的和持久的，它每時每刻都能擺脫人力的阻擾，所有的事和所有的人都在幫助它前進。」[3]正是基於公民的平等權，所以公民平等地享有選舉權與被選舉權不因性別、財產、種族、教育程度、財產狀況等不同而有所不同。公民既可以選舉他人，也可以被選舉擔

1　〔美〕喬萬尼・薩托利：《民主新論》，上海人民出版社2009年版，第125頁。

2　〔美〕大衛・米勒、韋農・波格丹諾：《布萊克維爾政治學百科全書》，中國政法大學出版社1992年版，第563頁。

3　〔法〕托克維爾：《論美國的民主》，商務印書館1991年版，第7頁。

任國家機關工作人員，參與國家事務的管理。公民還應享有法律保障的表達自由，可以就政治問題自由發表意見。只有當選民們能夠對於國家事務以選擇的方式表達的時候，選民的意志才能充分反映出來。可見，公民基本政治權利和自由是選舉民主的先決條件。

第二，選舉是選舉民主的基本特徵。

民主是一種價值追求，也是一種政治方法，還是一種治理技術，民主本身意味著多數人意志對國家事務的公共決策。在民主國家，公眾的意見不僅是個人理性的唯一嚮導，而且擁有比在任何其他國家都大的無限權力。[1]當人類社會的民主進程從直接民主走向間接民主，從古典民主走向現代民主之後，選舉與民主的關係就變得密不可分了。托克維爾曾高度評價選舉對民主的作用，「使美國的民主制度昌盛的，並不是被選舉出來的行政和立法官員。美國的民主制度之所以能夠繁榮昌盛，是因為這些官員是通過選舉產生的」[2]。民主是選舉的目的，選舉是民主的形式，選舉與民主相互促進，共同發展。選舉成為選舉民主的最基本特徵。現代選舉民主為選舉制度提出了新的要求。選舉應當是自由的、公正的。公民依法所享有的選舉權與被選舉權不得受任何限制，每一張選票應該有同等的分量；選舉組織機構必須是保持中立的，不受任何外在影響；選舉的規則應當保證選舉活動能夠自由、真實、公正地實現。選舉還應當是定期的、有競爭的。選舉的定期舉行是為了保障人民對國家事務的最終控制，選舉的競爭是為了確保公民充分享有選擇的權利。

---

1 〔法〕托克維爾：《論美國的民主》，商務印書館1991年版，第526頁。

2 〔法〕托克維爾：《論美國的民主》，商務印書館1991年版，第633頁。

第三，「少數服從多數」是選舉民主運作的基本原則。

如果用一句話簡單地描述一下民主，這句話就是少數服從多數的意願。在進行選舉民主的實際過程中，少數人與大多數人的意見產生分歧時，少數人要對大多數人的意見妥協，即便是心裡不同意這樣的決定，在實際的生活及其他過程中，也要按照大家共同約定的方法去踐行。既然人民通過選舉的形式，平等地行使自己的基本政治權利和自由，對國家事務進行公共決策，那麼選舉過程中的每一票都有著同等神聖的價值。選舉民主要求投票的結果應當具有唯一性，但事實上無法保證每一次投票都會得到所有公民無一例外地做出同樣的選擇，此時就需要用「少數服從多數」這種多數裁決原則來達成一致。多數裁決原則是選舉民主運作的基本原則，主要是保障在意見發生分歧時候，有效做出公共決策，同時能夠符合社會整體的統一行動方向，即多數人的意見。但是需要指出的是，多數裁決原則並不能和選舉民主的本質畫等號。多數裁決原則只是選舉民主的運行原則，多數人的意見也有可能帶來多數人對少數人的暴政。因此，協商民主、自治民主與選舉民主相互作用，互為補充，共同組成我國社會主義民主的基本形式。

第四，票決制是選舉民主運作的基本方式。

公民投票是公民直接參與立法、決策活動的一種方式，它的意義在於保證政府的政策在人民中享有更大程度的合法性和得到公眾更廣泛的支持。[1]現代選舉民主也稱票決式民主，意為選民採取投票或者

1　參見應克復等：《西方民主史》，中國社會科學出版社2012年版，第358-360頁。

內涵類似的方式來選擇自己的利益代表。選舉民主的方式可以多種多樣，比如直接選舉、間接選舉、等額選舉、差額選舉等。無論是哪種形式的選舉民主，投票是當今世界各國所普遍採用的基本和最主要的表決手段。這是由於相對於其他運作方式來說，投票的方式具有優越性。舉手表決和鼓掌通過雖然簡單易行、便於操作，但其弊端顯而易見，由於人與人之間複雜的社會關係和心理活動，很可能抱有不同看法的公民礙於情面也舉手表示同意，導致選舉流於形式。而抽籤與輪流的方式雖然可以防止賄賂、威嚇，影響選舉，但是很難保證民主的平等性。現代的公共事務越來越專業化，大多數從事政府部門工作的人都是經過系統學習和嚴格訓練的。抽籤決定雖然保證了形式上的平等，卻可能導致當選的人能力不能滿足相應崗位提出的要求。相比較而言，「一人一票」的投票選舉方式，更能保障民主的平等性。而且，現在的投票都強調無記名，確保了選舉民主的真實性。

（二）中國特色社會主義民主實現了憲法規定

第一，憲法確立人民代表大會制度，為選舉民主提供了制度載體。

人民代表大會制度是中國共產黨領導全國各族人民，把馬克思主義國家學說同中國實際相結合，在長期的政權建設實踐中不懈探索而創立的，是我國選舉民主的主要制度形式。我國《憲法》序言中就強調：「本憲法以法律的形式確認了中國各族人民奮鬥的成果，規定了國家的根本制度和根本任務，是國家的根本法，具有最高的法律效力。」

我國《憲法》明確了我國的國家性質是「工人階級領導的、以工農聯盟為基礎的人民民主專政的社會主義國家」，人民是國家的主人。《憲法》第二條的規定，指出了我國政權的權力來源和組織形式，即「中華人民共和國的一切權力屬於人民」，「人民行使國家權力的機關是全國人民代表大會和地方各級人民代表大會」。這是與我國人民民主專政的國家性質相適應的。人民當家作主，國家一切權力屬於人民的國家政權本質，決定了需要建立一套能夠使人民形成統一意志，集中統一行使國家權力，既有民主又有集中的政治制度。我國憲法作為國家根本大法，以法律形式規定了「中華人民共和國的國家機構實行民主集中制的原則」。「全國人民代表大會和地方各級人民代表大會都由民主選舉產生，對人民負責，受人民監督。」「國家行政機關、審判機關、檢察機關都由人民代表大會產生，對它負責，受它監督。」「中央和地方國家機構職權的劃分，遵循在中央統一領導下，充分發揮地方的主動性、積極性的原則」等內容。這些都表明，在我國政權組織形式、政權制度中，人民代表大會處於基礎和中心的地位，國家的一切權力屬於人民是人民代表大會制度的邏輯起點。要確保國家權力真實有效地屬於人民，人民通過自己手中神聖的選票決定自己的代表者無疑是最好的方式。人民代表大會制度就是人民行使國家權力的制度保障。

第二，憲法明確公民當家作主之選舉權利，規定了選舉民主之本質。

公民享有基本政治權利和自由是選舉民主實現的前提條件，我國憲法賦予公民廣泛的政治權利和自由。

《憲法》第三十三條規定：「中華人民共和國公民在法律面前一

律平等。」通過根本大法的方式確立了法律面前人人平等這一原則，同時賦予了公民平等權這一基本政治權利。《憲法》第三十四條規定：「中華人民共和國年滿十八周歲的公民，不分民族、種族、性別、職業、家庭出身、宗教信仰、教育程度、財產狀況、居住期限，都有選舉權和被選舉權；但是依照法律被剝奪政治權利的人除外。」這裡以憲法的形式賦予我國公民廣泛的、真實的政治權利，為選舉民主的實現奠定了法律基礎。

選舉民主所要求的公民基本政治權利和自由不僅局限於平等權、選舉權和被選舉權，還包括表達自由。《憲法》第三十五條明確規定：「中華人民共和國公民有言論、出版、集會、結社、遊行、示威的自由。」這裡言論、出版、集會、結社、遊行、示威的自由都屬於表達自由的範疇。任何自由都是有限度的，自由超越了限度，就容易轉化為散漫甚至混亂，表達自由也是同樣如此。這就提示我們在行使表達自由的時候，一定要在法律限定的範圍內進行。如公民可以正常表達自己的宗教信仰，但是如果在非宗教場合傳播、宣傳宗教信仰，就是法律所不允許的了。憲法賦予公民的表達自由越廣泛，越利於選民意志的充分反映。

另外，《憲法》第三十六條規定的宗教信仰自由，第三十七條明確的人身自由不受侵犯，第三十八條賦予的人格尊嚴不受侵犯，第四十條規定的通信自由和通信秘密受法律的保護，以及第四十一條賦予「公民對於任何國家機關和國家工作人員，有提出批評和建議的權利」「有向有關國家機關提出申訴、控告或者檢舉的權利」等都是真實為人民群眾所享有的，都為選舉民主的實現提供了前提保障。

第三，憲法規定國家機構的組成方式，明確了選舉民主的實現形式。

儘管國家的一切權力屬於人民是我國國家政權的本質，但是我國地緣廣闊、人口眾多等基本國情決定了應當採取選舉民主，而非直接民主的民主形式。也就是說，國家權力的所有者不可能直接地經常地行使屬於自己的權力，而是實行間接民主的人民代表大會制度。我國《憲法》規定：「全國人民代表大會和地方各級人民代表大會都由民主選舉產生，對人民負責，受人民監督。」全國人大是最高國家權力機關，它的常設機關是全國人大常委會；地方人大是地方國家機關，縣級以上地方各級人大設立常委會作為本級人大的常設機關。這就明確了人民代表大會的組成方式，各級人民代表大會代表的產生，由選民直接選舉和選舉單位間接選舉產生，所選出的人民代表都是根據人民的意志選舉出來的，這是選舉民主的重要實現形式。

國家機構是國家為了實現其職能而建立起來的國家機關的總和。我國人民代表大會作為國家權力機關，是全權性的國家機關，享有廣泛的職權。但是，國家職能的全部實現僅僅依靠人民代表大會遠遠不夠，其還有賴於人民代表大會以外的其他國家機關。我國憲法對我國國家機構的組織系統進行了明確規定，即縱向上分為中央國家機關和地方各級國家機關；橫向上，主要分為國家權力機關、行政機關、審判機關、檢察機關。憲法同時明確了這些國家機關的產生方式和相互關係。「全國人民代表大會和地方各級人民代表大會都由民主選舉產生，對人民負責，受人民監督」，「國家行政機關、審判機關、檢察機關都由人民代表大會產生，對它負責，受它監督」，各級人民政府是各級人民代表大會的執行機關。也就是說，國家行政機關、審判機關、檢察機關都由人大產生，對它負責，向它報告工作，受它監督。人民代表大會統一行使國家權力，在這個前提下，明確劃分國家的行政權、審判權、檢察權。這樣，既能使我們國家的行政、審判、檢察機關不脫離人民代表大會或者違背人民代表大會的意志而進行活動，又能使各個國家機關在法律規定的各自職權範圍內獨立負責地進行工作，形成一個統一的整體。

據此，可以看出我國人民通過人民代表大會行使國家權力，實現選舉民主主要通過兩個途徑實現：一是由人民選舉出的人民代表組成人民代表大會，人民代表大會直接行使憲法和法律所賦予的廣泛職權，實現人民對社會事務的管理。二是由人民代表大會選舉產生的國家行政機關、審判機關、檢察機關，這些國家機關行使憲法和法律所賦予的職權，並對人民代表大會負責，受到人民代表大會的監督，受到人民群眾的監督。

我國憲法對我國國家機構組織系統進行規定的同時，還明確了「中華人民共和國的國家機構實行民主集中制的原則」。這意味著在人民代表大會統一行使國家權力的前提下，國家行政、審判、檢察等機關各司其職，協調一致地工作；在中央的統一領導下，充分發揮地方的主動性、積極性。

總體而言，無論是國家機構的建立還是在其具體運行過程中，人民代表大會始終處於主導地位。憲法建構了以人民代表大會為基礎而建立的我國政權體系。也正因此，才能夠真正體現和保證國家機構始終以實現人民意志和利益為宗旨，始終以保障人民當家作主為目標。以人民代表大會為基礎建立的全部國家機構是人民代表大會制度的核心。

（三）中國特色社會主義選舉民主的制度及實踐

第一，人民代表大會制度：選舉民主的基本制度。

人民代表大會制度隨著新中國的誕生、發展而建立、發展並不斷完善。一九四九年新中國成立之初，由於不具備制定憲法的必要條件，所以制定了起臨時憲法作用的《中國人民政治協商會議共同綱領》確定了新中國的政體是人民代表大會制度。一九五四年，由毛澤東同志親自主持起草，第一屆全國人民代表大會第一次會議制定的一九五四年憲法，是我國第一部社會主義類型的憲法。一九五四年憲法對人民代表大會制度做出了比較系統的規定，確立全國人民代表大會為最高國家權力機關。一九五四年憲法明確規定全國人民代表大會的常設機構是全國人民代表大會常務委員會，國務院是最高國家權力機關的執行機關，是最高國家行政機關。全國人民代表大會產生了中華人民共和國主席和全國人大常委會、國務院、最高人民法院、最高人民檢察院等國家機關。至此，我國以人民代表大會為基礎的政權制度全面確立，國家權力開始由人民選舉產生的人民代表大會統一行使。

一九五四年憲法頒佈後的最初三年，實施的情況是好的。各級人民代表大會認真行使職權，全國人大及其常委會通過了八十多部法律、法令和有關法律問題的決定，審查批准了「一五」計畫和年度經濟計畫、預算，決定了綜合治理黃河的方案等，在國家生活中發揮了重要作用。但是，一九五七年開始，由於反右鬥爭中「左」的思想干擾，憲法的實施受到影響，人大工作也難以開展，處於一種「徒有虛名，而無其實」的狀態。到一九六六年「文化大革命」開始後，全國人大及其常委會被停止活動，地方人大則被所謂的臨時權力機構「革命委員會」所取代。一九七五年四屆全國人大一次會議通過了新中國成立以後的第二部憲法，但是一九七五年憲法是在國家政治生活很不正常的情況下制定的，所以很不完善，相比一九五四年憲法是個倒退。一九七八年五屆全國人大一次會議通過一九七八年憲法，並經過一九七九年、一九八〇年兩次局部修改，但總體上仍帶有明顯的局限性，不能適應客觀形勢發展的需要。

一九八二年五屆全國人大五次會議召開並通過憲法，即我國現行憲法，再次明確全國人民代表大會制度是我國的根本政治制度。一九八二年憲法繼承了一九五四年憲法的優良傳統，從我國的實際情況和需要出發，對健全人民代表大會制度做出了一系列新的重要規定，包括改革和完善選舉制度；擴大全國人大常委會的職權和加強它的組織；縣級以上地方各級人大設立常委會；賦予省級人大及其常委會制定地方性法規的權力等。所有這些規定，對於堅持和完善人民代表大會制度，實現選舉民主，支持和保證人民通過人民代表大會行使國家權力具有重要的現實意義和深遠的歷史意義。

習近平同志在首都各界紀念現行憲法公佈施行30周年大會上的講話中強調：再往前追溯至新中國成立以來六十多年我國憲法制度的發展歷程，我們可以清楚地看到，憲法與國家前途、人民命運息息相關。維護憲法權威，就是維護黨和人民共同意志的權威。捍衛憲法尊嚴，就是捍衛黨和人民共同意志的尊嚴。保證憲法實施，就是保證人民根本利益的實現。只要我們切實尊重和有效實施憲法，人民當家作主就有保證，黨和國家事業就能順利發展。反之，如果憲法受到漠視、削弱甚至破壞，人民權利和自由就無法保證，黨和國家事業就會遭受挫折。這些從長期實踐中得出的寶貴啟示，必須倍加珍惜。我們要更加自覺地恪守憲法原則、弘揚憲法精神、履行憲法使命。[1]

人民代表大會制度是依據憲法和有關法律的規定，由人民按照一定的原則和程序，選舉人民代表組成全國人大和地方各級人大，作為國家的權力機關；再由各級權力機關產生同級其他國家機關，這些國家機關要對人民代表大會負責，並接受其監督的一種國家政權組織形式。人民代表大會制度是我國的根本政治制度，反映了我國政治生活的全貌。人民代表大會制度是我國實現社會主義民主的基本形式，是選舉民主的直接制度體現。

第二，人民代表大會制度的優越性：選舉民主的價值體現。

人民代表大會制度作為我們國家的根本政治制度，作為實現社會主義選舉民主的基本形式，產生於我國的革命鬥爭中，是其他政治制度賴以建立的基礎。我國的人民代表大會制度是馬克思主義國家學說與我國革命實踐相結合的產物。人民代表大會制度反映了我國政治生活的全貌，成功地將馬克思主義與我國具體的國情結合在一起，具有巨大的優越性。

---

1 新華網，http://news. xinhuanet. com/politics/2012-12/04/c_113907206. htm.

一是人民代表大會制度最適合中國國情。選舉民主最主要的功能價值就在於通過選舉，產生最有利於、最合乎民意的政權，這種政權應當是多數人的意願選擇，也應當符合主權國家的基本國情。

人類政治文明發展的歷史和現實情況表明，世界上不存在放之四海而皆準的、普遍適用的民主政治模式。一個國家實行什麼樣的民主政治制度，歸根結底是由這個國家的國情決定的。「對於我們這樣一個有著十三億多人口、五十六個民族的發展中大國來說，始終堅持正確的政治發展道路，更是一個關係全域的重大問題。」[1]我們國家實行人民代表大會制度，與我們國家必須堅持中國共產黨領導一樣，都是人民的選擇，歷史的選擇。人民代表大會制度與中國的文化傳統、生產力發展水準、國內外政治環境相適應，符合中國的基本國情具有很強的生命力。歷史已經證明，資本主義的政治制度不適合中國國情，中國只能走人民當家作主的社會主義道路，只有社會主義道路才能實現中華民族的偉大復興。在中國特色社會主義制度下，只能採取人民代表大會這一政權組織形式，人民代表大會制度是中國各族人民在中國共產黨的領導下，在長期的政權建設實踐中創立的。新中國成立以來，特別是改革開放以來的實踐證明，人民代表大會制度不僅是最適合我國人民民主專政的社會主義性質的民主政治制度，而且是最能保證國家長治久安，促進全國各族人民大團結，調動社會各方面積極性的民主政治制度。人民代表大會制度具有與時俱進的優秀品質，能夠根據社會主義現代化各個時期的發展需要，不斷地進行改革和自我完

---

1 中共中央宣傳部：《習近平總書記系列重要講話讀本》，學習出版社2014年版，第76-77頁。

善，不斷地汲取和借鑒全人類共同創造的政治文明成果。也正因為如此，人民代表大會制度具有很強的生命力，是充滿生機和活力的民主政治制度。這樣的民主政治制度不僅能很好地實現選舉民主的內在要求，更有益於選舉民主本身的發展。

二是人民代表大會制度最能保證人民通過選舉實現當家作主。選舉民主的真正實現，不僅在於參與選舉的選民廣泛、普遍地享有諸如平等、自由等真實地選舉權利，還應當體現在通過選舉的形式實現最為廣泛和最為真實的人民當家作主。人民通過自己手中的選票真實地選舉出了代表自己意願的人民代表，人民代表又代表廣大人民群眾對國家事務進行管理，廣大人民群眾正是在這種意義上實現了最廣泛、最真實的當家作主。人民代表大會制度不僅是最符合我國國情的民主政治制度，也是最能保證人民當家作主的民主政治制度。現代國家治理的複雜性決定了不可能採取諸如古希臘形式的直接民主，中國的國情決定了不能照搬西方的議會制民主。人民代表大會制度既保障了人民管理國家的權利，又便於國家統一行使權力，發揮社會主義國家集中力量辦大事的優勢。

任何一個國家的國家政權，都是國體和政體的統一。我國是人民當家作主的社會主義國家，我們國家的國體是工人階級領導的、以工農聯盟為基礎的人民民主專政。這就決定了我們國家的政體必須是最能保障最廣大人民根本利益的政體，最能反映全國各族人民共同意志的政體，最便於人民群眾管理國家和社會事務的政體，歸根到底一句話，必須是最能確保人民當家作主的政體，這個政體便是人民代表大會制度。

人民代表大會制度便於人民參加國家管理。根據我國憲法和人民代表大會組織法的規定，全國人民代表大會和地方各級人民代表大會的人民代表都由選民通過直接選舉或間接選舉的方式產生，對人民負責、受人民監督；人民代表大會代表具有廣泛的代表性，除被剝奪政治權利者外，中華人民共和國年滿十八周歲的公民，不分民族、種族、性別、職業、家庭出身、宗教信仰、教育程度、財產狀況、居住期限都有選舉權和被選舉權；人民代表大會代表除具有與會權、審議權、表決權、選舉權等基本權利之外還具有提名權、建議批評權、詢問權、質詢權、視察權；人民代表大會代表在人民代表大會各種會議上的發言和表決，不受法律追究，縣級以上各級人民代表大會代表，在人民代表大會開會期間，非經本級人民代表大會主席團許可，在本級人民代表大會閉會期間非經本級人民代表大會常務委員會許可，不受逮捕或刑事審判；人民代表大會代表必須按照憲法和法律的要求，認真履行應盡的責任和義務，依法認真行使職權，必須與選民或選舉單位保持密切的聯繫，並自覺接受選民和原選舉單位的監督。由此可見，我國的人民代表大會制度，是最具實質性、廣泛性、代表性、合理性的政權組織形式，是最能保證人民當家作主的民主政治制度。

第三，人民代表大會制度的完善：選舉民主的發展趨勢。

黨的十八大報告總結了我國社會主義民主發展的經驗，肯定了我國「實行城鄉按相同人口比例選舉人大代表，基層民主不斷發展」的做法。對於選舉民主的完善和發展做出了明確指示，需要「支援和保證人民通過人民代表大會行使國家權力」，強調「人民代表大會制度」是保證人民當家作主的根本政治制度。要善於使黨的主張通過法定程序成為國家意志，支援人大及其常委會充分發揮國家權力機關作用，依法行使立法、監督、決定、任免等職權加強立法工作組織協調，加強對「一府兩院」的監督，加強對政府全口徑預算決算的審查和監督。提高基層人大代表特別是一線工人、農民、知識分子代表比例，降低黨政領導幹部代表比例。在人大設立代表聯絡機構，完善代表聯繫群眾制度。健全國家權力機關組織制度，優化常委會、專委會組成人員知識和年齡結構，提高專職委員比例，增強依法履職能力。可見，我國選舉民主的發展完善，在制度層面主要體現在人民代表大會制度的完善上。

改革開放以來，人民代表大會制度在國家與社會管理方面發揮著越來越重要的作用。然而，不可否認的是人民代表大會制度目前還有許多不盡如人意的地方。比如：代表的業務素質參差不齊，對政府的監督工作有待加強等。可喜的是，我們黨已經深刻認識到了目前人民代表大會制度中存在的問題。習近平同志在慶祝全國人民代表大會成立60周年大會上的講話中指出，當前和今後一個時期，堅持和完善人民代表大會制度，必須從加強和改進立法工作、加強和改進法律實施工作、加強和改進監督工作、加強人大代表和人民群眾的聯繫、加強和改進人大工作等幾個方面來努力。[1]在現有人民代表大會制度的基礎上，做好補充與完善，發揮人民代表大會制度這一最根本的存量民主優勢，既是對選舉民主的發展與完善，也是對未來民主發展趨勢的現實回應。

1　新華網，http://news. xinhuanet. com/politics/2014-09/05/c_1112384483. htm.

健全和發展人民代表大會制度，必須本著有利於加強和改善黨的領導，有利於發揮社會主義制度的政治優勢，有利於調動最廣大人民群眾的積極性，有利於國家統一、民族團結和社會穩定，有利於促進經濟發展和社會進步的原則來進行；必須堅持正確的政治方向，始終以不斷發展著的馬克思主義為指導，不搞指導思想的「多元化」；始終堅定不移地走中國特色社會主義政治發展道路，既要積極借鑒人類共同創造的政治文明成果，又要堅持獨立自主的原則，不照搬西方民主政治的制度模式；始終堅持民主集中制原則，堅持人民代表大會統一行使權力，嚴格依法依程序辦事，集體決定問題，集體行使權力；始終堅持走群眾路線，堅持以人為本，把維護好、實現好、發展好最廣大人民的根本利益作為完善人民代表大會制度的出發點和歸宿；始終把堅持黨的領導、人民當家作主、依法治國統一於社會主義民主政治建設的偉大實踐，統一於社會主義現代化建設的全過程，推動人民代表大會制度與時俱進，使社會主義民主更加完善，社會主義法制更加健全，依法治國的基本方略得到全面落實，全國各族人民的經濟、政治、文化權益得到切實保障。

二、協商民主：中國特色社會主義民主的獨特優勢

（一）協商民主的理論解讀

協商民主作為一種民主理論，是中國人民探索與實踐的智慧結晶，其在理論架構與實際踐行方面皆與西方民主理論存在著顯著差

異。協商民主是在反思和批判傳統民主理論的基礎上產生的旨在擴大和完善民主參與的一種理論和制度方案，其通過對程序化的「傳統式民主」的反思與批判，提出了「理想的民主制度不僅通過投票分配權力，亦需保證參與決策權和集體判斷中的平等參與有所聯繫」之民主理念。不同學者對協商民主有不同的理解。何包鋼認為：「協商民主是一種大眾參與的公共決策機制和治理模式，是一種行政民主。」[1]燕繼榮認為：「協商民主是上個世紀八〇年代興起的一種新的民主理論範式，其含義是公民通過自由而平等的對話、討論、審議等方式，參與公共決策和政治生活，它以公民參與決策作為民主的核心價值。」[2]劉務勇認為：「協商民主理論是二十世紀晚期出現的一種新的民主理論模式。它強調民主的協商性，決策的合法性，協商的平等性、公開性和責任性，是對西方競爭性民主模式的反思和替代。」[3]借鑒以上各位學者的理論，我們可將協商民主定義為：多元主體廣泛而平等地參與國家一切權力運行過程中商討、辯論、說服和尋求共識的參與機制。它具有如下特點：

第一，主體多元性。協商民主的主體可分為個體參與者和社群參與者。前者是指公民個體，後者是指政黨、群眾組織等複合型政治主體。從協商民主本質屬性看，公眾平等而廣泛的協商是其「質」的規定性。凡是涉及自身利益的公眾、社會團體和組織均有權利直接參與或者推選自己利益的最佳代表參與協商，與自身切身利益無關但涉及

1　何包鋼：《協商民主：理論、方法和實踐》，中國社會科學出版社2008年版，第2頁。

2　燕繼榮：《協商民主的價值和意義》，《科學社會主義》2006年第6期。

3　劉務勇：《協商民主：一種新的民主觀》，《甘肅理論學刊》2006年第2期。

公共利益、長遠利益的公眾、社會團體和組織也有權利直接參與或者推選自己的利益代表參與協商。在協商過程中，身份、發言機會、意見和建議等均受到平等的認同和尊重。「能力平等被認為體現著協商民主理論的根本特徵。這種能力即所有公民都必須培養那些賦予其實際參與公共領域的能力，包括有效社會行為的能力、參與共通活動並在其中實現自己目標的能力。」[1]在協商主題、議題、議程的選擇上具有均等參與機會和平等發表意見和建議的權利，對做出最終的決定有「一人一票」「同票同權」的協商參與地位和價值。

第二，領域廣泛性。「許多學者認為，現代協商民主不能僅限於憲政框架內，更多地應反映在市民社會和公共領域內。澳大利亞國立大學教授John S. Dryzek即持此觀點，他把協商民主按『發生的不同地點』歸納為三個層面：一是國家制度，二是普通公民或政治鼓吹者發起的特設論壇，三是公共領域。他認為，每個場所的實踐都可以構建一個協商民主。」[2]協商的領域包括經濟社會發展等宏觀層面的問題，也包括社會管理、公共安全、公共福利等中觀層面的問題，還包括涉及社會公眾衣、食、住、用、行等微觀層面的民主問題。協商就是各種觀點不受限制地交流，這些觀點涉及實踐推理並總是潛在地促進偏好變化。[3]這裡的偏好指的是「行為者基於自身利益而表現出來的對

1　應克復等：《西方民主史》，中國社會科學出版社2012年版，第459頁。

2　應克復等：《西方民主史》，中國社會科學出版社2012年版，第460頁。

3　Maeve Cooke. Five Arguments for deliberative Democracy. Political Studies, 2000 (148):947-969. 轉引自應克復等：《西方民主史》，中國社會科學出版社2012年版，第460頁。

於特定目標物件的傾向性與選擇性」[1]。參與主體可以就這些議題向有權機關提起專題協商，並對是否選擇議題擁有表決權。

第三，過程辯論性。辯論性是協商民主區別於其他民主形式的顯著特徵。「真理在公開的市場越辯越明。」辯論的目的在於闡明事實，說清理由，揭示真相，尋求真理。充分有效的辯論還能夠使不同的主張、訴求、核心需求、價值偏好趨向一致，為統一意見、達成共識做鋪墊。組織協商的機關要為這種辯論提供平臺，要採取座談會、辯論會、懇談會、聽證會等多種形式進行。參與主體有權利和機會對自己的主張進行闡述說明，對於別人的主張有權利提出不同意見和看法，並在有組織的前提下進行理性對話、辯論。每個人的建議和意見是否被採納，要建立回饋機制，沒有採納要說明理由。總之，辯論過程要體現程序正義，要體現協商主導機關的透明性、回應性、責任性與合法性。

第四，結果共識性。協商的目的是在「增進共識、增強合力」的基礎上找到盡可能多的認同，盡最大努力達成共識。達成共識一般需要經過召集會議、區分角色、明確任務、進行對話、達成一致、承諾兌現等環節。要讓結果得到最大共識，達成的觀點還要進行大眾化的解釋。古特曼等指出：「應當承認，爭論雙方所提供的一部分證據是技術性的（如聯合國觀察員提供的報告），但這種現象在現代政府中司空見慣。公民們不得不經常依賴專家，這並不意味著所提供的理由（或理由的依據）就是深奧莫測、無法理解的。只要專家們以公民能

1　陳家剛：《協商民主：概念、要素與價值》，《中共天津市委黨校學報》2005年第3期。

夠理解的方式來陳述其結論的根據，只要公民有堅實的根據相信這些專家是值得信賴的，公民就能信賴專家的證明。」[1]因此，建立共識是一種能夠讓協商主體達成近乎全體一致意向，並促使意向被成功履行的方法。

（二）中國共產黨人對協商民主的當代闡釋

習近平同志指出，「我們要借鑒人類政治文明的有益成果，但絕不照搬西方政治制度模式，絕不會接受任何外國頤指氣使的說教」。協商民主在中國的產生和發展也同樣如此，作為完整而系統的制度實踐，協商民主是中國共產黨領導中國人民在長期奮鬥中探索的確保人民當家作主的重要形式，是中國人民集體智慧的結晶。黨在不同歷史時期對協商民主及其制度實踐的具體規定則是理解協商民主的鑰匙。儘管政治協商作為一種制度，中國共產黨早在革命時期就予以規定並在以後的建設時期不斷豐富和發展，但把協商民主這一概念寫進中共中央檔的則是二〇一一年的中辦十一號檔，隨後的中共十八大則明確將「充分發揮人民政協作為協商民主重要管道作用」寫進工作報告，該報告對協商民主的有關表達是理解我國協商民主的基石。十八屆三中全會《決定》指出「協商民主是我國社會主義民主政治的特有形式和獨特優勢，是黨的群眾路線在政治領域的重要體現。」《決定》的內容更有助於我們全面深刻地理解協商民主的地位和作用。習近平同志在慶祝中國人民政治協商會議成立65周年大會的講話中對協商民主做了精彩闡釋：「人民政協是人民民主的重要形式。人民政協要適應推

1　談火生：《審議民主》，江蘇人民出版社2007年版，第5頁。

進國家治理體系和治理能力現代化的要求，堅持改革創新精神，推進入民政協理論創新、制度創新、工作創新，豐富民主形式，暢通民主管道有效組織各黨派、各團體、各民族、各階層、各界人士共商國是，推動實現廣泛有效的人民民主。」[1]同時他還指出，做好人民政協工作，還需要從多方面努力：「人民政協要提高政治把握能力，堅定理想信念，增進政治認同，提高運用科學理論分析判斷形勢、研究解決問題的能力和水準。要提高調查研究能力，堅持問題導向，深入實際摸清真實情況，集合眾智提出解決辦法，努力使對策建議有的放矢、切中要害。要提高聯繫群眾能力，創新群眾工作方法，暢通和拓寬各界群眾的利益訴求表達管道，發揮好橋樑紐帶作用。要提高合作共事能力，發揚求同存異、體諒包容的優良傳統，貫徹民主協商、平等議事的工作原則，尊重和包容不同意見的存在和表達，以民主的作風團結人，不斷增進思想共識、加強合作共事。」[2]

中共十八大第一次將「協商民主」內容概括為：「健全社會主義協商民主制度。社會主義協商民主是我國人民民主的重要形式。要完善協商民主制度和工作機制，推進協商民主廣泛、多層、制度化發展。通過國家政權機關、政協組織、黨派團體等管道，就經濟社會發展重大問題和涉及群眾切身利益的實際問題廣泛協商，廣納群言、廣集民智，增進共識、增強合力。堅持和完善中國共產黨領導的多黨合作和政治協商制度，充分發揮人民政協作為協商民主重要管道作用，圍繞團結和民主兩大主題，推進政治協商、民主監督、參政議政制度

1 新華網 http://news. xinhuanet. com/yuqing/2014-09/22/c_127014744. htm.

2 新華網 http://news. xinhuanet. com/yuqing/2014-09/22/c_127014744. htm.

建設，更好協調關係、彙聚力量、建言獻策、服務大局。加強同民主黨派的政治協商。把政治協商納入決策程序，堅持協商於決策之前和決策之中，增強民主協商實效性。深入進行專題協商、對口協商、界別協商、提案辦理協商。積極開展基層民主協商。」報告僅用了三百三十個字就將協商民主的地位、性質、基本制度、參與主體、協商領域、協商要求和發展趨勢等重點要素進行了闡述。由是協商民主可解讀為：社會主義協商民主是特定主體通過多種途徑和形式就經濟社會發展重大問題和涉及群眾切身利益等實際問題進行廣泛協商並達成一致的協商制度和工作機制的總和，是我國人民民主的重要形式。

從地位看，社會主義協商民主是我國人民民主的重要形式。習近平在慶祝中國人民政治協商會議成立65周年大會上的講話中指出：「協商民主深深嵌入了中國社會主義民主政治全過程。中國社會主義協商民主，既堅持了中國共產黨的領導，又發揮了各方面的積極作用；既堅持了人民主體地位，又貫徹了民主集中制的領導制度和組織原則；既堅持了人民民主的原則，又貫徹了團結和諧的要求。所以說，中國社會主義協商民主豐富了民主的形式、拓展了民主的管道、加深了民主的內涵。」[1]協商民主和選舉民主、自治民主「三位一體」地架構了中國特色社會主義人民民主的基本體系。作為基本單元的各種民主形式均有對應的核心制度作為支撐，即選舉民主對應人民代表大會制度，協商民主對應中國共產黨領導的多黨合作和政治協商制度，自治民主對應民族區域自治制度與基層群眾自治制度。這三種民主樣式和民主制度共同建構了中國特色社會主義人民民主的「大廈」。

1　新華網，http://news. xinhuanet. com/yuqing/2014-09/22/c_127014744. htm.

從性質看，社會主義協商民主既是一項制度又是一種工作機制。作為一項制度，其主體制度是中國共產黨領導的多黨合作和政治協商制度，並且主要是由國家政權機關、政協組織、黨派團體等管道進行協商。作為一種工作機制，主要表現在政治協商制度之外所進行的專題協商、對口協商、界別協商、提案辦理協商以及基層協商，這幾類協商雖然在特定的領域、特定的地域、特定的場合已經做了規範甚至是「制度化」了，但是它們僅僅只是實現中國共產黨領導的多黨合作和政治協商制度這一主體制度的方式、手段、途徑和管道，還沒有上升為協商民主的基本制度，因而是一種工作機制。

從協商主體看，協商主體具有廣泛性、多層性、代表性，協商民主的主體可分為個體參與者和社群參與者。個體參與者即公民個體，社群參與者又可分為機關主體、職務代表、專家和公民代表三類。機關主體主要包括黨和國家領導人、國家政權機關、政協組織、黨派團體；職務代表主要指人大代表、政協委員和其他沒有當選為人大代表和政協委員的黨派團體代表；專家由組織協商的機關遴選或者由社會公眾推選，並對特定協商事項發表專業意見；公民代表由參與協商事項並進入協商程序的社會公眾（一般指公民）所推選並由組織協商的機關指定。把專家和公民代表作為社群參與者是因為他們代表的是特定社群的利益。

從協商領域看，主要涉及經濟社會發展重大問題和涉及群眾切身利益的實際問題。在經濟社會發展層面，協商民主要融入中國特色社會主義物質文明、精神文明、政治文明、社會文明和生態文明「五位一體」建設，要在實現中華民族偉大復興的「中國夢」上凝神聚氣；

在發展群眾民生層面，協商民主要融入實現學有所教、勞有所得、病有所醫、老有所養、住有所居之「五有之鄉」的夢想，要在增進群眾民生福祉和改善民生權利上聚焦用力。習近平同志指出：在中國社會主義制度下，有事好商量，眾人的事情由眾人商量，找到全社會意願和要求的最大公約數，是人民民主的真諦。

從協商過程和結果看，十八大報告提出了三項要求：從宏觀理念層面看，要求「三廣兩增」，即「廣泛協商、廣納群言、廣集民智，增進共識、增強合力」，可以說是團結一切可以團結的力量，調動一切可以調動的積極性。從中觀制度層面看，要求在堅持和完善中國共產黨領導的多黨合作和政治協商制度的前提和基礎上，圍繞團結和民主兩大主題，推進政治協商、民主監督、參政議政制度建設，更好協調關係、彙聚力量、建言獻策、服務大局。這一要求相對而言，將協商納入到了法制軌道，協商程序和結果都被「規整」了，即通過「政治協商、民主監督、參政議政」三種方式，實現「協調關係、彙聚力量、建言獻策、服務大局」四項目標。從微觀落實層面看，無論是決策協商、專題協商、對口協商、界別協商、提案辦理協商，還是基層民主協商，都要求實現「增強民主協商實效性」。

（三）中國特色社會主義協商民主實現了憲法規定

第一，憲法序言對協商民主制度的原則規定。

《憲法》序言明確寫道：「中國人民政治協商會議是有廣泛代表性的統一戰線組織，過去發揮了重要的歷史作用，今後在國家政治生活、社會生活和對外友好活動中，在進行社會主義現代化建設、維護國家的統一和團結的鬥爭中，將進一步發揮它的重要作用。中國共產黨領導的多黨合作和政治協商制度將長期存在和發展。」這一規定表明，以政治協商為核心的協商民主制度是中國特色社會主義政治文明的重要組成部分，是歷史的選擇，是人民的選擇，是民主的選擇。《憲法》將共產黨領導全國各族人民奮鬥而形成的政治協商確定為國家的一項基本制度，賦予了政治協商制度憲法地位和權威，是國家機關和公民個體普遍遵從的憲法準則。

《憲法》規定「中國共產黨領導的多黨合作和政治協商制度將長期存在和發展」這表明我國的政治協商制度中共產黨處於領導地位，共產黨與其他黨的關係是合作協商。這是歷史的總結，更是民主的形式。從歷史視角看，在長期的革命和建設過程中，結成了由中國共產黨領導的、有各民主黨派和各人民團體參加的愛國統一戰線，在這條戰線上，中國共產黨與其他黨派「長期共存、相互監督、肝膽相照、榮辱與共」。中國共產黨的領導地位是歷史形成的，它回答了「中國共產黨為什麼能夠領導其他黨派」這一前提性問題。「中國共產黨怎麼領導其他黨派呢？」這是需要回答的關鍵問題，答案是「協商民主」，即通過協商民主設定的理念、制度、機制和方式凸顯中國共產黨在議題選擇、參與主體、議程設置、內容安排、程序設定等方面的主導地位和作用。既定的協商方式和手段為實現和鞏固多黨合作與政治協商提供了憲法和法律保證並通過不斷完善協商機制推動中國共產黨領導的多黨合作與政治協商制度的長期存在和發展。

第二，憲法正文賦予了公民通過協商實現當家作主的權利。

多黨合作與政治協商是協商民主的核心內容，但不是全部內容。協商民主要求廣泛的參與度和協商的實效性，即「三廣兩增」：廣泛協商、廣納群言、廣集民智，增進共識、增強合力。協商民主是各民主黨派、各人民團體和人民參與國家權力行使過程的一種民主方式和途徑，憲法賦予了公民進行民主協商的基本權利。

《憲法》第二條規定：「中華人民共和國的一切權力屬於人民。人民依照法律規定，通過各種途徑和形式，管理國家事務，管理經濟和文化事業，管理社會事務。」「人民通過選舉、投票行使權利和人民內部各方面在選舉、投票前進行充分協商，盡可能就共同性問題取得一致意見，是我國社會主義民主的兩種形式。這是西方民主無可比擬的，也是他們所無法理解的。兩種形式比一種形式好，更能真實地體現社會主義社會裡人民當家作主的權利。」[1]這裡《憲法》以其高度原則性和靈活性的規定，賦予了公民在法律范圍內自主選擇管理國家、社會等事務方式和途徑的權利，廣大人民群眾在社會實踐中所創造和選擇的有助於實現人民當家作主的管理方式和途徑都具有憲定權利的性質。「讓民主的主體獲得民主參與和實踐的廣闊空間。」現實社會實踐中無論是人民自主選擇還是黨和國家引領人民選擇的彰顯人民主體性和意志的協商民主方式也就獲得了合憲性。

《憲法》第四十一條規定了公民對於任何國家機關和國家工作人員，有提出批評和建議的權利。《憲法》的這一規定則賦予了公民向任何國家機關和國家工作人員建言獻策和評判其工作的權利。公民向

1　中共中央文獻研究室：《江澤民論有中國特色社會主義（專題摘編）》中央文獻出版社2002年版，第347頁。

國家機關的建言獻策在一定程度上也就是向國家機關表達訴求和反映願望，當這一表達與國家的民生和社會公共利益關聯時就成了協商議題的提出，本質上看這一權利也是協商民主中的基礎性權利。

《憲法》第三十三條規定：「公民在法律面前一律平等。國家尊重和保障人權。」則從宏觀賦予公民平等權的基礎上為公民平等參與協商、平等表達自己願望和訴求、平等向國家機關及其工作人員建言獻策提供了憲法保障，是民主協商平等參與的憲法基礎，彰顯了「所有受影響的公民享有平等的機會和權利來表達他們的想法和利益」之協商民主本質。

第三，憲法正文規定了實現民主協商之國家義務。

在法治國家，儘管國家的權力不對應公民義務，但公民的權利需要國家保障，因而對應國家義務。憲法在賦予公民參與協商民主的基本權利時，也為國家設定了保障公民權利的相應義務。

《憲法》第二十七條規定：「一切國家機關和國家工作人員必須依靠人民的支持，經常保持同人民的密切聯繫，傾聽人民的意見和建議，接受人民的監督，努力為人民服務。」這一條文實質上要求國家機關及其國家工作人員要採取同人民群眾經常保持密切聯繫的方式來傾聽人民群眾的意見和建議，這是一種較高的要求。它在時間上要求國家機關及其工作人員「經常保持」與人民群眾的聯繫，而不是一時或需要時才連絡人民群眾；它在態度上要求國家工作人員「傾聽」人民的意見和建議，也就是認真聽取人民群眾的意見和建議而不是敷衍群眾的意見和建議，傾聽中要對人民群眾意見和建議做出反應並在決策和做出重大方針時採納他們的合理建議和吸收他們的正當要求，只有這樣方能與人民群眾保持密切聯繫。國家機關及其工作人員只有切實地履行了這一義務，憲法規定的我國公民平等建議權才能有效實現，公民才會有熱情探索管理國家事務的途徑和方法，或者接受黨和國家所採取的有利於人民群眾管理國家事務的途徑和方法。

（四）中國特色社會主義協商民主的制度與實踐

整體地看，我國的基本政治框架是由人民代表大會這一根本政治制度和政治協商與民族區域自治制度兩項基本政治制度構成。其民主表現形式為：人民代表大會制度是一種不同地區的民眾通過選舉其代表參與國家政治生活的民主形式，其程序價值偏好為選舉；而政治協商制度則是一種不同身份和界別的社會主體，通過其功能性組織和代表參與國家的監督和參政議政，其程序價值偏好為協商。「中國的政治民主就是選舉加協商。」政治協商制度作為我國的基本政治制度，其根本特徵是「會前經過多方協商和醞釀，使大家都對要討論決定的東西先有個認識和了解，然後再拿到會議上討論決定，達成共同的協議」。組織結構上，政治協商制度強調國家政治生活中的各黨派、各團體、各民族、各階層的廣泛參與，「國事是國家的公事，不是一黨一派的私事。因此，共產黨員只有對黨外人士實現民主合作的義務，而無排斥別人、壟斷一切的權利」。中國共產黨與各民主黨派確立了長期共存、互相監督、肝膽相照、榮辱與共的合作方針。政治協商制度的多元主體參與元素十分明顯，協商性質十分明確。在活動方式和工作原則上政治協商制度則強調多元主體以提案、建議等方式表達自我利益和價值，參與各方平等地表達各自對公共事務的意見與主張，並對自我利益和價值進行理性辯護，進而為決策機關提供方案選擇，其核心要素是合作。

從政治協商制度的發生看，政治協商制度是中國近代歷史演進的必然，特定的中國近代歷史國情決定了我國共和政治採取的既不是歐美式的資本主義共和政治，也不是蘇聯式的無產階級專政的共和政治，而是新民主主義共和政治。「一切殖民地半殖民地國家的革命，在一定歷史時期中所採取的國家形式，只能是第三種形式，這就是所謂新民主主義共和國。這是一定歷史時期的形式，因而是過渡的形式，但是不可移易的必要的形式。」正是中國近代歷史特定國情決定政治協商制度作為我國執政黨的執政方略確認，早在陝甘寧邊區時期，我國政治實踐中就採取了具有政治協商要素的「三三制」。「三三制」經過「雙十協定」，演變為現行的政治協商制度。從歷史事實看，「中華人民共和國既是中國共產黨長期奮鬥的勝利的結果，也是中國人民實現協商民主的直接產物。」中國基本政治制度的基本屬性和自身演進昭示著協商既不是新的，也不是外加的民主手段，而是中國民主的內在規定性及其實現的基本形式。

政治協商制度作為我國政治生活中的執政策略以制度化形式固定了下來。早在新中國成立初期，召開全國人民代表大會的條件尚不具備。一九四九年九月二十一日至三十日，中國人民政治協商會議第一屆全體會議召開。會議代行全國人民代表大會職權，通過了具有臨時憲法性質的《中國人民政治協商會議共同綱領》和《中國人民政治協商會議組織法》等法律檔，使政治協商得以制度化。《共同綱領》的臨時憲法性質使得政治協商在中國政治生活中作為基本政治制度發揮作用，這種作用隨著中國民主政治建設的發展而不斷強化。一九五四年，全國人民代表大會召開後，人民政協作為多黨合作和政治協商機構、作為統一戰線組織繼續發揮重要作用，在完成社會主義改造、推動各種社會力量為實現國家總任務而奮鬥、活躍國家政治生活、調整統一戰線內部關係、擴大國際交往等方面發揮了重要作用，為推進新中國各項建設貢獻了力量。尤其是一九九九年修憲，以《憲法修正案》第四條的形式明確肯定「中國共產黨領導的多黨合作和政治協商制度將長期存在和發展」。以胡錦濤同志為總書記的中共中央頒發《關於加強人民政協工作的意見》等文件，為新世紀新階段人民政協事業發展提供了理論基礎、政策依據、制度保障。十八大以來，中共中央高度重視人民政協工作，強調要進一步準確把握人民政協性質定位，充分發揮人民政協作為協商民主重要管道作用，圍繞團結和民主兩大主題，推進政治協商、民主監督、參政議政制度建設。人民政協在繼承中發展、在發展中創新，緊緊圍繞中心、服務大局，聚焦全面深化改革，凝聚共識、彙集力量、建言獻策，做出了新的積極貢獻。在這樣的背景下，聚合各種社會先進力量廣泛參與國家管理，在國家管理過程中各種先進力量彼此溝通、促進理解、取得共識的政治協商制度不斷被強化。

當政治協商演進為一種制度安排後，政治協商必然發揮其民主功能，這直接推進了社會協商的誕生。早在我國經濟體制改革實行計畫與市場相結合的時期，黨的十三大就提出了將政治協商擴展到整個社會生活領域裡，構建社會協商對話機制的構想。誠然，這時的社會協商對話機制僅作為一種正確處理和協調各種不同的社會利益和矛盾的手段而予以採用，儘管有協商的因素，但缺乏民主的本質。隨著經濟體制向計畫與市場相結合轉變，以及市場經濟的深化與發展，我國提出了適應社會主義現代化要求的政治體制建設目標和建立社會主義民主政治目標，進而從民主視角強化和拓展了協商要素。十五大執政黨提出了「深入了解民情、充分反映民意、廣泛集中民智」的決策理念，十六大進一步豐富了這一決策理念，將其完整地表述為「深入了解民情、充分反映民意、廣泛集中民智、切實珍惜民力」的決策機制。二〇〇六年發佈的《中共中央關於加強人民政協工作的意見》則明確將民主協商作為社會主義民主的重要形式。《意見》指出：「人民通過選舉、投票行使權利和人民內部各方面在重大決策前進行充分協商，盡可能就共同性問題取得一致意見，是我國社會主義民主的兩種重要形式。」《意見》對我國人民政協的性質、在當前的作用、任務、工作原則、主要職能以及人民政協的政治協商、民主監督、參政議政、自身建設等各方面的主要工作做出了新的全面而系統的規範，成為我國新世紀新階段人民政協工作的綱領性文件。這表明執政黨從過往的政體之組織與運行視角抽象地關注協商轉向注重政府權力具體運作中的民主協商。

協商要素進一步通過權利配置的方式進入行政決策領域。十六屆六中全會提出了「保障人民的知情權、參與權、表達權、監督權」的要求，十七大對此做了重申：「推進決策科學化、民主化，完善資訊和智力支援系統，增強決策透明度和公眾參與度，制定與群眾利益密切相關的法律法規和公共政策，原則上要公開聽取意見」，應該「把政治協商納入決策程序」。這是用公共政策這樣的抽象表達拓展聽取意見的範圍，也即由過去的涉及人民群眾的利益之具體規定上升到了公共政策這一類型化的規定中，將協商範圍由個別上升到了類，為協商民主提供了更為廣闊的空間。黨的十八大報告用三百三十個字第一次將「社會主義協商民主」寫入黨的文獻，比以往任何報告闡述更全面、更系統、更豐富，更具理論性、實踐性和可操作性，是我們堅持和發展社會主義協商民主的綱領性文獻和行動指南。十八屆三中全會《決定》指出「在全社會開展廣泛協商」，在具體操作上為我國社會主義協商民主指出了明確方向。

（五）當前中國特色社會主義協商民主發展新趨勢

第一，協商民主將邁入制度化和程序化軌道。

我國的民主實踐中長期將協商民主制度表述為政治協商，而憲政實踐中未給政協定位，現在的政協既不是國家機關，也不是社會團體，而是我國形成的憲法慣例，與全國人民代表大會和地方各級人民代表大會同時開會，並通過建言獻策、共商國是的方式履行政協參政、議政、民主監督等職能。法律上既未對民主監督的法定內涵予以明確，也未界定政協提案的法律性質。因而可以說通過政協制度而推行的協商民主基本上是一種「軟辦法」，未形成「硬制度」。近年來，隨著「協商民主」概念進入中共中央檔，協商民主的「軟辦法」開始走向「硬約束」。政治協商程序制度化工作邁出了新步伐。二〇〇九年九月廣州市制定出臺了《中共廣州市委政治協商規程（試行）》，二〇一〇年五月廣東省委頒行了《中共廣東省委政治協商規程（試行）》。該規程二〇一一年八月正式出臺實施，我國政治生活中有了首部省級協商規程。二〇一〇年江西省委則在全國率先規定須經人民政協協商而未協商的事項，提交省委前除特殊情況外原則上不能決策。十八屆三中全會《決定》更是強調：「構建程序合理、環節完整的協商民主體系，拓寬國家政權機關、政協組織、黨派團體、基層組織、社會組織的協商管道。深入開展立法協商、行政協商、民主協商、參政協商、社會協商。加強中國特色新型智庫建設，建立健全決策諮詢制度。」這些都標誌著政治協商制度化、程序化邁出了堅實的步伐，並將在全國範圍內穩步展開。

第二，協商方式日益拓展。

長期以來我國的協商民主都停留在政治協商層面，《中共中央關於加強人民政協工作的意見》將其主要形式規定為「政協全體會議、常務委員會會議、主席會議、常務委員專題協商會、政協黨組受黨委委託召開的座談會、秘書長會議、各專門委員會會議、根據需要召開由政協各組成單位和各界代表人士參加的內部協商會議」。客觀地說，採取這些傳統形式的政治協商在協調關係、凝聚力量、建言獻策和服務大局方面發揮了重要作用。經濟、社會發展的新形勢和新情況則要求進一步強化政協作用，近年來政協與時俱進，進行了大膽的制度創新。過去五年中，全國政協每年召開一次專題協商會，為政協委員和黨政領導之間提供了面對面的對話協商平臺，推進了協商民主的新探索。十八屆三中全會決定指出：「發揮人民政協作為協商民主重要管道作用。重點推進政治協商、民主監督、參政議政制度化、規範化、程序化。各級黨委和政府、政協制定並組織實施協商年度工作計畫，就一些重要決策聽取政協意見。完善人民政協制度體系，規範協商內容、協商程序。拓展協商民主形式，更加活躍有序地組織專題協商、對口協商、界別協商、提案辦理協商，增加協商密度，提高協商成效。在政協健全委員聯絡機構，完善委員聯絡制度。」此外，還要充分發揮統一戰線在協商民主中的重要作用，「完善中國共產黨同各民主黨派的政治協商，認真聽取各民主黨派和無黨派人士意見。中共中央根據年度工作重點提出規劃，採取協商會、談心會、座談會等進行協商。完善民主黨派直接向中共中央提出建議制度。貫徹黨的民族政策，保障少數民族合法權益，鞏固和發展平等團結互助和諧的社會主義民族關係。」對口協商、界別協商、提案辦理協商也成為政協不斷推出的重要形式。而我國一些地方和部門探索了多種民主協商案例，人大立法過程中的立法協商、地方政府決策中的開放式聽取意見、基層決策中的民主懇談會等新型的協商形式在協商民主實踐中不斷呈現。特別值得注意的是，為應對互聯網資訊扁平式傳遞的挑戰，網上議政、網上反映社情民意的新協商形式也端倪初現。

第三，從事後協商到事前和事中協商。

在我國政治生活中，協商的領域和議題主要包括國家和地方的大政方針以及政治、經濟、文化和社會生活中的重要問題。理論地看，執政黨和決策者就國計和民生等重大問題進行決策和立法應當與社會各界、民主黨派等進行事前、事中和事後的充分協商。而過往的實際情況通常是上述重大協商議題採取的協商形式常常限於開會、通報情況、甚或象徵性地提出意見和建議與領導之間「通通氣」，這種協商是形式上的，最多體現了結果上的象徵性民主，難以獲得民主正當性。其實，「協商民主的內涵無論在決策上還是政治協商上都遠遠地超出局限於結果的形式協商。協商民主作為一種民主的決策體制或理性的決策形式，每個公民都能平等地參與公共政策的制度過程，自由地表達自己的意見並傾聽別人的觀點，包括對道德問題提供協商的空間，在理性的討論和協商中作出大家都能接受的決策」。「當決策是通過公開討論過程而達成，其中所有參與者都能自由發表意見並且願意平等地聽取和考慮不同的意見，這個民主體制就是協商性質的。」協商民主這一本質內涵越來越為黨中央所認識。社會主義協商民主，是中國社會主義民主政治的特有形式和獨特優勢，是中國共產黨的群眾路線在政治領域的重要體現。黨的十七大報告中明確提出：「把政治協商納入決策程序，完善民主監督機制，提高參政議政實效。」可見，早在十七大，黨中央就將把政治協商納入決策程序視為提高參政議政實效的方法和途徑。黨的十八大則進一步提出「把政治協商納入決策程序，堅持協商於決策之前和決策之中」，黨中央的這一主張也是二〇一三年全國兩會期間人大代表和政協委員盛讚的舉措。「協商於決策之前和決策之中」能體現決策程序和結果雙重意義上的民主性，必將成為我國協商民主的發展趨勢。黨的十八大提出，在發展我國社會主義民主政治的進程中，要完善協商民主制度和工作機制，推進協商民主廣泛多層制度化發展。十八屆三中全會強調，在黨的領導下，以經濟社會發展重大問題和涉及群眾切身利益的實際問題為內容，在全社會開展廣泛協商，堅持協商於決策之前和決策實施之中。這些重要論述和部署，為中國社會主義協商民主發展指明了方向。

第四，基層民主協商管道日趨活躍。

基層協商民主是協商民主最活躍的實踐形式，也是協商民主不斷獲得旺盛生命力和凝聚力的催化劑。近年來，隨著社會主義民主實踐的發展，一些具有民主意識的基層人民群眾積極向各級黨委和人民政府建言獻策、自覺主動參與涉及公共利益的決策。一些基層政權組織則自覺帶動廣大人民群眾在改善和發展民生、深化基層社會綜合治理、加強社會治安防控、反映社情民意和有效化解矛盾糾紛等方面主動開動腦筋、積極建言獻策、盡力出謀劃策。在基層政權組織積極探索和基層人民群眾的自覺參與下，基層協商民主的新形式、新辦法也不斷湧現。浙江溫嶺的「懇談會模式」、浙江杭州社區管理的「參與治理模式」等都是有益探索中的成功經驗。「中國已經湧現出各種協商民主懇談的實踐。中國的民主懇談實踐已經減小了與西方相應實踐的差距，在某些方面甚至已超過澳洲協商民主實踐的水準。在過去的三十年中，中國已經創造經濟奇跡。在今後的三十年裡，中國將會在協商民主方面創造一個新奇跡！總有一天，世界會重新看待中國，認識中國，承認中國在民主化道路上的進步和奇跡。這一天的到來，需要中國人有充分的自信和創造力來親手塑造一個民主中國。」[1]

回顧協商民主六十多年的發展歷程，可以得到這樣的結論：協商民主已經深刻融入中國特色社會主義的血液，深刻融入中國特色社會主義民主的血液。協商民主已經創造了偉大的歷史，可以預見，在實現中華民族的偉大復興的過程中，協商民主必將發揮無可替代的巨大作用。

---

1 何包鋼：《協商民主：理論、方法和實踐》，中國社會科學出版社2008年版，第271-272頁。

三、黨內民主：精英民主帶動社會民主

（一）黨內民主：涵義與原則

十九世紀九〇年代以後，國際無產階級的鬥爭形勢、政治任務和黨的狀況都發生了很大的變化，工人階級政黨已由過去狹小的組織發展成為強大的政黨，根據這種變化，恩格斯提出，在新的形勢下要考慮擴大黨內民主的可能性。針對有人擔心在黨內實行自由爭論和言論自由會使黨走上分裂的說法，恩格斯說絲毫不用擔心這種分裂的可能，恰恰相反，它是消除黨內矛盾、增強團結的有力工具。他認為，在黨內沒有上下級黨員之分，所有黨員的權利和義務都是平等的，要反對任何形式的個人突出和個人迷信。[1]列寧曾經指出，黨內民主的實質就是指全體黨員有權平等地直接或間接地決定和處理黨內一切事務，即黨員是黨組織的「主人」，黨內事務歸根到底由黨員當家作主而不是由黨內個別人做主。「現在整個黨組織是按民主原則建立的。這就是說，全體黨員選舉負責人即委員會的委員等等，全體黨員討論和決定無產階級政治運動的問題，全體黨員確定黨組織的策略方針。」「俄國社會民主黨是民主地組織起來的。這就是說，黨內的一切事務是由全體黨員直接或通過代表，在一律平等和毫無例外的條件下來處理；並且，黨內所有負責人員、所有領導人員、所有機構都是選舉產生的，必須向黨員報告工作，並可以撤換。」擴大和發展黨內民主，就是要加強制度建設，確保廣大黨員在黨內生活中的平等的主體、「主人」地位，使黨章規定的黨員權利得到充分實現和切實保

1 參見萬福義：《黨鑒——共產黨歷史發展與執政規律研究》，山東人民出版社2011年版，第80頁。

障。它的本質是要使全體黨員成為黨內事務的主人，實現黨員在黨內政治生活中的參與權、知情權和監督、批評權，實現黨規黨紀所規定的黨員的權利、義務和在紀律面前人人平等。中國共產黨在歷史上有些時期就是忽視黨內民主，結果造成了嚴重的後果。鄧小平在一九八〇年指出：「權力過分集中，越來越不能適應社會主義事業的發展。對這個問題長期沒有足夠的認識，成為發生「文化大革命」的一個重要原因，使我們付出了沉重的代價。現在再也不能不解決了。」[1]黨內民主的必要性體現在兩個方面：第一，中國共產黨是中國特色社會主義事業的領導核心，要帶領人民進行民族復興的偉大事業，這個領導的過程當然是一個民主的過程；另一方面，黨有著自身龐大的組織機構，本身也是需要民主的。

黨內民主對人民民主有著重要的意義。中國共產黨雖然是全國最大的領導集體，但是這個領導集體卻是從人民內部產生的，來自人民。黨內民主對人民民主起著示範和帶動作用，這是由黨的性質、宗旨和執政地位決定的。中國共產黨是中國工人階級的先鋒隊，同時是中國人民和中華民族的先鋒隊，是中國特色社會主義事業的領導核心，始終代表中國先進生產力的發展要求，始終代表中國先進文化的前進方向，始終代表中國最廣大人民的根本利益。黨的最高理想和最終目標是實現共產主義。作為人民利益的代表，黨內民主的實現必將帶動人民民主的發展。堅持全心全意為人民服務的宗旨，是我們黨的最高價值取向。實現人民的利益，得到最廣大人民群眾的擁護，是衡量我們黨的路線、方針、政策是否正確的最高標準。中國共產黨九十

1 《鄧小平文選》第2卷，人民出版社1994年版，第329頁。

多年來奮鬥歷程的基本經驗之一，就是始終牢記全心全意為人民服務的宗旨，緊緊依靠人民，誠心誠意為人民謀利益，從人民群眾中汲取前進的不竭力量。黨內民主的發展來自於人民民主的實現，二者是相輔相成的，不可割裂的。中國共產黨是在國家政權和社會生活中居於領導地位的執政黨。一方面，中國共產黨是中國社會主義事業的領導核心，通過對社會的直接領導體現著自己的執政地位；另一方面，中國共產黨通過執掌廣義上的政府，將自己的政治綱領付諸實施，通過執政實現黨的領導。中國共產黨之所以能夠取得執政地位並長期執政，從根本上說，是由黨的性質決定的。黨的執政地位不是與生俱來的，是通過長期鬥爭獲得的，是歷史合法性與現實合法性的統一。社會主義民主的最終實現，還是要僅僅依靠黨的領導。背離了這個最基本的前提，其他一切都只能是紙上談兵。一九八七年黨的十三大指出：「以黨內民主來逐步推動人民民主，是發展社會主義民主政治的一條切實可行、易於見效的途徑。」一九九四年黨的十四屆四中全會《中共中央關於加強黨的建設的幾個重大問題的決定》中指出：「發揚黨內民主必然推進人民民主，這也是建設社會主義民主政治的一條重要途徑。」黨的十六大報告指出：「黨內民主是黨的生命，對人民民主具有重要的示範和帶動作用。」黨的十七大報告指出：「黨內民主是增強黨的創新活力、鞏固黨的團結統一的重要保證。要以擴大黨內民主帶動人民民主，以增進黨內和諧促進社會和諧。」黨的十八大報告指出：「要堅持民主集中制，健全黨內民主制度體系，以黨內民主帶動人民民主。」我們的黨對黨內民主促進、帶動人民民主，對黨內民主在社會主義民主中的地位一直有著深刻、清醒的認識。

黨內民主不是簡單的人民民主的範圍縮小，二者有著不同的內涵和外延。黨內民主是在黨內廣泛實行的。只要是黨員，都可以按黨章規定行使個人的應有權利。人民民主是對廣大人民群眾而言的。只要是沒有被依法剝奪政治權利的中華人民共和國公民，都可以依照憲法行使個人的基本權利。中國共產黨是中國工人階級的先鋒隊，同時是中國人民和中華民族的先鋒隊。在一定意義上可以說，中國共產黨是中國最大的精英集團。黨員的選拔要經過嚴格的程序，不是所有信仰馬克思主義的中華人民共和國公民都可以成為黨員。只有那些堅定信仰馬克思主義、願意交納黨費並順利通過黨組織考驗的公民才可以成為一名光榮的黨員。黨員放棄自己的黨員身份，其作為黨員的權利和義務就會自動取消。但是公民的權利和義務卻不是個人想放棄就可以放棄的。公民的權利是憲法天然賦予的，不是通過後天努力獲取的，而黨員的權利是個人奮鬥的結果，二者有著質的不同。遵守憲法和各種法律僅僅是對黨員的最低要求，此外黨員還需要嚴格遵守黨的各項規章制度，保守黨的秘密。而公民只需要遵守憲法和各項法律，沒有義務遵守黨章，更談不上保守黨的秘密了。黨的全國代表大會是黨的最高權力機關，中央委員會和中央紀律檢查委員會都由它選舉產生並對它負責。在黨的全國代表大會閉會期間，中央委員會執行全國黨員代表大會的決議，領導黨的全部工作，對外代表中國共產黨。黨的中央政治局、中央政治局常務委員會和中央委員會書記處、中央委員會成員由中央委員會全體會議選舉並對它負責。中央政治局和它的常務委員會在中央委員會全體會議閉會期間，行使中央委員會的職權。而國家機關的權利隸屬關係則與黨不同。全國人民代表大會是國家最高權力機關和監察機關。全國人民代表大會常務委員會是它的常設機構，它行使國家的立法權。其他國家機關由人民代表大會選舉產生，對它負責，受它監督。黨的民主集中制原則主要有個人服從黨的組織、少數服從多數、下級服從上級、全黨服從中央，有著高度的整體性和統一性。這種原則卻不適用於人民代表大會。全國人大及其常委與地方人大及其常委的關係是一種業務上的指導與被指導關係。

黨內民主雖然同人民民主有著不同的含義和內容，但是作為民主的一種形式，卻有著民主的一般特徵和原則。

首先，平等是黨內民主的基本原則。平等是民主的前提和基礎。列寧同志曾經指出，「民主意味著平等」；「民主意味著在形式上承認公民一律平等，承認大家都有決定國家制度和管理國家的平等權利」。這種平等原則包括兩方面的含義：一是權利平等，也就是說在黨內所有黨員都有平等的參與管理黨內事務的權力，普通黨員和黨內領導幹部只有分工的差別，沒有等級的界限，任何黨員因為職務、經歷、貢獻和受教育程度的不同而享受任何的特權都是不合理的、沒有法律根據的。二是權利和義務的對等。「沒有無義務的權利，也沒有無權利的義務。」也就是說，在黨內，無論是在政治、權力上，還是在執行法律和決議、遵守規章制度和義務的使用範圍上，普通黨員和黨的領導幹部一律平等，黨內不允許只享有權利，而不履行義務的任何黨員和黨員領導幹部的存在。不僅馬克思主義經典作家認為平等是實現民主的前提，西方的政治學者也持有類似觀點。西方政治學家托克維爾在《論美國的民主》一書緒論中談到，「我在合眾國逗留期間見到的一些新鮮事物，其中最引我注意的，莫過於身份平等。……隨著我研究美國社會的逐步深入，我益發認為身份平等是一件根本的大事，而所有的個別事物則好像是由它產生的，所以我總把它視為我的整個考察的集中點。」由此可見，平等不是洪水猛獸，不是資產階級所特有的，而是全人類共同追求的價值元素。然而，社會主義的平等在質上不同於資產階級的平等。資產階級號稱人人生而平等。在具體的日常生活當中，資產階級追求財富，並把財富作為衡量人的價值的標準。由此，生活在資產階級國家中下層的人民，必然在事實上無法與掌握大量財富的資產階級享有平等的權利。資產階級所鼓吹的人人平等，最多是形式上的平等。而社會主義則全面超越了形式上的平等。社會主義國家追求人人自由發展，而不是庸俗地去追求財富。這就消除了資產階級片面平等的物質基礎，為事實上的平等打下了基礎。馬克思主義的平等觀是符合人類發展趨勢的平等觀，符合人性的發展規律，因為這種人性觀建立在人與人相互尊重的基礎上。西方學者也意識到了資產階級的形式上的平等觀存在種種弊端，托克維爾曾經尖銳地指出，人民希望擁有眾多財富的資本家放棄的不是他的財富，而是他的傲慢。[1]由此可見西方人民對人與人之間相互尊重與事實上的平等的極度渴望。

其次，公開的競爭性選舉是黨內民主的形式原則。人類社會在產生了政治共同體——國家以後，為解決公共權力應該屬於誰，以及如何轉讓的問題，一直處於無序劇烈的衝突之中，為爭奪權力而引起的戰爭、政變、暴力、陰謀，使人民付出了巨大的犧牲，並經常打斷社會的正常秩序，給經濟發展造成嚴重的破壞。政治競爭雖然自古至今一直存在，但只是在選舉權確立之後，政治競爭才走上了和平、有序

1　參見〔法〕托克維爾：《論美國的民主》，商務印書館1991年版，第633頁。

的軌道。這是兩種不同性質和形式的競爭，選舉制下的競爭是建立在理性、民主和法制基礎上的競爭，專制下的競爭則與此相反。[1]公開的競爭性選舉是人類政治文明史上的一大進步。在黨內領導幹部選拔等活動中，競爭性選舉的引入不僅是可行的，而且是必要的。理論上而言，每個黨員都有權參與黨的領導活動，但是由於受客觀條件的限制，就像民主更多地表現為代議制民主一樣，黨內民主的形式更多地表現為各級黨員都有選擇黨的領導幹部的權利。在西方國家精英民主論者、程序民主論者都把是否有公開的競爭性的選舉作為衡量民主的基本原則。列寧也曾經指出，「一切政治問題不可能都用向全體黨員徵求意見的方式來解決；這將是永無休止的、令人厭倦的、毫無結果的表決」。因此，「如果沒有代表機構，那我們就很難想像怎麼民主，即使是無產階級民主」。在社會主義國家，共產黨是工人階級的先鋒隊，它最集中地體現了工人階級的優秀品質——大公無私、光明磊落。只有公開，才能充分調動廣大黨員的積極性，增強其政治責任感，激發其政治熱情，吸引他們積極參與黨的活動，也有利於對黨和國家領導機關及領導人實行自下而上的公開監督和批評。同時，也只有競爭性的選舉，才能夠改變以任命代替選舉的現象，真正體現黨員的民主權利，也有利於有能力的幹部脫穎而出，同時使得黨員幹部更有責任感和使命感。

最後，多數決定是黨內民主的程序原則。西方政治學家托克維爾指出，「民主政府的本質，在於多數對政府的統治是絕對的，因為在民主制度下，誰也對抗不了多數」。與此同時，他也強調了不要去隨

1 應克復等：《西方民主史》，中國社會科學出版社2012年版，第344頁。

意踐踏少數人的正當權利：「我們的祖輩總是願意濫用個人的權利應當受到尊重的觀點，而我們則自然喜歡誇大個人利益應當服從多數人利益的觀點。」[1]列寧同志也曾經指出，少數服從多數的國家是民主的國家，少數服從多數也是「黨的一般組織原則」。列寧肯定少數服從多數的重要意義，但也同時強調對少數人民主權利的保護。「我們必須在黨章中保證一切少數派的權利，使那些經常發生和無法消除的不滿、憤怒和鬥爭，不再變成通常的庸俗的無理取鬧和無謂爭吵，而是形成一種目前還不習慣的捍衛自己信念合法而正當的鬥爭。」[2]鄧小平同列寧一樣，認為在少數尊重多數的同時，多數也必須尊重少數人和少數人的意見。「做領導人的，總要取得大多數人的統一，事情才好辦，絕不能一個人講了就算數。對少數人要尊重，少數人的意見不一定就是錯誤的。即使是錯誤的，他們的意見也不會是孤立的，只有重視這些意見，才能很好地去加以糾正，幫助同志們改正錯誤。」[3]這是因為，不管是黨員、群眾，還是黨的領導機關，在黨的工作的各個方面，由於認識和利益上的差異，不可避免地會出現意見分歧和觀點差異，即便是通過充分的民主討論，也不可能取得完全一致。在這種情況下，為了避免黨內無休止的爭論，影響黨的意志統一和行動上的一致，實行少數服從多數的原則是必要的。這是一種決策原則。但是在決策過程中和決策實施中，同時對少數人的合法權利要給予足夠的重視。從這個意義上而言，黨內民主就是按照大多數黨員的意志和利益決定和處理問題的同時不隨意踐踏少數人的合理權益。

1 〔法〕托克維爾：《論美國的民主》，商務印書館1991年版，第880頁。
2 《列寧全集》第13卷，人民出版社1990年版，第59頁。
3 《鄧小平文選》第1卷，人民出版社1994年版，第309頁。

（二）黨內民主的理論審視：功能與限度

第一，政治共識、利益表達與放大衝突。

從政治學角度而言，為什麼說民主是最有效的政治制度？民主政治最重要的意義或者說最首要的功能，就在於它能夠有效維護政治穩定，為國家、為政黨的存在提供一個有效的支撐。而這一切能夠成立的前提就是民眾對於現存政治秩序和政權、政黨的信任、支持和認同，也可以說是民眾對所處時代的政治存在達成了政治共識。如果一個政治體系能有效地取得和維繫民眾對其的政治認同，則將大大有助於政府的運作和政局的穩定。自改革開放以來，中國共產黨致力於經濟發展，通過改善人民生活水準提高國家的綜合國力，來爭取人民對自己執政的政治認同。高度的政治共識使其成功地經受了一九八九年政治風波的嚴峻考驗和蘇聯解體東歐劇變的強烈沖擊。這種發展模式的效率是有目共睹的，但公平問題卻凸顯出來：社會成員收入分配差距明顯拉開，基尼系數迅速擴大；下崗職工等弱勢群體不滿情緒增加，報復社會的案件和有組織犯罪逐年增長；作為執政黨傳統的階級基礎的工人和農民階層的社會地位在下降，而新的社會階層由於傳統理論的局限又很難進入利益表達的「政治舞臺」；特別是以權錢交易為主要特徵的政治腐敗問題，嚴重損害了執政黨的形象。這些都使執政黨的政治認同基礎遇到新的嚴峻挑戰。西方政治社會學家李普塞特曾經指出：「任何一種特定民主的穩定性，不僅取決於經濟發展而且取決於它的政治系統的有效性和合法性。」而民主制度首先就提供了這樣一個政治認同的條件。為了解決新形勢下的執政地位和執政權威的政治認同問題，中國共產黨一方面提出「三個代表」重要思想，適時地將執政黨政治權威的政治認同從單純的政績認同轉移到政治、經濟、文化的先進性上來，同時修改黨章，擴大了執政黨的社會基礎，以期使執政黨的政治權威獲得更廣泛的支持；另一方面，中國共產黨積極推動國內的民主進程，以黨內民主建設為突破口，使執政黨的政治權威發展為法理性權威，增強執政黨執政地位和政治權威的政治認同度。也就是在這樣的一個大背景下，中國共產黨建立和健全黨內民主制度，按照現代民主原則改革黨的領導體制和工作機制，轉變黨的執政方式和領導方式，在完善的基礎上堅持和強化黨的領導。

在民主政治的條件下，公民們通過各種各樣的方式參與政治過程。公民們通過投票選舉行政機關、立法機關的任職人員，通過對投票權和複決權的運用決定國家大事。各種各樣的利益集團通過自身的影響力參與政治過程，通過保持對政策制定者施加壓力的方式達到維護自身集團利益的目標。正是通過這些形形色色的政治參與活動，人們不僅能夠評價公眾人物，了解國家的公共政策，表達自己的利益和政治見解，從而學到民主規範和政治遊戲規則，掌握處理複雜的公共關係的諸多技巧；而且還可以塑造人們的主體意識、理性人格和寬容精神。而通過黨內民主，廣大黨員可以廣泛地參與黨的政治決策，首先有利於中國共產黨整體凝聚力的形成與鞏固，使廣大黨員能夠產生一種主人翁的責任感，在黨內精英內部培養民主主體意識、理性人格和寬容精神，同時有利於完善黨內監督體系，遏制權力高度集中造成的既得利益集團的形成。對外而言，對於人民民主有一定的示範作用，增強廣大人民對於中國共產黨和國家政權的認同，增強對於社會主義民主政治的信心和黨的執政能力的信心。

西方政治學家薩托利認為，政黨的功能主要有兩種：一種是代議功能；另一種是表達功能。這兩種功能是相互聯繫的：代議是表達的形式，表達是代議的內容。因而政治利益表達功能就成為政黨的主要功能。表達功能作為溝通方式是雙向的：一方面政黨受到來自本黨成員和支持者的壓力而聚集、轉化、表達他們的利益，在政治活動和公共政策中體現這些利益；另一方面政黨本身也可以具有自己的主張，也可以形成、操縱各種意見，從上至下傳達政黨精英分子的主張。政黨的這兩種功能集中體現在它組織民眾參與政治的過程中：一是通過代表組織新動員起來的民眾、集團得以參與政治生活，創新、改變政治遊戲規則和公共政策，甚至改變政治體制；二是通過政治體制本身緩解、疏導各種導致社會矛盾和社會衝突的利益集團活動、社會運動，使革命活動或社會失序難成現實而不至於危及體制。從一般意義上而言，政黨本身就是溝通國家與社會的一個橋樑——利益表達的通道。而黨內民主則是表達黨內不同政治力量、不同階層利益的一個重要的通道，通過黨內民主，可以完善各階級的利益表達管道，擴大和鞏固黨的階級基礎和群眾基礎。

但是，民主政治表達利益的另一面是放大衝突。在專制或者說非民主的條件下，人民的利益表達管道狹窄且比較單一。以中國的封建王朝為例，專制統治者對於利益表達的壓制和限制往往使得矛盾在一定階段通過非制度化的管道表達出來，從而導致改朝換代的發生。民主政治的建立，為人民合理合法地表達自己的利益、爭取自己的權利提供了制度化的管道。進入二十一世紀以來，尤其是近幾年，以互聯網為代表的大眾新媒體的發展日新月異。在互聯網時代，由於資訊發佈的便利，一些媒體為了吸引讀者的注意力，刻意放大矛盾，甚至出現文不對題的不負責任現象。媒體報導此類事件的背後往往涉及利益分配不均的問題，如果對於這種利益的衝突控制不當，則有可能導致民主化分裂政黨、分裂國家的局面。正因為如此，要使執政黨、國家秩序井然，就要把控好民主政治的利益表達內容與途徑。中國的黨內民主也存在如何使黨內民主的利益表達控制在合理的限度內的問題。如果對這個問題不能夠清醒地認識、認真地對待和妥善地解決，則有可能走向黨內民主的反面：會進一步導致黨內不同群體多元化與民主分派的可能性與合理性，通過黨內不同派別在體制內部的合法競爭，來各自代表不同利益集團的利益訴求，就像黨內民主的激進派所主張的一樣，實現黨內多派，甚至有可能造成黨的分裂。這些情況的出現勢必會對黨的先進性和凝聚力造成損害，最終有可能危害政黨的執政地位和國家政治秩序的穩定。

因此，黨內民主的目的不能無限度地擴大，也不能套用一般的民主模式和西方政黨民主的模式。對於中國共產黨的黨內民主來說，其最高目標就是創造一個既有集中又有民主，既有紀律又有自由，既有統一意志又使個人心情舒暢、生動活潑的那樣一種政治局面，從而增強黨的生機和活力。要處理好黨內民主的內容與形式的關係，在這個過程中，始終不能忽視黨內民主的最高目標。在發展社會主義民主的過程中，不能刻意追求黨內民主的形式以至於忽略民主的目的。

第二，多數原則、民主決策與精英政治。

身份平等和多數原則可以說是民主政治的核心原則。但是，民主政治自誕生那一天起，就面臨著對於多數原則的諸多非議。從柏拉圖之死，到亞里士多德對於民主政體的批判，其對於民主的深深恐懼和厭惡，除去其階級立場之外，更多的是出於一種精英情懷：認為大多數人是沒有治理國家、進行決策的能力的。從決策學的角度而言，民主決策（這裡指的是嚴格按照民主的「多數原則」進行的決策），並非是一種科學的決策。西方政治哲學家卡爾・波普曾經說過，「我們之所以是民主主義者，並不是因為大多數人總是正確的，而是因為民主傳統是我們所知道的弊病最少的傳統。」隨著社會的發展，社會的分工越來越細，民主決策的應用範圍卻越來越狹窄。在西方政治學家賽繆爾・亨廷頓看來，民主只不過是形成權威的方法之一，民主並非可以普遍適用，專業知識、資歷、經驗以及特殊才能在某些領域有時應優先於民主的原則而成為權威的來源。

在政黨民主問題上，西方精英民主理論家托・蜜雪兒斯更是提出了其著名的「寡頭統治鐵律」。他根據對世紀之交的歐洲社會民主黨的研究，發現即使那些以民主原則為宗旨的組織在結構上也是寡頭式的。在當時歐洲的社會民主黨中，其領袖們由於有了既得利益便不再追求社會主義的「遠大目標」，而借助組織來維護其既得利益。如蜜雪兒斯所見，民主的原則要求保障所有公民對公共事務管理的參與與影響力。公民有權自由參加選舉，選舉人有權管制當選者。民主、平等原則與寡頭、不平等的原則是相對立的。事與願違的是，在這樣的民主組織中最終還是出現了不平等與寡頭。導致這一後果的原因是：組織的規模以及任務與目標的複雜程度。組織的規模之大、任務功能之複雜要求有授權和專長。同樣，為了組織的有效運轉，必須決策迅速，執行果斷。領導人通過訓練和經驗積累獲得了這方面的專長。而組織內部的決策就不免為領導所壟斷。在純粹的精英政治下，這種寡頭不是通過自由選舉的方式產生的，領袖們在掌權過程中容易積累自己的既得利益，這就導致國家權力的私有化。

中國共產黨是全心全意為人民服務的無產階級政黨，沒有其政黨自身的利益，在其屬性上有著資產階級政黨無可比擬的優越性。但是我們同樣也看到，隨著社會發展和管理社會經濟、文化的需要，中國共產黨的組織結構也愈加複雜化。即便黨內民主有資訊公開、選舉公開等作為基礎，一般的黨員也不可能掌握黨內的所有有價值的資訊，更不可能掌握社會管理、社會決策的一些重要資訊和資料。在這種資訊不對稱的前提下，進行黨內民主決策往往反映不了大多數黨員的意志。在另外一個維度而言，如果大多數黨員不掌握這些資訊，那麼嚴格按照民主的「多數原則」所做出的決策未必是科學決策，未必能夠反映社會政治、經濟發展的規律。從更深層的意義上而言，民主政治體制的有效運作，通常需要個人或團體在政治參與方面某種程度的冷漠，一旦政治要求超過了制度的功能承載，將會走向它的反面。也就是說，黨內民主有其應用領域相適應的範圍限度，一旦超過了這個限度，黨內民主就會失去運用民主的一般意義，與實行黨內民主的目的背道而馳。

第三，身份平等、挑戰權威與民主集中制。

人們在政治上和法律上一律平等是民主的基本前提。身份平等在帶給人們許多權利與自由，帶給社會諸多活力的同時，平等自身的特質也給社會帶來了一些消極的影響。比如說平等精神如果在社會領域中無限放大則會導致這樣的一些結果：在大多數組織內部，由於人人都感覺到自己是完全平等的，地位的差異不再明顯，相對來說組織的紀律就會變得鬆弛；在商業或協會組織中，下級組織可能會無視甚至批判上級組織，人們不再感到應當強迫自己服從年齡、職位、專長、聲望比自己高的長輩；在政府部門中，嚴格的等級制度違背民主精神。隨著公共參政意識的逐步增強，大眾越來越多地參與到政治經濟和社會機構中。由於現代公共問題的複雜性和利益多元性，政府往往不能成功或及時有效地解決公眾關注的問題，由此會導致公眾對政治領導人、組織的信賴和信任度下降和衰落。

民主社會裡，人們信奉平等、自由、個人權利、廣泛政治參與，這種觀念如果不能正確地加以引導，就會使公眾認為層級制度、紀律、保密等情況是不可接受的和不合理的，但這些特徵和手段作為政府管理的方式有時是必需的。社會管理的維持與公眾民主的矛盾逐漸加深，政府權威的喪失一定程度上使政府權力被分散。而權力是實現秩序必不可少的手段，儘管在有些時候權力對自由構成了實際上的威脅。民主社會鼓勵公眾廣泛的政治參與和社會參與，但原有秩序承受不了這些公眾參與迅速膨脹帶來的張力，而公眾也同樣不能承受為緩和這些張力並在這些張力上恢復原來秩序的權力，這樣一種彈性的惡性循環就產生了。在這種情況下，權威就會變得脆弱，政府重新獲得合法性的機會將減少。這種張力如果不能得到有效緩和，政府如果不能適應新的政治生態環境，社會就極可能出現混亂，更可怕而且可能的惡果將是極端主義會登上歷史舞臺。

當然，就中國的黨內民主而言，平等有其特定的含義和內容。首先，在黨的各級組織中，平等意味著黨員在政治上一律平等這個基本的原則。其次，黨員作為個體身份上的平等並不能否定組織的權威。過於平等所導致的一些消極後果是由「民主集中制」來加以限制的。除了全體黨員在政治上一律平等外，所有黨員必須堅持個人服從組織、下級服從上級、全黨服從中央的集中制原則。從集中制的角度來說，個人與組織之間是領導與服從的關係。下級與上級之間、全黨與中央之間也是如此。從這個意義上說，集中與民主之間的確是互相限定的。鄧小平同志曾經指出：「民主集中制是社會主義制度的一個不可分的組成部分。在社會主義制度下，個人利益要服從集體利益，局部利益要服從整體利益，暫時利益要服從長遠利益，或者叫作小局要服從大局，小道理要服從大道理。」鄧小平還對民主集中制的內涵做了科學解釋：「我們實行的是民主集中制，這就是民主基礎上的集中和集中指導下的民主相結合。」[1]可以說，民主集中制不僅是我國政治生活的基本原則，也是社會主義制度下統籌兼顧各種利益關係的基本原則。針對我國目前政治體制所存在的弊端，鄧小平曾言道：「當前這個時期，特別需要強調民主，因為在過去一個相當長的時間內，民主集中制沒有真正實行，離開民主講集中，民主太少。」「沒有了民主，就不可能有集中，從而也就不可能有認識的統一、行動的統一。我們強調加強集中統一和反對分散主義，更應堅持民主集中制的原則。不應該誤解，以為強調集中統一，就可以拋棄民主集中制的那個民主。為了加強集中統一，反對分散主義，就更要堅持民主集中制

1　《鄧小平文選》第2卷，人民出版社1994年版，第175頁。

的民主這一方面。」[1]但是，也不能忽視在民主基礎上的集中，這種集中能夠正確地處理好局部利益與整體利益之間關係並迅速取得一致意見，彌補民主過程本身的弊端。陳雲同志在高度重視發揚黨內民主的同時，還指出黨內民主的擴大必須是逐步的，不能急於求成；極端民主化、平等化傾向會危害黨的事業。在他看來，發揚黨內民主，是為了調動黨員的積極性，保證黨的正確路線得到貫徹執行。如果離開了這個根本目的而空談抽象的民主，則是完全錯誤的。陳雲在民主革命時期就指出：「黨內民主是必要的，但擴大民主應以有利於工作為限度。」他還針對新時期黨內出現的新情況，明確地說：「黨性原則和黨的紀律不存在『鬆綁』問題。」因此，黨內民主是在黨性原則、黨性紀律和集中制下的民主，並非建立在平等基礎上的無權威、無組織的民主。

所以，正確處理民主和集中的關係，就是要明確在什麼情況下集中，集中到什麼程度，在什麼情況下民主，民主到什麼程度。這是我們在發展黨內民主的過程中必須認真把握的問題。而這些問題過去在實際操作層面並沒有很好地解決。鄧小平曾經特別嚴肅地指出：「特別是民主集中制執行得不好，黨是可以變質的，國家也是可以變質的，社會主義也是可以變質的。幹部可以變質，個人也可以變質。」[2]黨的十六大提出要按照「集體領導、民主集中、個別醞釀、會議決定」的原則來處理民主和集中的關係進一步明確了民主集中制是民主基礎上的集中和集中指導下的民主相結合的制度，為充分發展黨內民

1　《鄧小平文選》第1卷，人民出版社1994年版，第305頁。

2　《鄧小平文選》第1卷，人民出版社1994年版，第303頁。

主提供了更具操作性的原則依據。黨的十七大指出：嚴格實行民主集中制，健全集體領導與個人分工負責相結合的制度，反對和防止個人或少數人專斷。黨的十八大強調：要堅持民主集中制，健全黨內民主制度體系，以黨內民主帶動人民民主。保障黨員主體地位，健全黨員民主權利保障制度，開展批評和自我批評，營造黨內民主平等的同志關係、民主討論的政治氛圍、民主監督的制度環境，落實黨員知情權、參與權、選舉權、監督權。當務之急是健全和完善黨內民主的各項具體制度和操作程序，並且在實踐中加以全面貫徹落實，才能真正發展黨內民主和不斷增強黨的活力和團結統一。

（三）健全和完善黨內民主制度

除了上述黨內民主建設本身的特定含義所存在的限度之外，中國當前黨內民主自身建設的不足和制度欠缺也極大地影響了黨內民主所應該發揮的作用。中國黨內民主建設主要存在兩方面的欠缺：一是黨員權利的虛化，二是集中制的強大。上述兩個方面具體表現為黨的領導制度、黨的選舉制度、黨內監督制度、黨的決策制度、黨員權利保障制度等五個方面的制度欠缺和不足。因此，我們黨必須進一步完善黨內民主的各項制度，從制度上保證黨內民主的健康發展。十六大報告要求，發展黨內民主，「要以保障黨員民主權利為基礎，以完善黨的代表大會制度和黨的委員會制度為重點，從改革體制入手，建立健全充分反映黨員和黨組織意願的黨內民主制度」。十七大報告指出：「尊重黨員主體地位，保障黨員民主權利，推進黨務公開，營造黨內民主討論環境。」十八大報告提出：「保障黨員主體地位，健全黨員民主權利保障制度，開展批評和自我批評，營造黨內民主平等的同志關係、民主討論的政治氛圍、民主監督的制度環境，落實黨員知情權、參與權、選舉權、監督權。」當前和今後一個時期，健全黨內民主制度要著重在以下五個方面做出努力。

第一，完善黨的領導制度。

發展黨內民主，首要的是要改革黨的領導制度。一要完善黨的代表大會制度，實行縣以上的各級黨的代表常任制，每屆任期內每年定期召開一次黨代會全會，討論和決定黨內重大事務，並完善代表大會的議事規則和表決制度，充分發揮其民主職能和集體領導作用。需要注意的是，對那些不認真履行代表職能的，不能切實為人民群眾服務的，要完善其退出機制。尤其是對那些給人民群眾造成損失，甚至涉及犯罪，社會影響極壞的「代表」，絕不能姑息、縱容，要依法嚴辦。二要建立和健全黨內的決策權、執行權、紀檢權的相互制衡機制，使縣以上各級黨的代表大會成為黨的決策機構，各級黨的代表大會選舉產生的同級黨委成為執行機構，各級黨的代表大會選舉產生黨的紀律檢查委員會成為紀檢機構。黨的紀檢機構對同級黨的代表大會報告工作，同時黨的紀檢機構有權對同級決策機構和執行機構進行紀律檢查，即便更有益於規範黨委領導的活動，但無權干預其日常工作；黨的代表大會有權按照一定的程序選舉和罷免執行機構和紀檢機構的主要領導幹部。三要在制度上形成能上能下的機制，嚴格按照有關規定選拔任用幹部，杜絕用人上的不正之風。毛澤東同志指出：「政治路線確定之後，幹部就是決定的因素。」[1]鄧小平豐富並發展了

1　《毛澤東選集》第2卷，人民出版社1991年版，第526頁。

毛澤東的這一思想，強調：「正確的政治路線要靠正確的組織路線來保證。中國的事情能不能辦好，社會主義和改革開放能不能堅持，經濟能不能快一點發展起來，國家能不能長治久安，從一定意義上說，關鍵在人。」[1]在新時期，胡錦濤進一步提出：「我們要以更寬的視野、更高的境界、更大的氣魄，廣開進賢之路，把各方面優秀幹部及時發現出來、合理使用起來。要堅持把幹部的德放在首要位置，選拔任用那些政治堅定、有真才實學、實績突出、群眾公認的幹部，形成以德修身、以德服眾、以德領才、以德潤才、德才兼備的用人導向。要堅持憑實績使用幹部，讓能幹事者有機會、幹成事者有舞臺，不讓老實人吃虧，不讓投機鑽營者得利，讓所有優秀幹部都能為黨和人民貢獻力量。」[2]習近平同志在二〇一三年六月召開的全國組織工作會議上指出：「我們黨歷來高度重視選賢任能，始終把選人用人作為關係黨和人民事業的關鍵性、根本性問題來抓。好幹部要做到信念堅定、為民服務、勤政務實、敢於擔當、清正廉潔。」幹部的選拔要堅持用人唯賢，用人唯德，不能讓封建主義的殘留影響幹部的任用，比如說簡單地講論資排輩、講拉幫結派等。完善黨的領導制度，目的就是選出那些真正的德才兼備的黨員，只有這樣，我們的黨才能永保青春。要注重發揮各級黨校、行政學院、幹部學院在提高幹部素質中的重要作用。加強黨的執政能力建設，關鍵是要有一支道德水準高、理論水準強、業務素質過硬的領導班子。因為各級的領導班子是社會主義現代化進程中的真正權力掌握者和具體執行者。領導班子的水準如

1　《鄧小平文選》第3卷，人民出版社1993年版，第380頁。

2　中國政府網，胡錦濤在慶祝中國共產黨成立90周年大會上的講話，http://cpc.people. com. cn/GB /64093/64094/15053924. html.

何，在一定程度上決定著黨的執政能力，決定著能否認真貫徹執行黨的路線、方針、政策，決定著黨和國家的前途和命運。

第二，完善黨的選舉制度。

黨內選舉制度是黨內民主的一項根本制度，是黨內民主發展程度的重要標誌，是保證黨內民主的關鍵。黨內選舉制度是否成熟和完善是衡量一個政黨是否成熟和完善的重要標準之一。經過九十多年的發展，中國共產黨在黨內選舉制度方面已經建立起一套比較完善的體系。但是，隨著世情、黨情、國情的變化，黨的選舉也出現了各種各樣的問題。比如說部分地區存在賄選現象，更有甚者，極個別地方出現買官、賣官的醜聞。對黨的選舉出現的種種問題，一定要客觀、辯證地看待。不能簡單地拿出現的問題去否定整個黨的選舉制度，更不能以為黨的選舉制度就是完美無缺的。一方面，要不斷根據客觀情況的變化去具體地調整部分制度；另一方面，要健全對選舉制度的監督、追責機制。具體地說，可以從以下幾個方面努力。一是要根本改變以任命或變相任命代替選舉的現象，使選舉不再流於形式。在當前的黨內生活中，不少選舉過程中還存在上級領導授意或任命，然後製造輿論，最後選出「最佳」人選的現象。有些地方黨員違背上級領導的意思，真正選出了最佳人選，上級領導居然表態不同意，要求進行重新選舉。這樣的選舉沒有多少真正的內涵，過於形式化。二是要根本改變那種由少數人選，在少數人中選，甚至以集中為藉口，「一把手」個人說了算的現象。黨員的選舉權是一項神聖不可侵犯的權利，在選舉領導的過程中，凡是具有選舉權的黨員都有權利和義務進行莊嚴而神聖的投票。不能以保密等為藉口，剝奪這部分黨員的權利。只有這樣選舉出來的領導幹部，才能代表最大多數黨員的意願，代表最大多數人民群眾的利益。這樣選舉出來的領導幹部，在執行具體工作的過程中，會較少地遇到阻力，從而使各項政策的收益更加理想。三是要改革候選人提名制度，要擴大直選範圍，擴大差額選舉的比例，還可以實行競選，真正體現選舉人的意志。候選人的提名要能真正地體現廣大黨員的意志，不能簡單地以主要領導的想法為依據。在確定候選人提名之前，有必要進行一到兩輪的預選。對各級黨委領導特別是主要領導的選舉，要適當地擴大差額比例。在競選主要領導的過程中，候選人可以就其工作思路等向廣大黨員彙報。這樣的機制可以保證當選的領導真正體現出最大多數選舉人的意志。四是選舉必須有組織地進行，對選舉前後和選舉過程中發生的違反黨章規定的情況，上級領導機關要及時進行干預、糾正和查處。選舉不是兒戲，不是形式，是一項非常嚴肅的工作。尤其是這些選出的領導幹部對日常生活的方方面面都有重要的影響。這就要求選舉工作要嚴格按照規章制度進行。鄧小平曾經特別強調要健全黨內選舉制度，「關鍵是要健全幹部的選舉、招考、任免、考核、彈劾、輪換制度」[1]。胡錦濤同志在二〇一一年慶祝中國共產黨成立九十周年大會上的講話中特別強調要完善黨內選舉制度。習近平總書記強調，「加強黨的建設，必須營造一個良好從政環境，也就是要有一個好的政治生態」[2]，這其中的一個重要方面就是健全黨的選舉制度。

第三，完善黨內的監督制度。

1　《鄧小平文選》第2卷，人民出版社1994年版，第331頁。

2　新華網，http://news .xinhuanet .com/politics/20l4-08/04/c_126830394.htm .

「憲法上規定了黨的領導，黨要領導得好，就要不斷克服主觀主義、官僚主義、宗派主義，就要受監督，就要擴大黨和國家的民主生活。如果我們不受監督，不注意擴大黨和國家的民主生活，就一定要脫離群眾，犯大錯誤。」[1]憲法規定了黨的領導地位，但如何使我們黨時刻同人民群眾保持血肉聯繫，保持黨的群眾性，是我們要進一步思考的，這其中的重要一點就是要使黨內民主常態化、黨內監督制度化。黨的早期領導人一開始就十分注意這個問題。毛澤東同志在回答黃炎培關於如何跳出「其興也勃焉，其亡也忽焉」的歷史週期律時，指出：「我們已經找到新路，我們能跳出這週期律。這條新路，就是民主。只有讓人民來監督政府，政府才不敢鬆懈。只有人人負責起來，才不會人亡政息。」[2]我們黨是執政黨，需要黨內外群眾對黨和國家的各級領導機關、領導幹部實行批評監督。要公開黨內權力運作過程，提高決策過程的透明度；要確保黨內生活民主化，切實保障規定的黨員民主權利，對侵犯黨員權利的人和事，要給予黨紀處理；要恢復和發揚批評與自我批評的優良傳統，營造濃厚的民主氛圍，保障黨員群眾的監督權；要建立彈劾罷免制度，使那些不稱職的領導幹部在任期內隨時更換，以實現幹部能上能下，促進優勝劣汰的競爭機制的形成。方方面面的工作都要求黨內監督要走上制度化的軌道。鄧小平同志曾經深刻地指出了黨內監督缺乏制度化的重大危害，他說：「發生的各種錯誤，固然與某些領導人的思想、作風有關，但是組織制度、工作制度方面的問題更重要。這些方面的制度好可以使人無法任意橫行，制度不好可以使好人無法充分做好事，甚至會走向反

1　《鄧小平文選》第1卷，人民出版社1994年版，第270頁。

2　黃炎培《八十年來》，文史資料出版社1982年版，第149頁。

面。……這種制度問題，關係到黨和國家是否改變顏色，必須引起全黨的高度重視。」[1]中共中央頒佈《中國共產黨黨內監督條例（試行）》和《中國共產黨紀律處分條例》，標誌著黨內監督走上制度化、規範化的新階段。江澤民同志強調：「我們的黨員和幹部，無論職位高低，無論從事何種工作，在黨的紀律面前一律平等。在我們黨內，決不允許存在超越於黨組織和黨的紀律之上、不接受監督的特殊人物。」[2]胡錦濤同志在中共十七屆中央紀委第五次全會上的講話中指出：「要進一步加強監督制度建設，認真執行和不斷完善各項監督制度，改革和完善黨內監督體制，健全權力運行監控機制，拓寬監督渠道，增強監督合力，加大監督制度創新力度，建立健全決策權、執行權、監督權既相互制約又相互協調的權力結構和運行機制。」[3]二〇一三年一月，習近平同志在十八屆中央紀委第二次全會上強調，「要加強對權力運行的制約和監督，把權力關進制度的籠子裡，形成不敢腐的懲戒機制、不能腐的防範機制、不易腐的保障機制」[4]，進一步強調完善黨內的監督制度。

第四，完善黨的決策制度。

要按照集體領導、民主集中、個別醞釀、會議決定的原則，完善黨委內部的議事和決策機制，進一步發揮黨的委員會全體會議的作用，使重大問題的決定真正由集體做出，從根本上改變鄧小平所指出

1 《鄧小平文選》第2卷，人民出版社1994年版，第333頁。

2 求是理論網，http://www. qstheory. cn/zl/llzz/lddjs/201003/t20100320_24703. htm.

3 新華網，http://news. sina. com. cn/o/2010-01-13/090416924738s. shtml.

4 新華網，http://news. xinhuanet. com/politics/2013-01/22/c_114461056. htm.

的「以集體領導的外表掩蓋個人專斷的實質」的傾向。中央政治局要定期向中央委員會、地方黨委常委會要定期向全委會報告工作並接受監督。要完善重大決策的規則和程序，建立社情民意反映制度，建立與群眾利益密切相關的重大事項社會公示制度和社會聽證制度，完善專家諮詢制度，實行決策的論證制和責任制要進一步推進黨務公開，黨務公開是黨內民主的前提。黨務的公開，更有利於營造健康、民主的黨內討論環境。近年來，隨著社會的進步，政務公開的進度在不斷加快。與此同時，黨務公開的步伐稍嫌緩慢。中國共產黨代表最廣大人民群眾的利益，是全心全意為人民群眾服務的政黨，沒有自己的私利。正因為如此，更要推進黨務公開，讓人民群眾了解黨，了解黨的機構，從而更加信任黨，增強黨的執政合法性。黨務公開的形式要多樣化，可以充分利用微信、微博等新媒體。黨務公開的範圍要適當擴大，人民群眾的民主意識、政治覺悟在不斷提高，對人民群眾要求公開的黨務要盡量滿足。黨務公開的品質要提高，不能新瓶裝舊酒，簡單記流水帳，不僅要公開重大事項的結果，對重大事項的決策過程，科學分析等事項都要進行公示。黨和國家的重大事務、重大決策，在決定之前要在黨內進行充分的討論，實現廣大黨員的廣泛參與和有效監督。黨的決策機制的完善，必將更有利於維護中央的權威，有利於保持黨的團結統一，有利於黨的政令暢通。黨的決策機制的完善，對更好地發揮地方主動性、積極性有著重要意義。由於真正地參與了政策的討論，地方黨委、政府可以更好地把黨的政策同本地實際結合起來，更全面地把全域利益同本地利益結合起來，最終實現地方的真正發展。十八屆四中全會通過的《中共中央關於全面推進依法治國若干重大問題的決定》中指出：「健全依法決策機制。把公眾參與、專家論證、風險評估、合法性審查、集體討論決定確定為重大行政決策法定程序，確保決策制度科學、程序正當、過程公開、責任明確。建立行政機關內部重大決策合法性審查機制，未經合法性審查或經審查不合法的，不得提交討論。」[1]十八屆四中全會《中共中央關於全面推進依法治國若干重大問題的決定》就完善黨的決策制度提出了具體的指導方向和針對性措施。

第五，完善保障黨員民主權利的制度。

黨員的民主權利，不僅有作為中華人民共和國公民的權利，更有作為中國共產黨黨員所依法享有的權利。鄧小平就曾經指出「憲法和黨章規定的公民權利、黨員權利、黨委委員的權利，必須堅決保障，任何人不得侵犯。」[2]在保障黨員基本權利的同時，鄧小平主張賦予黨員應有的黨內民主權利，鄧小平認為黨員應有討論的權利，主張黨內嚴格遵守討論原則，「一切提到會議上的問題，都必須經過討論，允許提出異議」[3]。鄧小平特別強調黨員提出意見的合理性及意義，他指出：「我們要堅決發揚黨的民主，保障黨的民主。黨員對於黨的決定有意見，可以通過組織發表，可以保留自己的意見，可以通過組織也可以直接向中央提出自己的意見。從中央起，各級黨組織都要認真考慮這些意見。」[4]廣大黨員充分表達意見的權利得到切實保障後，大大有利於黨的團結，「有了黨內民主和批評與自我批評，有問題就

1 新華網，http://news. xinhuanet. com/2014-10/28/c_1113015330_7. htm.
2 《鄧小平文選》第2卷，人民出版社1994年版，第144頁。
3 《鄧小平文選》第1卷，人民出版社1994年版，第231頁。
4 《鄧小平文選》第2卷，人民出版社1994年版，第272頁。

不是在下面亂講，而是擺到桌面上來」[1]。對於黨員的表達權利，要消除廣大黨員的後顧之憂，「不抓辮子，不扣帽子，不打棍子。在黨內和人民內部的政治生活中，只能採取民主手段，不能採取壓制、打擊的手段」[2]。十七屆四中全會《中共中央關於加強和改進新形勢下黨的建設若干重大問題的決定》指出「以保障黨員民主權利為根本，以加強黨內基層民主建設為基礎，切實推進黨內民主。」[3]從制度上保障黨員的民主權利，這是發展黨內民主最深厚、最牢固的基礎。一是要建立和完善黨內情況通報制度，讓黨員對黨內事務有更多的了解和參與。重要事情，應該堅持先黨內後黨外的原則，做到重要情況黨內先通報，重要文件和決定黨內先傳達，重要問題決定前黨內先討論，重要決策的實施黨內先動員，從而增強黨員的榮譽感和責任感，調動黨員的積極性、主動性和創造性。二是要建立和完善黨內情況反映制度，疏通和拓寬黨內資訊聯繫管道。要建立更加切實有效的黨內回饋機制，保證基層黨員和下級黨組織的意見、建議能夠及時、順暢、真實地反映到上級黨組織中來，並把上級黨組織的答覆和處理情況及時告訴下級黨組織和有關黨員，做到下情及時上達，上情及時下達。三是要健全黨內重大決策徵求意見制度，堅持從群眾中來到群眾中去的工作方法，廣泛聽取各方面的意見。

西方政治學家托克維爾早在幾百年前就斷言「身份平等的逐漸發展是事所必至，天意使然。……在民主已經成長得如此強大，而其敵對者已經變得如此軟弱的今天，民主豈能止步不前！」然而就是這樣

1 《鄧小平文選》第1卷，人民出版社1994年版，第347頁。

2 《鄧小平文選》第2卷，人民出版社1994年版，第144頁。

3 新華網，http://news. xinhuanet. com/politics/2009-11/20/content_12498820. htm.

一個民主理論的大家卻也流露出對於民主制度本身的悖論及其局限性的深深憂慮，在《論美國的民主》一書的末尾，他略帶傷感地寫道：「平等將導致奴役還是導致自由，導致文明還是導致野蠻，導致繁榮還是導致貧困，這就全靠各國自己了。」

作為民主的一種形式，黨內民主也有其自身的特定含義和功能上的限制。這就需要我們在建設黨內民主的過程中，充分認識到黨內民主的這些底線，並通過其他的制度建設加以完善。從更深的層次而言，黨內民主並非包治百病的良藥。就執政黨的建設而言，黨內民主關係到黨內政治生活的全方位，它的發展必然直接受制於黨內整個政治生活系統的健全和發展。沒有比較健全的政治生活系統以及相關的組織架構，黨內民主的功能也不能夠無限度地擴大。在國家整體制度建設尚未提供新的黨政關係架構，尚未為黨的領導和執政的功能提供新的實現方式的條件下，黨內民主所承載的國家政治現代化的功能也必然是有限的。當然，我國的黨內民主制度還不夠完善，這也限制了其功能的發揮。但是，我們也應該看到，社會主義制度的建立，為我國民主制度的建設提供了很好的經濟和政治基礎，使我們能夠在民主化的進程中克服資本主義民主制度所不能克服的弊端。而且，我國黨內民主制度的欠缺也為我們對之進行完善提供了較大的發揮空間。

四、基層民主：中國特色社會主義民主的根基

（一）基層和基層民主

要明確什麼是基層民主，首先得從基層這一概念入手。「基層」可以說是一個具有中國特色的概念，在英文裡沒有與之相對應的詞。英文中的 grass-roots unit，有學者將它直譯為「草根組織」或「草根單位」，大體上可以將其視為與基層同一類型的概念，儘管如此，二者依然有著不同的內涵與外延。關於基層有不同的理解，可以歸結為廣義和狹義的兩種基層觀。根據我國《憲法》和《地方各級人民代表大會與地方人民政府組織法》的規定，從行政區劃的角度來說，基層是指農村鄉鎮和城市街道。這是狹義的基層觀。以此為限，向上擴大到縣一級（含縣級市）和城市區一級，向下延伸到建制村，這種上下擴展的基層是廣義的基層觀。總的來說，基層的概念是指國家、社會管理體系中的最低層次。相對於間接性管理為主要特徵的中上管理層，直接性是它的突出特點，即這些管理活動具有直接性，沒有什麼中間環節。具體到實際的運用與操作之中，基層的概念是指國家、社會管理體制中的最低層次，直接面對人民群眾，直接接受人民群眾的監督，而沒有什麼中間環節。就具體涵義而言，可以從縱向和橫向兩個方面來分析：從縱向上看，基層除鄉鎮外，向下包括群眾性自治組織——村民委員會和居民委員會，向上還包括縣、城市的區和不設區的市；從橫向上看，基層並不簡單地等於政權，因為除政府外，還有其他基層的黨組織、國家機構、社會團體以及企事業單位等。根據以

上對基層的廣義理解，我國政治運行中的基層可以歸結為以下幾種類型：政黨、國家機構和社會團體的基層組織，企事業單位的基層組織，城鄉群眾性的自治組織。

與對基層涵義的理解相對應，我國的基層民主究竟包含哪些範圍，也同樣存在著廣義和狹義的理解。有的觀點將基層民主界定為農村村民自治、城市居民自治、社團自治等範圍。這可以說是對基層民主範圍的狹義理解。也有的觀點將基層民主等同於基層群眾自治以及基層人大的直接選舉等，即基層民主不僅包括農村村民自治、城市居民自治、社團自治等，還包括縣（區、市）鄉兩級人大代表的直接選舉等。

中國共產黨十五大報告對基層民主的表述為：「擴大基層民主，保證人民群眾直接行使民主權利，創造自己的幸福生活」，「城鄉基層政權機關和基層群眾性自治組織，都要健全民主選舉，實行政務和財務公開，讓群眾參與討論和決定基層公共事務和公益事業，對幹部實行民主監督。堅持和完善以職工代表大會為基本形式的企業民主管理制度，組織職工參與改革和管理，維護職工合法權益」。黨的十七大報告指出：「發展基層民主，保障人民享有更多更切實的民主權利。人民依法直接行使民主權利，管理基層公共事務和公益事業，實行自我管理、自我服務、自我教育、自我監督，對幹部實行民主監督，是人民當家作主最有效、最廣泛的途徑，必須作為發展社會主義民主政治的基礎性工程重點推進。」黨的十八大報告指出：「在城鄉社區治理、基層公共事務和公益事業中實行群眾自我管理、自我服務、自我教育、自我監督，是人民依法直接行使民主權利的重要方式。」十八屆三中全會《中共中央關於全面深化改革若干重大問題的決定》指出：「發展基層民主。暢通民主管道，健全基層選舉、議事、公開、述職、問責等機制。開展形式多樣的基層民主協商，推進基層協商制度化，建立健全居民、村民監督機制，促進群眾在城鄉社區治理、基層公共事務和公益事業中依法自我管理、自我服務、自我教育、自我監督。健全以職工代表大會為基本形式的企事業單位民主管理制度，加強社會組織民主機制建設，保障職工參與管理和監督的民主權利。」二〇〇六年，胡錦濤在主持中央政治局集體學習有關基層民主建設問題時指出：「發展社會主義基層民主政治，最根本的是要依法保護人民群眾在基層政權機關、基層自治組織、企事業單位中依法直接行使民主權利，管理基層公共事務和公益事業，對幹部實行民主監督。」習近平在慶祝全國人民代表大會成立60周年上的講話指出：「我們要堅持和完善基層群眾自治制度，發展基層民主，保障人民依法直接行使民主權利，切實防止出現人民形式上有權、實際上無權的現象。」按照這一理解，基層民主的範圍比較廣泛，它不僅包括農村村民自治、城市居民自治，以及企事業單位的民主管理，還包括基層政權機關的直接選舉以及基層其他方式的民主形式。這是對基層民主的廣泛意義上的理解。根據對基層民主廣泛意義上的理解，基層民主就是人民群眾在基層政治、經濟、文化和社會生活領域依法直接行使民主權利，參與管理公共事務和公益事業的制度和實踐。

從廣義上理解基層民主，基層民主包括如下幾個層次的內容：一是農村的村民自治，即廣大村民直接行使民主權利，依法辦理自己的事情，實行自我管理、自我教育、自我服務的基層民主制度，它由民主選舉、民主決策、民主管理、民主監督等構成。二是城市的居民自治，即城市居民以社區為單位，以群眾性自治組織——居民委員會為主要載體，圍繞社區居民的公共事務和公益事業而進行的自我管理、自我教育、自我服務活動，實行民主選舉、民主決策、民主管理、民主監督。三是企事業單位的民主管理，即企事業單位職工依照法律、法規，通過職工代表大會或其他形式，對企事業單位的經濟和社會以及其他事務實行民主決策、民主管理、民主監督。這是一種工作場所的民主，超越了生活場所的限制，使民主體現在更深的層次。四是基層政權民主，即基層群眾以直接選舉縣鄉人大代表和基層政權管理為基本特徵的基層政權層面的民主。縣（縣級市、城市的區）、鄉（鎮）的政權組織民主主要包括兩個方面：一方面是縣鄉人大代表的直接選舉，這一民主制度始於二十世紀五〇年代，經過多年的發展，已初步完善；另一方面是縣鄉政府的民主管理，近些年來，按照中央的要求，基層政務公開全面推進，已取得可喜進步，一些地方還積極探索鄉鎮書記鎮長直選，基層政權民主步伐加快。五是基層社會組織建設，即基層社會組織在法制範圍內自主管理。近年來，基層社團組織快速發展，一大批行業協會、社區民間組織等基層社會組織正在發揮著反映基層訴求、提供社區服務、規範行業行為的重要作用，成為促進基層民主發展的重要力量。六是基層黨內民主建設。基層黨內民主是黨員群眾在縣及縣以下黨組織中行使民主權利的制度與實踐。近年來，各地按照黨中央「以改革創新精神全面推進黨的建設新的偉大工程」的要求，在尊重黨員主體地位、保障黨員民主權利，推進黨務公開、營造黨內民主討論環境，改革黨內選舉制度、擴大基礎黨組織領導班子直選選舉範圍，試行黨代會常任制，探索擴大黨內基層民主多種實現形式等方面，進行了大量有益的探索，取得了突破性進展。

概括起來，我國的基層民主表現為基層的政黨、國家機構和社會團體，企事業單位基層組織，城鄉群眾性自治組織等直接行使管理權力的制度：對政黨來說，基層民主就是黨建制度和政黨關係制度；對國家來說，基層民主就是中央國家機構、地方國家機構與縣、城市的區、不設區的市以及鄉鎮之間的權力分配制度，也是對宏觀事務管理的集權制度和對一般事務管理的分權制度；對社會團體來說，基層民主就是社會團體在法制範圍內的自主管理制度；對企事業單位來說，基層民主就是職工代表大會制度；對城市居民和農村村民來說，基層民主就是群眾性自治制度。

（二）基層民主在社會主義民主化進程中的作用

關於基層民主在社會主義民主化中的作用，主要有兩種不同的觀點：一是基層民主主導論或先行論；二是基層民主價值質疑論。

持基層民主主導論或先行論觀點的學者認為：第一，基層民主建設有利於充分調動和激發人民群眾的政治積極性和主動精神。傳統社會長期的封建專制統治，導致中國人普遍對政治冷漠，感到自己的行為難以對政治決定產生影響。「事不關己，高高掛起」是中國人的普遍政治心態。社會主義社會建立後，人民成為國家的主人，人民群眾有了當家作主的民主權利。但是，在國家層面上，人民群眾管理國家事務，是通過間接的方式行使民主權利實現當家作主的。以這種間接民主的方式行使民主權利，使普通民眾難以感受到自己的民主權利的實現。久而久之，人們就會對這種民主缺乏熱情，失去興趣。但是，在基層社會，與國家層面的民主實現形式不同，由於基層事務與人民群眾自身的利益密切相關，人民群眾直接行使民主權利，直接參與管理基層事務，使他們切實感受到自己當家作主的權利。通過基層民主實踐，能夠激發人民群眾當家作主的主人意識。因此，基層民主建設就有利於充分調動和激發人民群眾的政治積極性和主動精神。需要著重指出的是，在一些貧困地區，基層民主在這方面更有著彌足珍貴的意義。貧困地區由於經濟基礎差，村財政幾乎沒有，好多村民不願意參與村裡的集體事務，更不願意擔任村幹部。在他們看來，村幹部就是一種負擔。長此以往，就會形成一種惡性循環，貧困地區很難走出貧困的怪圈。在這種情況下，大力發展這些地區的基層民主，調動民眾的積極性，「靠山吃山，靠水吃水」，引進資金，發揮勞動力優勢，結合貧困地區自身的區位優勢，發揮當地民眾的主觀能動性，有助於他們早些擺脫貧困的帽子。

第二，基層民主建設有利於提高基層群眾的民主素質，為社會主義民主制度奠定牢固的基礎。社會主義社會是人民當家作主的社會，人民要實現當家作主，必須要具備一定的民主素質。但是，長期的封建專制統治，導致人們普遍缺乏民主傳統，更談不上養成民主的習慣，而且從整體上說，中國又是國民文化素質還不是很高的超大社會。具體來講，在中國廣大農村地區，這一情況更加突出。農民群體知識儲備不足，科學文化知識相對匱乏，對民主缺乏科學理性的認識。中國傳統的宗族觀念在農村地區非常盛行，家長制作風更是見怪不怪。農村地區大部分幹部思想受封建社會影響較大，「官本位」思想嚴重。與此緊密相關的是農民群體的法律意識薄弱。有些村民只想享受權利，而不想履行自己的義務，甚至為蠅頭小利就可以出賣自己的選票，這也是部分地區賄選等違法行為屢禁不止的重要原因。民主習慣的養成，民主素質的提高，靠抽象的民主理論的灌輸，只能事倍功半；相反，在民主實踐中學習民主可收到事半功倍的效果。基層民主是涉及人數最多、最廣泛的民主實踐，是養成民主習慣、提高民主素質的最有效途徑。「最基本的是兩個方面，一方面是人民通過他們選出的代表組成全國人大和地方各級人大，行使管理國家的權利；另一方面是在基層實行群眾自治，群眾的事情由群眾自己依法去辦，由群眾自己直接行使民主權利，這是最廣泛的民主實踐。」[1]基層民主實踐，是形成和強化公民意識和民主信念、培養民主作風和習慣的最好課堂。在基層民主實踐過程中，人們通過學習和運用民主的方法，處理基層公共事務，掌握相關的法律制度和民主程序，形成和強化公民意識和民主信念，培養民主作風和習慣。基層民主在中國的廣泛發展和良好效果，充分說明了基層民主實踐對提高國民民主素質的重要作用，而國民民主素質的提高，就為民主制度奠定了牢固的社會基礎。

第三，基層民主建設有利於矛盾衝突的化解與和諧社會的構建。基層是社會的細胞，各種社會現象都通過基層反映出來，各種社會問題也都在基層最先表現出來，各種矛盾衝突也可能最先在基層醞釀爆發。基礎不牢，地動山搖。基層的穩定與有序對整個國家的繁榮昌盛有著彌足珍貴的意義。近年來凸顯的群體性事件，或多或少是由於基層政府在解決問題的時候採取粗糙的態度，故意回避焦點，不能發揚基層民主造成的。因此，構建社會主義和諧社會的基礎在基層，重點

1　《彭真文選》，人民出版社1991年版，第606頁。

在基層。基層和諧穩定，整個社會和諧穩定就有了牢固的基礎。基層往往是社會矛盾衝突的「源頭」，化解社會矛盾，構建和諧社會必須從基層做起。而化解矛盾衝突，基層民主是最有效的途徑。社會矛盾衝突說到底是利益分配問題。改革開放以來，我國的社會主義經濟建設取得了舉世矚目的成就，社會主義農村經濟的發展也如火如荼。「蛋糕」做大了，如何合理分配「蛋糕」就成為一個關鍵問題了。怎樣合理地分配利益，民主是最有效的方法。在合理公平分配利益方面，民主有一套成熟的機制可以運用。民主能有效地整合民意，協調利益關係，有利於公共利益的實現；民主有利於大眾廣泛參與，保障各方面的利益訴求；民主有利於促進共識，促進公共政策的合法化，化解合法性危機；民主有利於促進公民意識的培育和公民文化的發展。總之，民主能夠推動農村物質文明、政治文明、精神文明建設的協調發展。

第四，基層民主建設有利於社會主義民主政治建設和加快社會主義民主化進程。「擴大基層民主，是發展社會主義民主的基礎性工作。」基層民主建設是我國社會主義民主政治建設的基礎性環節和內容，對我國社會主義民主有著重要的推動作用。法國著名學者托克維爾認為，基層民主是民主學校，通過社區公共事務的關注和處理，人們可以培養民主意識、學習民主過程和提高政治熱情。同時，不斷擴展的社區內部民主自治，可以過渡為整個社會政治活動的基礎。的確，以基層民主作為突破口來推動社會主義民主化進程，是一條符合中國國情的有中國特色的社會主義民主政治的可行之路。中國社會主義民主化進程是中國社會主義現代化進程的重要組成部分，要實現民主化和現代化，社會穩定是基礎，沒有社會穩定就沒有民主化和現代化。鄧小平指出：「中國的問題是穩定，壓倒一切的是需要穩定。沒有穩定的環境，什麼都搞不成，已經取得的成果也會失掉。」美國當代著名學者亨廷頓指出：「現代性孕育著穩定，而現代化過程卻滋生著動亂。」在當代中國，既要實現民主化和現代化，又要保持社會穩定，或者說，要在穩定和秩序中實現民主化和現代化，而要在穩定和秩序中實現民主化，基層民主可以先行一步，由基層而中層而上層，循序漸進，不失為中國社會主義民主轉型的可靠路徑。這是因為，基層民主就整體而言雖然範圍很大，但就單個基層而言其規模卻比較小。在基層進行一些民主改革探索，風險少、成本低、難度小、成效大。基層民主先行一步，即使不成功，也不會造成整個社會失序和不穩定。通過廣泛的基層民主實踐，可以提高國民的整體民主素質，為社會主義民主化奠定堅實基礎，從而有利於將民主推向整個社會，推進社會主義民主政治建設，實現民主化轉型。以基層民主建設為先導，推動整個社會人民民主建設向前發展，實現社會主義民主化轉型，是符合中國國情和歷史特點的正確選擇。

對基層民主主導論或先行論持懷疑或質疑觀點的學者認為，民主不能只從基層開始。有的學者根據對西方民主建設經驗的總結和中國發展道路的思考，否定或質疑從基層民主建設出發進行民主政治建設的可行性，否定或質疑基層直接民主的價值。有的學者明確指出，民主不能只從基層開始。他們認為：優先發展基層民主有特定的歷史背景以及諸多觀念基礎，但是，從幾十年的實踐看，無論城市居民自治還是農村村民自治的效果都不盡如人意，指望通過發展基層民主來達到的其他初衷如推動國家民主的理想也並未如期實現。基層民主與國家民主畢竟是兩個體系內的東西，基層民主即使有了發展，它也並不與國家民主的推進具有必然聯繫。歷史經驗表明，決定中國民主發展方向和進程的只能是國家民主，國家民主必須先行；優先發展基層民主而緩行國家民主，不僅會使基層民主的發展陷於孤軍深入，也可能延誤發展國家民主的寶貴時機，基層民主的真正發展，實際上必須也只能依賴於國家民主的發展；因此，與時俱進地調整中國民主發展的方略，將大力發展國家民主放到中國民主建設的首要地位，確立發展民主的基本方向和步驟，對於維護國家的長治久安，充分實現人民當家作主，具有十分重要的意義。

（三）基層民主的特點與進一步推進基層民主建設

基層民主在發展中形成的幾個特點可以歸納如下。

第一，參與主體的多元化及參與方式的多樣化。

我國目前的基層民主參與主體主要有：農村村民、城鎮居民、企事業單位員工。可以看出，基層民主的參與主體涵蓋了整個社會基層。隨著基層民主實踐的快速發展，基層群眾對民主參與管道的創新也不斷加快，基層民眾的主要參與方式有：全體投票表決、協商解決、個別直接同領導溝通、通過信件（包含電子郵件）表達利益訴求、上訪等方式。尤其是近年來隨著政務微博、網上監督信箱、網上辦事大廳等新興參與方式的出現，必將對基層民主參與管道產生不可估量的影響。

第二，基層民主內容與百姓利益直接密切相關。

通常，基層在決定重大事務時，都要進行民主表決。而這些事務也都是與百姓利益密切相關的，是一些看得見、摸得著的具體利益。比如涉及村裡公共設施、福利發放、土地徵用、宅基地使用等事務。由於這些具體事務跟自己的日常生活息息相關，基層百姓在參與這些事務的時候表現出較大的政治熱情。「當政治結構影響個人利益時，公民就會關注民主。」[1]長此以往，基層民眾就會形成關心公共事務的政治習慣。在參與基層公共事務的同時，人民群眾還可以提高自己的政治技能，獲得民眾政治的知識。

第三，我國的基層民主從一開始就得到黨和政府有意識、有步驟的指導。

《中華人民共和國城市居民委員會組織法》《中華人民共和國村民委員會組織法》等都是指導基層民主的重要法律法規。發展基層民主的前提是堅持黨的領導，黨的領導是在發展基層民主的過程中始終不渝地要堅持的。這種領導是方向性的指導，不是具體事務上的干預，否則就蛻變成上下級之間的管理關係了。要在黨的領導與村民政治智慧發揮之間保持適度的張力。基層民主的範圍也要適度，換句話說，發展基層民主不能影響基層正常的生活秩序。只有保持有秩序的基層民主，才能迎來基層的繁榮，這種民主才能存在的持久。關於這點，美國人一直有著深刻的認識：「秩序和社會繁榮是彼此攜手並肩

1　蔡定劍：《民主是一種現代生活》，社會科學文獻出版社2010年版，第124頁。

前進的。」[1]

「社會主義愈發展，民主也愈發展。」隨著我國社會主義現代化事業的不斷向前發展，社會主義民主政治建設也日益向前推進。在發展基層民主的過程中，始終要堅持黨的領導。習近平在慶祝全國人民代表大會成立60周年大會上的講話中強調：「我們要堅持發揮黨總攬全域、協調各方的領導核心作用，提高黨科學執政、民主執政、依法執政水準，保證黨領導人民有效治理國家，切實防止出現群龍無首、一盤散沙的現象。」[2]基層民主的實踐，既有成功的經驗，也存在諸多問題，需要我們在基層民主的研究和實踐中進一步向深度和廣度拓展。

當前，基層民主在發展過程中主要存在以下幾個問題：

第一，基層民眾參與積極性不高。

由於受中國長期的封建思想和計劃經濟體制影響，普通民眾覺得自己的言語行為很難對政府決策產生影響，由此產生較低的政治效能感，產生事不關己的思想。在不少地區，基層民眾權利意識淡薄，甚至為了很少的錢就可以出賣自己手中神聖的選票。在廣大農村地區，尤其是偏遠的農村地區，越來越多的年輕人常年外出打工，對他們而言，沒有時間參與公共事務。有的甚至認為回鄉參加選舉會影響自己賺錢，選誰做領導與自己沒有多大關係。長此以往，將會形成這部分基層民眾不願意參與基層民主的惡性循環，不利於基層民主的健康發

1 〔法〕托克維爾：《論美國的民主》，商務印書館1991年版，第331頁。

2 新華網，http://news. xinhuanet. com/politics/2014-09/05/c_1112384483. htm.

展。

第二，基層內部、基層與上級政府部門的關係沒有釐清。

在一些地方的農村，村黨委與村委會關係緊張，主要表現就是村支書與村主任意見不一，在很多具體事情上無法達成一致。究其原因，一些是因為有的黨支部成員把發揮黨支部的領導核心作用理解為黨支部包辦一切，不注意發揮村委會的作用，有的村委會幹部則不尊重黨支部的意見，不接受黨支部的領導，把黨支部晾在一邊，等等。對於存在的這些問題，要加大對這部分基層幹部的宣傳教育，定期組織他們到黨校、行政學院等機構學習，提高他們的理論素養和幹部涵養。《中華人民共和國城市居民委員會組織法》規定，居委會與基層人民政府及其派出機關的關係，不是領導與被領導的關係，而是指導與協助的關係。《中華人民共和國村民委員會組織法》規定鄉鎮政府與村委會之間的工作關係是指導與被指導的關係。但是，在具體的政治生活中，這種指導與被指導的關係被行政化的領導與被領導的關係替代了。在「上面千條線，下面一根針」的中國政府組織結構下，很多事情都要基層政府去實際開展。因此，不免出現攤派任務等現象。而且，上級政府部門掌握了資金、編制等重要資源，在實際工作開展過程中，基層部門不得不「有求於」上級政府部門。規範基層與上級政府部門之間的關係，要創造一個有利於釐清它們關係的健康環境。相信在黨和政府的正確領導下，在各級有關部門的共同努力下，在有關各方面的協同配合下，這些問題一定會得到有效解決。

黨的十八屆三中全會《中共中央關於全面深化改革若干重大問題

的決定》對發展基層民主做了具體的指導：「暢通民主管道，健全基層選舉、議事、公開、述職、問責等機制。開展形式多樣的基層民主協商，推進基層協商制度化，建立健全居民、村民監督機制，促進群眾在城鄉社區治理、基層公共事務和公益事業中依法自我管理、自我服務、自我教育、自我監督。健全以職工代表大會為基本形式的企事業單位民主管理制度，加強社會組織民主機制建設，保障職工參與管理和監督的民主權利。」[1]

結合基層民主的現狀和《決定》的具體部署，我們可以從以下幾個方面努力：

第一，從社區自治民主向基層政權機關民主拓展。

在人們通常的政治思維中，基層民主的邊界往往被限定在社區自治如村民自治、居民自治以及企事業單位的民主管理如職工代表大會制度等狹小的範圍內，其中的村委會直接選舉更是被社會各界所津津樂道。這些基層民主形式確實是我國改革開放以來基層民主建設所取得的重要成果，也是應該堅持和發揚光大的。但是，如果把基層民主僅僅局限在社區自治和單位民主管理，那還是遠遠不夠的，基層民主應該在社區自治和單位民主管理的基礎上深入，向深度廣度上擴展，從社區自治逐步擴展到基層政權民主，以基層政權為生長點和制度依託來拓展和構建基層民主政治。近些年來，在一些具有民主自覺和創新意識的基層幹部的領導和推動下，一些地方在擴大基層民主方面進行了一些有益的探索，把基層民主由村民居民自治推進到地方政府治

1　東方網，http://news. eastday. com/eastday/13news/node2/n4/n6/u7ail73782_K4. html.

理，取得了可喜的成效。一九九八年十二月，四川省遂寧市市中區步雲鄉在區委書記張錦明領導下，進行了一場「新中國成立以來頭一遭」鄉長直接選舉的試驗，由此拉開了鄉鎮及基層政府民主改革創新的序幕。其後，鄉鎮及基層政府民主改革創新試驗在全國範圍內陸續進行。二〇〇七年十月十八日，在十七大記者招待會上，中共中央組織部負責人在回答記者的提問時說，全國已有三百多個鄉鎮開始了領導班子直選試點。這些改革創新大大擴展了基層民主政治的生長空間，推動了基層民主向縱深發展，為中國特色社會主義民主書寫了精彩的篇章，是基層民主未來發展的方向。

第二，從選舉民主向選舉民主與協商民主相結合拓展。

當代民主制度的核心安排是選舉。在當代中國基層民主建設實踐中，我國一直非常重視與完善選舉制度，規範選舉程序，努力提高選舉品質。基層群眾在基層民主實踐中進行了許多大膽的選舉改革和創新，創造了比如「海選」「兩票制」「公推直選」「票決制」等豐富多彩的選舉民主形式。但是，民主不僅僅是選舉，民主選舉後，還有著不可或缺甚至是更重要的民主治理的問題。二十世紀九〇年代，西方興起了一種彌補以競爭為主要方式的代議制民主的缺失的協商民主理論。協商民主是一種以公眾參與、理性探討、協調立場、尋求共識為主要特徵的治理形式。作為新興的協商民主，與選舉民主相比較，它使民主更具有實質性，它不僅進一步擴大和加深了大眾的公共參與，而且還強調自由平等的對話，保證公共理性和普遍利益的實現，從而更有利於協調利益關係、化解社會矛盾衝突，有利於社會穩定、和諧。協商民主理論雖然興起於二十世紀後期的西方，但在中國，協商卻是共和民主成長的內生要素。與西方協商民主為了救治現代西方代議制民主、「使民主變得更加民主」不同，中國的協商民主是為了使民主適應並紮根於中國社會而產生的，它不僅僅是發展民主，更重要的是發展和完善符合中國國情的民主政治形態，即協商政治。協商政治是中國特色民主政治發展的重要成果，它以人民民主為精神，以人民當家作主為動力，以擴大公民有序政治參與為途徑，以民主集中制的制度化為基礎，以創造民主、團結、和諧、合作和發展的社會為目標。因此，中國的協商民主，在人民當家作主、協調利益關係、調動社會各方面的積極性、化解社會矛盾衝突、構建社會主義和諧社會中，發揮著重要作用。在基層民主實踐中，還創造了一些中國特色的基層民主協商的模式，如浙江溫嶺的「民主懇談」。因此，把選舉民主與協商民主結合起來，不僅可以豐富基層民主的形式，而且可以增強基層民主的實效。

第三，從基層人民民主向基層黨內民主拓展。

以黨內民主示範和帶動人民民主，是黨的十六大提出的民主政治發展方略。中國共產黨十六大報告指出：「黨內民主是黨的生命，對人民民主具有重要的示範作用和帶動作用。」十七大報告進一步指出「積極推動黨內民主建設，著力增強黨的團結統一」，「要以擴大黨內民主帶動人民民主，以增進黨內和諧促進社會和諧」。十八大報告指出「要堅持民主集中制，健全黨內民主制度體系，以黨內民主帶動人民民主。」黨內民主是人民民主的重要組成部分，在中國共產黨長期一黨執政的前提下，黨內民主具有十分重要和特殊的地位。但是，從基層民主的角度看，黨內基層民主是在人民民主的推動下發生的。其根源是人民民主來源於廣大人民群眾對自己切身利益的關注。這種關注必然引向黨的基層組織。因為黨的基層組織實際執掌著鄉村治理的主導權力。沒有黨的基層組織的民主，黨內缺乏活力，就難以適應農村經濟社會發展和鄉村治理體制的民主化轉型。隨著廣大人民群眾對自己切身利益的關注，隨著人民群眾在基層自治實踐中民主素質的提高，必定會將基層人民民主引向基層黨內民主，並由黨內民主進一步帶動人民民主。近年來，在一些地方的基層黨組織出現了這樣的情況選舉基層黨組織負責人之前，先在人民群眾和黨員中間進行推選，然後再按照黨內選舉的程序選出負責同志。這樣一來，既保證了選出的負責人是人民群眾最滿意的，同時還是廣大黨員所滿意的。這種選舉辦法被稱為「兩票制」。這種由基層創新出來的選舉模式，對黨內民主與基層民主進行了創造性的結合。正如一些學者所指出的，「兩票制」是一種非常重要的基層民主形式，它的重要性不亞於村委會的直接選舉。[1]

第四，從社會民主向政治民主拓展。

如何理解民主和對民主進行分類是一件相當困難的事。在美國政治學家薩托利看來，民主只意味著政治民主，但是我們今天也從非政治或準政治的意義上談論民主，這一意義上的民主包括社會民主、工業民主和經濟民主。薩托利認為，所謂工業民主指的是工人分享工廠的管理權，並在工廠中實行生產者自治；而所謂經濟民主是指重新分配財富並使經濟機會與條件平等化，它關心的是財富的平等；所謂社

1　靳呈偉：《黨內民主》，中央編譯出版社2013年版，第96頁。

會民主是就社會而言的民主，是作為社會狀態的民主，在一定的狀態中，每個社會成員具有平等的社會地位和平等的精神。社會民主這一名稱的含義也使它用於指基層民主結構即小社區和自願組織的民主。社會民主的主要特徵在於它的自發性和內生性，是自下而上的，是一種生活方式。在薩托利看來，社會民主和工業民主是非政治的民主，因為這兩個概念都不涉及政體層面的問題；而經濟民主則是一個內容含混的名稱，更不是政治民主；所謂政治民主應該是上層建築意義上的民主。薩托利認為，所謂政治民主實際上就是國家機構體系的民主，即國家民主。依照薩托利對民主的分類，我國的基層民主很大一部分應該是社會民主，政治民主則是國家層面的民主。民主是在不斷發展的。發展基層民主是實現國家民主的基礎，沒有基層民主，就沒有國家機構的民主。我國基層民主所取得的成功經驗將有力地推動民主不斷向前發展，這就是民主建設不斷由基層向中層、高層發展。這可能是未來我國民主發展的重要趨勢。

（四）基層民主發展的基本策略

在民主規則下，基層自己解決問題，把矛盾化解在基層，是基層民主的基本邏輯。允許並鼓勵基層的探索突破，應該成為發展中國基層民主的基本策略。

基層民主的重要特徵是直接選舉和直接參與。無論是基層人民代表大會，還是基層群眾性自治組織或企事業單位的民主管理組織，都是基層民眾直接選舉產生的。從國家政治制度來看，基層直接民主與高層的代議制民主結合，能夠相得益彰，既保障群眾的民主權利和參與需求，又保障國家政治健康有序發展。「優先發展基層民主，把基層民主逐漸向上推進，也有利於社會政治的穩定和積累民主政治的經驗。」[1]可以說，基層民主的蓬勃發展是中國特色政治文明的重要體現。

近幾年一些地方大膽突破不斷擴大民主參與的深度和廣度引起了社會廣泛關注。這些突破性舉措表現在自治組織建設、民間組織發育、村級黨組織與自治組織關係、鄉鎮政權與村級組織關係、鄉鎮黨政領導人產生方式、鄉鎮機構設置和運行機制等若干方面。這些突破性舉措的產生在不同地方的具體背景不同。但是總的來看都是基層領導人在面對某些問題，甚至面對某些危機情景時的探索。比如有的地方領導在面對村委會和黨支部關係緊張時做出工作規則的調整如讓「黨支部抓大放小」、讓「村民代表會由虛變實」；有的鄉鎮黨委在日常工作中選擇倚重其中一方甚至故意不把村裡的「兩委」班子配齊在只有黨支部或者只有村委會的情況下工作，也在一定意義上化解了兩者的矛盾。這些探索是基層或者地方領導為解決他們面對危機所做的努力有些舉措可能於「理」不通或者於「法」無據但形成於特定的條件下確實是解決問題的積極嘗試。這些舉措本身也需要經歷一個不斷試錯和修正的過程。有的舉措可能成為體現中國基層政治發展方向的重大制度創新。所以說高度重視並慎重處理基層的探索對我國的基層民主發展非常重要。更積極地說允許並鼓勵基層的探索突破應該成為發展中國基層民主的基本策略。

基層民主的突破首先表現在鄉鎮長直接選舉方面。一九九八年四

1 俞可平：《中國治理變遷30年（1978-2008）》，《吉林大學社會科學學報》2008年第3期。

川省的一個鄉開啟了首次鄉鎮長直接選舉試驗。這種做法突破了現有法律關於鄉鎮政府領導人產生辦法的規定將「鄉鎮人大選舉產生鄉鎮長」的間接選舉擴大為鄉鎮群眾直接參與的直接選舉。此後，在廣東、江蘇、湖北、雲南等省都出現過帶有直選性質的鄉鎮領導人選舉。這些改革儘管範圍有限一定時間內也不會大規模發生但社會影響很大。在實踐中通過直接選舉強化群眾的民主權利使基層政權的權力直接來源於群眾授權對基層政府的問責性（accountability）產生了積極影響，也使基層政府與基層社會的關係更為緊密。在程序設計上，這些探索越來越考慮相關法律規定，將直選與人民代表大會制度等政治制度相銜接。如有的選前召開鄉鎮人大代表會議，通過鄉鎮直選的決議並選舉產生選舉委員會，直接選舉後再由鄉鎮人大對選舉結果予以確認。這些探索雖然沒有被正式肯定，但是在部分基層幹部和群眾中認同程度比較高，群眾的參與熱情很高，地方的突破衝動依然比較強烈。

鄉鎮黨委書記的直接選舉正在迅速擴大。四川、湖北、重慶、雲南、陝西和江蘇等地都在進行相關改革試驗，公開推薦產生候選人、通過黨員大會直接選舉產生黨委書記。一些地方不斷通過各種形式進行創新，如試行「兩推產生候選人」「兩票選任制」等。在四川、雲南等地，有的區縣實行鄉鎮黨委書記由鄉鎮全體黨員直接選舉，候選人資格從相應級別的公務員擴大到農村普通黨員。一個有七百名黨員的鄉鎮，出現了三百餘名黨委書記初步候選人。通過一系列的制度創新，不僅擴大了黨內的基層民主，而且將黨內民主與人民民主有機地結合起來，對於提高基層黨組織的執政能力具有突出意義。目前來看，鄉鎮黨委班子在直接選舉方面邁出的步伐比較大，突破創新的形式更加豐富，探索主動性更強。這主要是因為，與政府方面的選舉創新不同，黨章關於選舉的規定有比較寬闊的自由選擇空間。在宏觀環境上，最近幾年黨內民主的探索突破更多地受到認可和鼓勵，也為這一改革的推進提供了積極因素。另外，黨代會常任制、黨委全委會票決幹部等新的制度設計正在迅速推進，也是基層擴大黨內民主的重要探索。黨的十七大指出：推廣基層黨組織領導班子成員由黨員和群眾公開推薦與上級黨組織推薦相結合的辦法，逐步擴大基層黨組織領導班子直接選舉範圍，探索擴大黨內基層民主多種實現形式。這種政策表述對於樹立發展黨內基層民主的新理念，拓展保障黨員民主權利的新途徑，積極推進黨內基層民主建設的經常化、制度化、規範化，具有重要的導向意義。[1]

在民主管理方面，基層人大在公共預算等重要事務上的監督逐漸強化。近兩年，浙江、江蘇、黑龍江等地出現了新的探索，在預算安排上擴大群眾參與，或者讓公民旁聽人大會議，或者在人大會前舉行民主懇談，對預算草案進行預審。一些與群眾生活關係密切的預算支出專案，先交由人大或者群眾討論；應該上什麼樣的建設項目，由人大或者群眾提出動議，做出選擇，而不是政府安排後再交人大審議通過。基層人大工作的探索正在從審議預算報告轉向審議預算專案，政府預算的公開化正在成為群眾參與的直接要求。這些探索顯示出，在涉及群眾切身利益的公共管理和資源配置等問題上，群眾的參與要求正在被一些基層政府所正視，群眾的參與熱情正在為制度化的參與方

1　靳呈偉：《黨內民主》，中央編譯出版社2013年版，第143頁。

式所吸納，「擴大基層民主」成為基層政府在應對具體問題時的武器和工作方法。「參與式預算」和「協商式民主」，既可以說是進行財政改革、推進陽光財政的重要方式，也可以說是開展行政改革、提高決策民主性的重要方式。而且，從改革的實踐來看，拓展群眾在基層公共事務管理方面的決策權和政治參與，也是政治改革的重要內容。但是，從目前的情況看，地方黨政領導對於這個領域改革的認識和經驗還處於初步階段。

從發生機制上來看，這些基層突破主要由地方自主啟動，是地方黨政領導機構精心設計、直接組織的，有的甚至在不被上級認可的情況下開展。從調研了解的情況來看，這些突破的主要成因，一是與當地特定情況下面臨的矛盾衝突有關。突破往往起因於地方解決矛盾、化解危機的需要，衝突或者危機成為直接推動力。二是與地方領導人的政治智慧和改革理念有關。地方主要領導人對於改革方向的理解，對於地方發展重大問題的把握，是推動這些突破的重要因素。有些突破沒有被肯定，或者已經被明令「停止」，但這些地方領導在理念上依然清晰堅定，社會關注依然持續。如何認識、對待這些改革創新，關係我國基層民主政治建設的發展，是對上層領導的重要考驗。對於地方的自主突破，不能採取簡單肯定或者否定的方法，尤其是不能簡單地用「不合法律」的理由加以否定。現在是改革年代，而改革往往意味著變「法」。既往改革的成功經驗顯示，對於某些法律的突破在很多情況下是改革的必然。現階段的基層政治改革尤其如此。

從歷史發展來看，我國基層民主政治建設的真正起步，正是從基層探索開始的。以直接選舉為重要特徵的基層民主制度，從萌生的那一刻起就帶有某種「意外」色彩。例如，由於普遍實行家庭承包責任制，使得生產隊和生產大隊的組織功能萎縮，基層社會秩序惡化，新的村莊管理機構——村民委員會才在個別地方應運而生。隨後，這一經驗得到中央政府的認可並被載入《憲法》，相關的法律制度也相繼出臺。作為基層民主政治重要內容的村民自治由此步入法制軌道，成為國家政治制度的重要內容。事實上，無論是村民自治還是居民自治，其發展無不與當時突出的社會問題聯繫在一起：經濟體制的不斷變革給社會管理帶來新問題，需要新的制度安排來滿足基層社會治理的需要。從「問題驅動—制度創新—國家承認」的發展脈絡來看，民主發展正是在基層的不斷突破中獲得了生命力。評價這些突破創新的價值標準，不能只是看它是否適合現有法律條文，更應看是否能夠適應新的經濟社會環境的需要，是否符合改革的方向，是否符合憲法和法律的原則精神。因此，「摸著石頭過河」，也是基層民主發展的邏輯，既要強調務實的探索，又要強調「過河」即探索的方向。改革的經驗已經證明，對種種探索突破加以總結，在經驗成熟以後適時調整法律制度安排，以滿足經濟社會的發展需要，是一套切實可行的辦法。

在基層民主發展過程中，基層的探索具有重要作用。其一，基層的探索是解決問題的基本途徑。基層民主發展的社會環境複雜，基層民主本身面臨的問題繁多，矛盾千頭萬緒，情況千變萬化。不同的基層面臨著不同的具體問題，或者雖然面臨相同的問題，但是這些問題的形成過程不盡相同。同樣的問題在不同的基層，可能需要不同的解決辦法。在這種情況下，很難設計出一套能解決所有問題的方案，許多問題也不是一個統一的號令所能解決的。基層最靠近問題，也最靠近解決問題的辦法。在符合大方向和大原則的前提下，給基層一個比較大的自主空間，讓基層根據自身情況探索突破，在探索中不斷試錯和修正，應該成為解決問題的基本途徑。其二，基層的探索是降低改革風險的重要方式。在民主發展的過程中，肯定會出現這樣那樣的問題，充分發揮基層探索和創新的作用，可以化解改革發展中的風險，將矛盾和問題局部化、分散化，即便探索中出了問題也只是局部問題，並不影響大局。所以，對待基層的突破與創新，應該秉持這樣的思路：一方面，要正視基層面臨的各種問題及由此產生的改革衝動，跳脫出具體的爭論，在更大的視野中加以審視；另一方面，要保持國家的政治發展不致出現失序狀態，必須對這些探索和突破加以規範引導，使其在可控的範圍內，不致盲目擴散。從目前的改革狀況來看，因為村民自治還在發展初期，許多方面還不成熟，需要鞏固和完善，現在把直接選舉提升到鄉鎮一級或許還不具備條件。但是，如何引導基層的創新探索，需要進行多方面積極探討。

在基層民主發展過程中，需要慎重對待基層的探索。筆者認為，對待基層探索應堅持這樣的原則：

第一，既不輕易否定，甚至直接封殺；也不輕易肯定，甚至「樹為樣板」「大力推廣」。基層在推進突破性做法的時候，不論是只做不說，還是先做後說，或者邊做邊說，都希望獲得上級支持，或者起碼不希望被否定。因此，上級採取什麼樣的態度、怎麼對待這些舉措非常重要。上級從宏觀的某個標準或者高度來看，有些做法是不能被肯定的。但是，放在彼時彼地的具體環境下、放在解決某種特定矛盾的背景中，這些做法確實體現了解決問題的智慧，甚至蘊涵著對於方向性問題的把握。在這種情況下，如果被上級否定甚至直接封殺，顯然對於基層民主的創新發展是不利的。無論從解決具體問題的微觀角度看，還是從指導原則的宏觀角度看，有些做法可能都是可以肯定並且廣泛應用的。但是，如果不顧地方的具體條件，用行政力量推廣，也往往會帶來很多問題。「典型經驗」在另一個地方的運用發展，需要一些具體條件，有一些經驗就是在推廣過程中出了問題。因此，重要的是要保護地方探索的積極性，創造一種社會環境，讓基層用平和的心態、平實的作風，積極主動並且創造性地探索新辦法和新機制。不能讓認真改革者縮手縮腳，也不能讓刻意營造政績者有機會作秀。

第二，認真觀察，反復比較，深入總結，特別是與地方的同志一起觀察，幫助他們總結。觀察分析的過程也是總結提煉的過程。在此基礎上，深入分析這些探索的內在機制和外部績效，形成指導性的政策原則。通過實踐探索逐漸形成中國自己的基層民主模式。回顧基層民主的發展歷程，村民委員會、村民代表會議的誕生，海選方式的形成、秘密投票間的設立，都是基層的創造。在民主規則下，基層自己解決問題，把矛盾化解在基層，是基層民主的基本邏輯。同農村改革一樣，基層民主的推進不是整體設計先行，而是基層探索創新開路。基層的探索突破，既是解決基層問題的基本途徑，又能降低改革風險，使風險局部化、分散化。因此，應該鼓勵基層探索的積極性，在此基礎上，對基層的探索認真觀察，深入分析，幫助基層總結提高，逐步形成指導性的政策原則。

第三，積極試驗，穩步推進。隨著基層民主制度的落實和實踐訓練的進一步深化，基層政府和社會也更加認識到民主的方式在解決基層問題時所具有的突出效力，擴大基層民主、在基層工作中將民主加以延伸的改革積極性很高。從局部來看，基層開展的探索突破和提出的發展路徑，往往是問題驅動的被動改革；但是，從全域的角度來看，為了更加主動地把握發展方向，更好地進行全域性決策，需要選擇條件適當的地方，開展基層民主建設的試點工作。對試點投入比較強的研究力量，提供強有力的組織保障，跟蹤觀察試點動態，積累經驗和認識，為基層民主深入推進創造有利條件。試點內容可以圍繞當前一些比較重要的問題展開，如鄉鎮直接選舉、基層組織建設、民間組織管理等。如何引導地方的創新努力，把握好基層民主探索的進程，既穩健有序，又積極主動，需要解決諸多深層問題。堅持務實的改革態度，使基層民主建設與基層政權建設、基層黨組織建設相互促進，使基層民主制度的完善服務於優化基層社會治理機制、強化基層黨組織的合法性與基層政權的合法性，是探索過程需要把握的基本點。

從當前基層民主的實踐進程來看，存在這樣的問題：一方面，基層的探索積極性很高，突破創新之舉很多，豐富多樣的「改革」「創新」令人目不暇接。面對此情此景，學界的反應相當令人鼓舞，學者們滿懷熱情進行觀察研究，形成了不少有分量的調研成果。另一方面，從黨政領導部門來看，總結和研究還很不夠。大致上，基層自身的總結側重於弘揚「經驗」和「成功」，有的甚至在「炒作」。從基層的角度看，這樣做沒有什麼不對，因為他們希望自己的突破是成功的，而且希望這種成功被承認和推廣。有關領導部門，有的表現出作壁上觀的冷漠，有的表現出簡單否定的盛氣，有的喜歡充當高高在上的裁決者，而在深入觀察研究、幫助基層總結提升方面，做得很不夠。現在，基層經濟社會發展中關係錯綜複雜，實際情況和面臨問題多種多樣，不在現場者往往很難把握其中的重要環節。在這種情況下，試圖依靠少數領導和專家，設計出一套能解決所有問題的方案是很難的。基層民主政治的發展可以說是「一個系統工程」，但絕不是像一個「機械工程」專案一樣，經過專家預先精心設計和安裝調試，就可以在理想模式下正常運轉。如同社會發展的其他領域一樣，基層民主的發展是在社會這個大工廠設計調試的，所有方方面面的社會力量、社會組織都是這個工程的設計調試者。在這個過程中，每一個地方具體怎樣做，應該在符合大方向和大原則的前提下，給基層一個比較大的自主空間，允許一定程度的各行其是，允許基層根據自身情況試錯修正。

基層民主在社會主義民主政治建設和社會主義政治體制改革中佔據重要性地位，是基礎性的民主。基層民主的成功與否，直接關係著整個社會主義民主建設的成敗。大力發揚基層民主，可以保證基層組織和基層群眾直接行使民主權利，依法管理自己的事情，為追求自己嚮往的幸福生活不懈努力。這些正是社會主義民主的題中之義，它們保障了最廣大人民群眾的民主權利。社會主義的民主就是要讓人民群眾當家作主，因為在社會主義國家，人民群眾是國家的真正主人。調動基層人民群眾參與政治的積極性，除了基層群眾直接選舉領導、代表和直接決策重大事項外，還有一個重要的問題就是要加強基層民主建設的制度建設。基層民主的制度化建設讓基層民主能夠常態化、規範化。我們相信，在這樣一個共同實踐探索的過程中，中國將形成自己成功的基層民主模式。

五、中國特色社會主義民主構成的內在關係和優勢

中國特色社會主義民主是按照自身的理論邏輯、歷史邏輯和實踐邏輯形成的有鮮明中國特色的民主體系。在中國特色社會主義民主的內在構成中，選舉民主與協商民主競合統一、黨內民主與人民民主核心輻射、民主政府與市民社會聯動並舉，無不展現出中國特色社會主義民主的鮮明特色。正如習近平同志指出的那樣：「站立在九百六十萬平方公里的廣袤土地上，吸吮著中華民族漫長奮鬥積累的文化養分，擁有十三億中國人民聚合的磅礴之力，我們走自己的路，具有無比廣闊的舞臺，具有無比深厚的歷史底蘊，具有無比強大的前進定力。」

（一）選舉民主與協商民主競合統一

選舉民主和協商民主是中國特色社會主義民主的兩個基本形式，它們的競合統一是中國特色社會主義民主長期實踐形成的獨有特色。江澤民曾經概括指出：「人民通過選舉、投票行使權利和人民內部各方面在重大決策之前進行充分協商，盡可能就共同性問題取得一致意見，是我國社會主義民主的兩種重要形式。這是西方民主無可比擬的，也是他們無法理解的。」[1]這一論述於二〇〇六年二月正式寫入《中共中央關於加強人民政協工作的意見》的文件中。

選舉民主是公認的基本民主政治制度。科恩認為：「民主是通過

1　中共中央文獻研究室：《江澤民論有中國特色社會主義（專題摘編）》，中央文獻出版社2002年版，第347頁。

普遍參與進行管理；代表制則有助於實現這一參與。」[1]馬克思一方面肯定了代議制選舉民主的重要意義，認為「代表制邁進了一大步，因為它是現代國家狀況的公開的、真實的、徹底的表現」[2]，同時又指出西方選舉民主「只是讓人民每隔幾年行使一次，來選舉議會制下的階級統治的工具」[3]。人民的徹底的選舉民主是社會主義的必然要求。正如列寧所說：「民主的組織原則，在其高級形式，即當蘇維埃建議和要求群眾不僅積極參加一般法規、決議和法律的討論，監督他們的執行，並且要直接執行這些法規、決議和法律的時候，就意味著要使每一位群眾代表、每一個公民都既能參加討論國家的法律，選舉自己的代表，又能執行國家的法律……群眾有權為自己選擇負責的領導者。群眾有權更換他們，群眾有權了解和監督他們活動的每一細小步驟。群眾有權毫無例外地提拔一切工人群眾擔任管理職務。」[4]人民代表大會制度體現的正是這種民主，它是中國選舉民主徹底實現的政治形式。

黨的十八強調「支持和保證人民通過人民代表大會行使國家權力」，更加明確地提出黨的主張必須通過人民代表大會的法定程序才能上升為國家意志；支持人大及其常委會依法充分行使其立法、監督、決定、任免等職權；以及加強對「一府兩院」的監督和對政府全口徑預算結算的審查和監督等，進一步鞏固和發展了我國民主選舉制度。除人民代表大會制度外，以村委會選舉制度、城市社區居委會選

1　〔美〕科恩：《論民主》，商務印書館1988年版，第81頁。
2　《馬克思恩格斯全集》第1卷，人民出版社1956年版，第338頁。
3　《馬克思恩格斯選集》第3卷，人民出版社2012年版，第141頁。
4　《列寧論蘇維埃政權建設》上冊，法律出版社1958年版，第91-92頁。

舉制度和企業職工代表大會選舉制度組成的基層群眾自治選舉制度，也是我國民主政治的獨創。基層群眾自治選舉制度和人民代表大會選舉制度一起，構成了我國民主選舉的制度體系。

中國自從古代以來便部分孕育著協商民主的文化，不過由於各種主客觀原因，這種協商文化始終沒有獨自「成材」，更不可能發育成為協商民主。在中國漫長的兩千年封建社會中，一直存在著「諫議」制度，這種制度鼓勵專門的言官就朝廷的各種政策提出自己的見解。通過言官們的觀點、批評和建議，從而引發朝廷官員包括皇帝對政策進行再討論、再思考。這雖然不是直接的協商，但從這種諫議制度發揮的實際作用來看，其可以對朝廷的各種政策進行監督，並引發對政策的廣泛討論，可以說體現了協商的一方面。在封建社會的朝堂之上，皇帝決定各種軍國大事之前，都會同大臣們討論利弊得失，這種制度便是朝議制度。朝議分為廷議和集議。廷議是皇帝參與其中的，集議皇帝並不直接參與，但由皇帝指派的大臣主持。無論是廷議還是集議，都是皇帝最後行使決策權的。在廷議和集議中，大臣們就國家大事充分討論，一般情況會形成一個大多數人比較認可的意見。而皇帝在決策的過程中，也會著重考慮大多數人贊成的意見，因為這種意見代表了民意，在執行過程中也較少遇到阻力。在中國古代廣大鄉村地區，一直都是宗族勢力範圍。宗族議事會是地方處理公共事務的最高權力機構。它負責處理各種民事糾紛，凡是涉及本地區的重大問題，都由議事會成員討論、協商然後解決。

新民主主義革命時期，協商民主開始形成，進一步確立的中國共產黨領導的多黨合作和政治協商制度同新中國一起建立，並在革命、建設、改革的各個時期發揮著重要作用。經過幾代領導人的不斷發展，到二〇〇六年，黨中央正式把協商民主制度作為我國社會主義民主的兩種制度之一寫進黨的文件：「人民通過選舉、投票行使權利和人民內部各方面在重大決策之前進行充分協商、盡可能就共同性問題取得一致意見是我國社會主義民主的兩種重要形式。」[1]黨的十八大第一次提出「社會主義協商民主」概念並強調「推進協商民主廣泛、多層、制度化發展」，[2]這大大拓展了我國傳統協商民主的內涵和外延。我們可以清晰地看到社會主義協商民主不僅包括傳統協商民主制度中的政黨之間的協商和政協會議的協商而且在內容的廣泛性上，既有經濟社會重大發展問題的協商又有涉及群眾切身利益的實際問題的協商；在協商民主的層次性上既有宏觀層次的國家政權機關、政協組織、黨派團體的政治協商又有中觀層次的專題協商、對口協商、界別協商、提案辦理協商還積極發展微觀層次的基層民主協商；不僅如此在協商民主實踐過程上，還把協商民主納入決策程序，既有決策之前的協商，又有決策之中的協商。

中國特色社會主義協商民主與西方協商民主也有根本區別。首先，理論來源與實踐基礎不同。中國特色社會主義協商民主一開始就是馬克思列寧主義統一戰線理論、政黨理論和民主政治理論在中國的自覺運用和發展，具有先進的階級性、徹底的人民性和實踐的自覺性。馬克思恩格斯曾提出，只要其他政黨採取革命行動，共產黨就應該努力支持和聯合他們。「共產黨人到處都努力爭取全世界民主政黨

1 《十六大以來重要文獻選編》下，人民出版社2011年版，第260頁。

2 胡錦濤：《堅定不移沿著中國特色社會主義道路前進　為全面建成小康社會而奮鬥》，人民出版社2012年版，第26頁。

之間的團結和協調。」[1]新民主主義時期，中國共產黨就已經自覺地運用馬克思列寧主義理論實踐協商民主，並在新中國成立伊始就在全國範圍內實行。而西方的協商民主理論是基於其代議制實踐中暴露某些弊端的反思而產生，力圖以超越多元衝突的公共理性尋求公民願望的最大滿足。協商民主是在對西方代議制民主的批判上進一步形成的。「協商民主理論的興起，是為了回應西方社會面臨的諸多問題，特別是多元文化社會潛藏的深刻而持久的道德衝突，以及種族文化團體之間認知資源的不平等而造成的多數人難以有效地參與公共決策。」[2]其次，在各自政治體系中的功能地位不同。西方的協商民主只是停留於對代議制選舉民主的局部修補，未能上升至成規模的民主實踐形式。我國的社會主義協商民主作為中國特色社會主義民主兩大制度之一，新中國成立以來不斷發展，在黨的十八大以後又成為一整套的民主政治體系。再次，社會各界在協商民主體系中的角色不同。西方的協商民主是不同利益集團以相互爭執、博弈、還價等方式尋求共同理性。由於複雜的利益糾葛，各集團莫衷一是，公共理性的尋求過程往往困難焦灼。在中國特色社會主義協商民主體系中，中國共產黨和各民主黨派人民團體的根本利益是一致的。中國共產黨猶如樂隊的指揮，與社會各界人士團結和諧地共同演奏一場樂曲。

選舉民主是一種競爭性民主，協商民主是一種妥協性民主。如果說選舉民主體現了中國特色社會主義民主的基本特徵，那麼，協商民主則展現了中國特色社會主義民主的獨特優勢。在中國特色社會主義

1　《馬克思恩格斯選集》第1卷，人民出版社2012年版，第435頁。
2　陳剩勇：《協商民主理論與中國》，《浙江社會科學》2005年第1期。

民主體系中，選舉民主彙聚人民群眾的根本意志，體現民主的共同性；協商民主則容納人民群眾的具體意志，體現民主的多樣性，兩者珠聯璧合，彰顯繽紛多彩又高度團結的人民主權性。同時，選舉民主肯定人民群眾普遍參與國家政治，體現民主的廣度；協商民主則保證人民群眾充分地論證國家決策，體現民主的深度，兩者相輔相成，確保人民民主的科學有效性。另外，選舉民主遵循民主的多數裁定原則，從程序上體現民主的機會公平；協商民主則保護民主的差別原則，從起點上彌補代表性「流失」的某種缺憾，兩者相得益彰，維護民主運行的公平正義性。總之，選舉民主和協商民主競合統一，和諧共進，成為中國特色社會主義民主運行的兩個車輪。

（二）黨內民主與人民民主核心輻射

如果說選舉民主和協商民主是中國特色社會主義民主的兩大基礎，兩者競合統一，那麼，黨內民主和人民民主上下聯動又核心輻射，則是中國特色社會主義民主的根本優勢。

中國特色社會主義民主是核心輻射式民主，其核心就是中國共產黨的黨內民主。列寧曾指出：「只有工人階級的政黨，即共產黨，才能團結、教育和組織無產階級和全體勞動群眾的先鋒隊，而只有這個先鋒隊才能抵制這些群眾中不可避免的小資產階級動搖性，抵制無產階級中不可避免的種種行業狹隘性或行業偏見的傳統和惡習的復發，並領導全體無產階級的一切聯合行動。」[1]從社會主義現代化建設來看，無論從政治上、思想上和組織上都需要黨的領導；從後發展國家現代

---

1 《列寧全集》第41卷，人民出版社1987年版，第85頁。

化建設來看，實現大規模的趕超型現代化也必須要有強有力的政治系統，在中國這個強有力的政治系統就是中國共產黨。正是在中國共產黨領導下，我國先後實現了從半殖民地半封建社會到人民當家作主的新社會的社會轉折、從新民主主義到社會主義的制度轉變、從傳統的封閉半封閉的計劃經濟到現代的開放的市場經濟的經濟體制轉軌，這些歷史性轉變無疑都是「中國共產黨人認識世界、改造世界的壯舉，是根本改變中華民族命運、深刻影響人類歷史進程的偉大變革」[1]。

中國共產黨是中華民族的先鋒隊，是中國人民的先鋒隊，是中國特色社會主義事業的領導核心，因此必須以其自身民主帶頭和示範人民民主，走精英民主帶動社會民主的道路。同時，中國共產黨是擁有八千多萬黨員的大黨，是中國社會最大的精英集團，這也構成了黨內民主帶動人民民主的現實基礎，決定了黨內民主帶動人民民主的可能性。正是因為如此，黨的十七屆四中全會決議指出：「堅持以黨內民主帶動人民民主，以黨的堅強團結保證全國各族人民的大團結。」[2]這一核心民主帶動人民民主的經典表述，實際上開闢了中國特色社會主義民主建設的新路徑。《決議》還提出了黨內民主建設的基本原則：「必須堅持民主基礎上的集中和集中指導下的民主相結合，以保障黨員民主權利為根本，以加強黨內基層民主建設為基礎，切實推行黨內民主，廣泛凝聚全黨意願和主張，充分發揮各級黨組織和廣大黨員的積極性、主動性、創造性，堅決維護黨的集中統一。」作為人民

1 《中共中央關於新形勢下加強和改進黨的建設若干重大問題的決定》，http://cpc. people. com. cn/GB /64093/64094/10128764. html.

2 《中共中央關於新形勢下加強和改進黨的建設若干重大問題的決定》，http://cpc. people. com. cn/GB /64093/64094/10128764. html.

民主的帶頭示範，黨的十八大提出了「在民主集中制基礎上健全黨內民主制度體系」的要求，並從七個方面提出完善和創建黨內民主制度體系的重要舉措，包括：黨員民主權利保障制度、黨的代表大會制度、黨內選舉制度、常委會議事規則和決定程序、地方黨委討論決定重大問題和任用重要幹部票決制、黨員定期評議基層領導班子等制度和黨員旁聽基層黨委會議、黨代會代表列席同級黨委有關會議等。[1]

人民民主是中國共產黨始終不渝追求的目標。中國共產黨執政的實質是代表工人階級和最廣大人民執政，但是只有實現徹底的廣泛的人民民主才是社會主義的本質屬性和內在要求。毛澤東曾指出：「中國的命運一經操在人民自己的手裡，中國就將如太陽升起在東方那樣，以自己的輝煌的光焰普照大地，迅速地蕩滌反動政府留下來的污泥濁水，治好戰爭的創傷，建設起一個嶄新的強盛的名副其實的人民共和國。」[2]中國共產黨領導人民取得了新民主主義革命的勝利，建立了社會主義制度，人民民主專政的社會主義國家屹立在世界的東方。一九五四年人民代表大會制度的建立和中國歷史上第一部社會主義類型憲法的誕生，為新中國社會主義民主政治的發展奠定了堅實基礎。在改革開放進程中，鄧小平進一步指出，「社會主義愈發展，民主愈發展」[3]；「中國人民今天需要的民主，只能是社會主義民主或稱人民民主，而不是資產階級的個人主義的民主」，它是「工人、農民、知識份子和其他勞動者共同享受的民主，是歷史上最廣泛的民

1 參見胡錦濤：《堅定不移沿著中國特色社會主義道路前進為全面建成小康社會而奮鬥》，人民出版社2012年版，第51-52頁。

2 《毛澤東選集》第4卷，人民出版社1991年版，第1467頁。

3 《鄧小平文選》第2卷，人民出版社1993年版，第168頁。

主」。[1]正因此，就要「政治上充分發揚人民民主，保證全體人民真正享有通過各種有效形式管理國家、特別是管理基層地方政權和各項企業事業權力，享有各項公民權利」[2]。此後，黨中央多次提出，人民民主是社會主義的生命。黨的十八大更是高舉人民民主旗幟，要求「發揮人民主人翁精神，堅持依法治國這個黨領導人民治理國家的基本方略，最廣泛地動員和組織人民依法管理國家事務和社會事務、管理經濟和文化事業、積極投身社會主義現代化建設，更好保障人民權益，更好保證人民當家作主」。同時強調，「發展更加廣泛、更加充分、更加健全的人民民主」；「保證人民依法實行民主選舉、民主決策、民主管理、民主監督」；「保證人民依法享有廣泛權利和自由」。[3]

黨的十八大還從國家政權民主和基層民主制度兩個層面推動人民民主建設。在國家政權民主層面，要求黨的主張必須通過法定程序才能上升到國家意志；提高基層人大代表特別是一線工人、農民、知識份子代表比例，降低黨政幹部比例；在人大設立代表聯絡機構，完善代表聯繫群眾制度等。同時提出「保障人民知情權、參與權、表達權和監督權」，「讓人民監督權力，讓權力在陽光下運行」，等等。在基層民主層面，黨的十八大拓展了我國基層民主制度的內涵和外延。在內涵方面，對基層民主做出了新的規定，提出「實行群眾自我管理、自我服務、自我教育、自我監督」，是「人民依法直接行使民主權利

1　《鄧小平文選》第2卷，人民出版社1993年版，第175頁。

2　《鄧小平文選》第2卷，人民出版社1993年版，第322頁。

3　胡錦濤：《堅定不移沿著中國特色社會主義道路前進為全面建成小康社會而奮鬥》，人民出版社2012年版，第14、25頁。

的重要方式」。[1]在外延方面，把過去的農村村民委員會、城市居民委員會、企業職工代表大會的「三位一體」基層群眾自治體系發展為包括城鄉社區治理群眾自治、基層公共事務群眾自治、公益事業群眾自治和企事業單位職工代表大會制度在內的「四位一體」的新概括。不僅如此，還提出了發展基層民主制度的新思路，即以擴大有序參與、推進資訊公開、加強議事協商、強化權力監督為重點，拓寬範圍和途徑，豐富內容和形式，保障人民享有更多更切實的民主權利。

黨內民主是中國特色社會主義民主的根本與核心，人民民主是中國特色社會主義民主的全面體現。在中國特色社會主義民主體系中，黨內民主是黨以人民先鋒隊的身份帶頭實踐自身民主，凝聚人民民主的核心力量，也為人民民主指路領航；而人民民主則作為馬克思主義政黨的奮鬥目標，是黨內民主不斷推進的最終歸宿，也是執政的中國共產黨賴以生存的政治根基，又為黨內民主不斷增強奠定社會基礎。總之，黨內民主與人民民主上下聯動、內外結合，並以黨內民主帶動人民民主，從黨內民主向人民民主的核心輻射，成為中國特色社會主義民主的根本特色。

（三）民主政府與市民社會聯動並舉

中國特色社會主義民主展現了選舉民主和協商民主內外結合、黨內民主和人民民主上下聯動的「四位一體」的特色，而這「四位一體」民主的運行，進一步體現在民主政府和市民社會聯動並舉的全面

1 胡錦濤：《堅定不移沿著中國特色社會主義道路前進　為全面建成小康社會而奮鬥》，人民出版社2012年版，第26-29頁。

實踐中。

不同於西方市民社會組織和國家組織分離對立的形式，中國特色社會主義民主展現了政府民主和社會民主聯動並舉的特色。政府與市民社會需要互相聯動，如同西方學者羅素說的那樣：「一個健全而進步的社會需要集中控制，也需要個人和群體的積極性：沒有控制，會出現無政府狀態；沒有積極性，則會出現停滯。」[1]但是，由於資本主義社會的階級對立，市民社會與國家組織實際上統一於資產階級。這樣的同一掩蓋了其中的對立。所以馬克思指出：「市民社會的各等級雖然沒有得到任何政治規定，但它們畢竟還是會規定政治國家。它們會把自己的特殊性變成整體的決定力量」[2]，「如果『市民等級和政治等級的同一』表現了事物的真實狀況，那末它現在自然就只能是市民社會和政治社會分離的表現」[3]正是這樣的分離，使得西方的國家組織和市民社會組織關係表現為官僚組織和壓力社團的二元對立。在馬克思看來，只有實現政治的解放，才能使人們認識到「自己的『原有力量』，並把這種力量組織稱為社會力量，因為不再把社會力量當作政治力量跟自己分開」。在中國特色社會主義制度下，市民社會組織和國家組織的關係表現為聯動並舉的和諧互動關係。

民主政府是民主模式的重要元素。「民主就意味著民享政府，或至少是人民的負責任的代表來治理的政府。」[4]盧梭說：「政府只不過

1 〔英〕伯特蘭・羅素：《權威與個人》，商務印書館2010年版，第71頁。
2 《馬克思恩格斯全集》第1卷，人民出版社1956年版，第358頁。
3 《馬克思恩格斯全集》第1卷，人民出版社1956年版，第334頁。
4 〔英〕安東尼・阿伯拉斯特：《民主》，吉林人民出版社2005年版，第90頁。

是主權者的執行人」，「它的任務是執行法律和維護自由，既維護社會的自由，也維護政治的自由」。[1]政府民主是現代民主制度的重要組成部分。「只有民主政府才能為個人提供最大機會，使他們能夠運用自我決定的自由，也就是在自己選定的規則下生活。」[2]社會主義制度為政府民主的真正實現創造了根本前提。從此政府機關不再是以往舊制度下的官僚機器，而是真正的人民行使權利的政府。

政府轉型是民主政府的首要條件。黨的十八大在中國特色社會主義民主的新構建中，為我國民主政府建設提出了一整套方案。首先，正式提出了建立「中國特色社會主義行政體制」的目標，即「深入推進政企分開、政資分開、政事分開、政社分開，建設職能科學、結構優化、廉潔高效、人民滿意的服務型政府」[3]。在建立中國特色社會主義行政體制目標的指導下，十八大報告推出了「六位一體」的改革方案，即行政審批制度改革、大部制改革、行政層級和行政區劃改革、行政管理方式改革、行政機構編制改革和事業單位分類改革。十八屆三中全會《中共中央關於全面深化改革若干重大問題的決定》指出：「科學的宏觀調控，有效的政府治理，是發揮社會主義市場經濟體制優勢的內在要求。必須切實轉變政府職能，深化行政體制改革，創新行政管理方式，增強政府公信力和執行力，建設法治政府和服務型政府。」[4]

---

1 〔法〕盧梭：《社會契約論》，商務印書館2012年版，第64頁。

2 〔美〕羅伯特·達爾《論民主》，商務印書館1999年版，第60頁。

3 胡錦濤《堅定不移沿著中國特色社會主義道路前進　為全面建成小康社會而奮鬥》，人民出版社2012年版，第28頁。

4 東方網，http://news. eastday. com/eastday/13news/node2/n4/n6/u7ai173782_K4. html.

建立權力制約和監督機制是民主政府的根本。黨的十六大提出「加強權力的制約和監督」，黨的十七大報告提出「完善制約和監督機制」，黨的十八大報告進一步提出「健全權力運行制約和監督體系」。黨的十八屆三中全會《決定》提出：「堅持用制度管權管事管人，讓人民監督權力，讓權力在陽光下運行，是把權力關進制度籠子的根本之策。必須構建決策科學、執行堅決、監督有力的權力運行體系，健全懲治和預防腐敗體系，建設廉潔政治，努力實現幹部清正、政府清廉、政治清明。」[1]由此，形成了中國特色社會主義民主的權力運行制約和監督機制的新構建：一是權力決策問責糾錯制度，包括質詢、問責、經濟責任審計、引咎辭職、罷免等制度，「凡是涉及群眾切身利益的決策都要充分聽取群眾意見，凡是損害群眾利益的做法都要堅決防止和糾正」；二是權力運行公開制度，包括黨務公開、政務公開、司法公開和各領域辦事公開制度，「讓人民監督權力，讓權力在陽光下運行」。這不同於西方的「三權分立」模式，我國的權力制約監督體系建立在民主集中制基礎之上，既保證了制約監督又保證了效用最大化，集中體現了我國人民的利益在根本上的一致性；特別是人民代表大會作為我國最高權力機關，行使最高立法權、決定權和監督權，集中體現了人民權利高於一切。

民主政府需以現代市民社會的充分發育為基礎。中國共產黨非常重視社會主義市民社會的培育。二〇〇四年九月，中共十六屆四中全會首次提出「發揮社團、行業組織和社會仲介組織提供服務、反映訴

1　東方網，http://news. eastday. com/eastday/13news/node2/n4/n6/u7ai173782_K4. html.

求、規範行為的作用」[1]。二〇〇九年把「加強社會組織建設與管理」寫入我國第一個國家人權行動計畫[2]，提出「發揮社會組織在擴大群眾參與、反映群眾訴求方面的積極作用，增強社會自治功能。在各級政協中，應當增加社會組織代表比例，各級政府在制定重大法律法規和公共政策時，應當聽取社會組織的意見和建議，行業協會、商會要收集行業、企業的意見和建議。學會、研究會要研究社會大眾的呼聲，基金會、公益性組織要反映弱勢群體利益訴求和需求，城鄉社區社會組織要了解社情民意，引導社會公眾合理表達意見，有序參與公共事務」。黨的十八大進一步提出，「改進政府提供公共服務方式，加強基層社會管理和服務體系建設，增強社區服務功能，強化企事業單位、人民團體在社會管理和服務中的職責，引導社會組織健康有序地發展，充分發揮群眾參與社會管理的基礎作用」；「暢通和規範群眾訴求表達、利益協調、權益保障管道。」[3]黨的十八屆三中全會《決定》明確指出：「創新社會治理，必須著眼於維護最廣大人民根本利益，最大限度增加和諧因素，增強社會發展活力，提高社會治理水準，全面推進平安中國建設，維護國家安全，確保人民安居樂業、社會安定有序。」[4]從對各種社會組織的有序引導，到對各種人民團體、企事業單位等的綜合指導再到全面推進社會治理體系現代化無一不體現出黨對社會健康成長的重視。現代市民社會的成型為民主政府發揮

1 《中共中央關於加強黨的執政能力建設的決定》，《十六大以來重要文獻選編》中，人民出版社2011年版，第287頁。

2 《國家人權行動計畫（2009-2010年）》。

3 胡錦濤：《堅定不移沿著中國特色社會主義道路前進　為全面建成小康社會而奮鬥》，人民出版社2012年版，第38頁。

4 東方網，http://news. eastday. com/eastday/13news/node2/n4/n6/u7ai173782_K4. html.

職能提供了有效場域。民主政府的構建又會進一步激發現代市民社會的活力。二者相輔相成共同生動的統一於中國特色社會主義民主的偉大實踐中。

民主政府是中國特色社會主義民主的重要元素和基本體現，是民主政治的重要標誌，為市民社會的培育和運轉提供有效支援和保證；市民社會的成熟和完善，則是民主政府的社會基礎。在中國特色社會主義民主體系中，政府作為人民的政府，按照社會主義市民社會發展規律實現職能轉換，社會主義市民社會有序發育又促進政府良性運轉。總之，民主政府和市民社會聯動並舉，共同推進，奠定了中國特色社會主義民主的實踐基礎，成為中國特色社會主義民主構成的又一特色。

正如習近平同志指出的那樣：「民主不是裝飾品，不是用來做擺設的，而是要用來解決人民要解決的問題的。中國共產黨的一切執政活動，中華人民共和國的一切治理活動，都要尊重人民主體地位，尊重人民首創精神，拜人民為師，把政治智慧的增長、治國理政本領的增強深深紮根於人民的創造性實踐之中，使各方面提出的真知灼見都能運用於治國理政。」沿著中國特色社會主義民主的道路堅定前進，定會實現中華民族的偉大復興！

（四）中國特色社會主義民主的優勢

第一，中國特色社會主義民主有利於調動積極性、主動性和創造性。

中國特色社會主義民主是人類歷史上最先進的社會主義性質的民主。它的先進性體現在把過去只有少數剝削者才能享受的民主權利變為大多數人都可以享受的人民民主，使廣大人民群眾真正成為國家和社會的主人，擁有廣泛而真實的民主權利。中國特色社會主義民主是中國人民在長期的革命、建設和改革的實踐中創造出來的適合中國國情的民主。世界上並不存在唯一的、普遍適用的和絕對的民主模式，關鍵是要看這種模式是否符合本國人民群眾的要求，是否符合本國的歷史、經濟、文化及社會的實際狀況。中國特色社會主義民主是中國共產黨領導中國人民長期奮鬥和艱苦探索得來的，既遵循民主發展的一般規律，又具有鮮明的中國特色，已經被實踐證明是完全符合中國實際和中國人民願望的政治制度。中國特色社會主義民主在發展選舉民主的同時，注意協商民主的發展，注重選舉民主與協商民主的結合。從實踐看，協商民主有利於全體人民意願的充分表達，有利於協調不同階層的利益訴求，從而更有利於社會的團結和穩定。中國已形成了範圍廣泛、內容豐富、形式多樣的協商民主形態。在協商民主上，既有政治協商基本制度的安排，又有社會政治生活中各層次、各領域的民主協商。協商民主被廣泛運用於政治領導人的選拔和任用當中，被廣泛運用於公共利益、公共事務的處理之中，並且已經逐步地制度化。黨的十八屆三中全會《中共中央關於全面深化改革若干重大問題的決定》中，指明了未來協商民主發展的重點領域，就是構建程序合理、環節完整的協商民主體系，拓寬國家政權機關、政協組織、黨派團體、基層組織、社會組織的協商管道。深入開展立法協商、行政協商、民主協商、參政協商、社會協商。加強中國特色新型智庫建設，建立健全決策諮詢制度。

因此，中國特色社會主義民主的理論與實踐實現了人民當家作主，有利於國家政治穩定，能夠調動起廣大人民建設美好幸福生活的積極性、主動性和創造性，為我國經濟社會發展提供了強大動力和堅強政治保證。

第二，中國特色社會主義民主有利於社會長期穩定、經濟持續發展、社會全面進步。

中國特色社會主義民主具有獨特的中國特色的政黨制度，形成了中國發展社會主義民主政治的堅強領導核心，保證了社會主義民主政治穩定有序地向前發展。發展民主政治，是現代化過程中各國人民的普遍政治要求。中國自二十世紀七〇年代末八〇年代初以來，把發展社會主義民主政治作為重要目標。在面臨諸多風險和困難的形勢下，民主政治建設一直穩步推進，民主政治建設的水準不斷提高。其中根本的原因之一，就是堅持了中國共產黨領導的多黨合作的政黨制度。這一政黨制度使社會主義民主政治的發展始終具有堅強有力的政治領導核心。中國共產黨代表中國人民的整體利益、長遠利益、根本利益，並與各民主黨派密切合作，在中國推進社會主義現代化建設和實現人民利益上形成了高度共識，保證了社會主義民主政治發展的穩定性和連續性。與之相對應的是，在亞洲、非洲、南美洲的一些發展中國家，民主政治發展的道路並非一帆風順，許多國家在民主發展的進程中出現政治混亂和社會動盪，進而被迫中斷了民主政治發展的進程。這種狀況不能不引起中國的高度重視。照抄照搬西方民主模式，在許多發展中國家，往往導致政治力量之間互相攻擊、政黨爭鬥、爭權奪利，帶來政局動盪的弊端和消極後果。因此，中國特色的一黨執政、多黨參政的政黨制度打破了西方國家多黨制競爭衝突等於民主政治的迷信。美國學者亨廷頓曾指出，在發展中國家，多黨制是軟弱的政黨制度。另一美國學者奈斯比特指出中國沒有以民主的名義使自己陷入政黨爭鬥局面，而是以一黨體制實現現代化，發展出一種獨特的縱向民主，形成了穩定的關鍵。

堅持黨派協商，發展協商民主，是中國民主政治建設、發展的重要途徑，也是中國特色社會主義民主的基本制度。十八屆三中全會對此進行了重點闡述，進行了全面部署。

中國特色社會主義民主以促進社會發展和實現人民的根本利益為目的。判斷一個國家的政治制度是否具有優越性，是否具有生命力，最根本的標準是看其在實踐中的功能和效果，它是不是從根本上推進了一個國家的經濟社會發展和實現了廣大人民的根本利益。中國特色社會主義民主建設特別注重維護人民的經濟權利、政治權利、文化權利。不但重視國家層面民主的發展，從憲法上維護人民的權利和利益，而且更重視發展基層民主，認為基層民主是人民依法直接行使民主權利、實現人民當家作主最有效最廣泛的途徑，並把發展基層民主作為發展社會主義民主政治的基礎性工程重點推進。基層民主扎實持續發展使廣大人民享有了更多更切實的民主權利，體現了社會主義民主的真實性和有效性。

第三，中國特色社會主義民主有利於實現民主政治的持續推進。

漸進式的「增量民主」模式的選擇，使我們在探索有中國特色社會主義民主建設的過程中，能夠在保證黨的領導、人民民主與依法治國三者辯證統一的基礎上，在現有的民主政治基本制度框架內通過不斷深化改革，來實現民主政治的持續推進。無論是作為實現人民民主最根本制度的人民代表大會制度，還是中國共產黨領導的多黨合作和政治協商制度，還是民族區域自治制度，抑或是基層民主制度，都是在現有制度的基礎上不斷改革，尋求制度創新，來實現民主政治的持續推進。換句話說，中國特色社會主義民主的不斷推進，是通過社會主義民主政治制度的自我完善實現的。三十多年來，人民代表大會的立法作用、監督作用不斷加強，各級人大代表的素質明顯提高，人大代表與選民的關係更加密切；多黨合作、政治協商逐步法制化和規範化，各級政協的參政議政作用大大增強；民族區域自治制度進一步鞏固和完善，各少數民族的自治權力和利益得到確實保證。基層群眾自治制度從政治體制改革的「突破口」「生長點」，上升為基本政治制度。事實證明，這些具有中國特色的政治制度符合中國國情，是建設社會主義民主政治、發展社會主義政治文明、實現社會主義現代化的政治基礎和制度保障。[1]

1　李正華：《中國特色社會主義民主政治建設的基本特點》，《當代中國史研究》2009年第1期。

第六章

民主技術的當代發展

——中國特色社會主義民主的技術要求

現代民主政治形式主要由三大要素構成，即民主價值、民主制度與民主技術。在民主價值基本確定的情況下，具體的制度安排和民主技術的選擇就具有決定性的作用，直接決定著民主價值的實現程度。可以說，民主技術就是民主政治實現的手段與方法，是民主價值實現的技術基礎。離開了民主技術，民主價值也將成為空中樓閣。從我國民主政治發展的歷程來看，長期以來我國民主政治建設比較注重民主的價值層面，對民主的認識停留在宏大敘事層面，而忽視了民主技術層面的研究與運用，從而使民主看起來「很美」，而與民主發展的現實反差很大。民主技術作為促進民主政治發展的各種技術和手段，可以在一定的政治體制框架內有步驟、按計劃地進行使用和創新，不僅對民主的存量發揮重要作用，而且在某方面的突破可以形成民主政治的大發展，既不會對現有政治模式產生大的衝擊和顛覆，還可以在不損害人民群眾原有政治利益的前提下，最大限度地增加政治利益。正如中國人民大學法學教授胡錦光所說：「從細節上完善有關的法律法規，從技術環節上確保代表真實表達自己的意願，在某種意義上，其重要性不亞於民主原則本身。」[1]當前，在我國的民主政治實踐中民主技術的運用與創制正在逐漸展開，如選舉中出現的「三輪兩票」「公推公選」等方式，民主決策中出現溫嶺的「民主懇談制」、重慶市開縣麻柳鄉的「八步工作法」，民主監督中出現的武義縣的「村民監督委員會」，以及現代科學技術在民主過程中的運用，如網路投票、網路監督、電子表決器等，這些都為社會主義民主價值的實現提供了堅實的技術基礎。因此，了解和把握民主技術，並在實踐中發展與完善

1　劉錦森：《表決方式的改變是民主進步的標誌》，《人大研究》2009年第9期。

民主技術，是中國特色社會主義民主發展的題中應有之義。

一、民主技術發展是社會主義民主建設的內在要求

（一）民主技術的內涵、本質與類型

民主技術是政治學的一個新話語，對其理論研究正隨著民主技術在民主政治發展中的地位而逐漸深化。何謂民主技術呢？民主技術是與民主價值和原則相對應的一個概念。簡單地說，就是「為確保民主原則和民主價值的實現而採取的種種方法和手段的總稱」，並且「只有在承認民主的原則和價值的前提下，才談得上民主的技術問題；也只有通過有效的民主技術手段，才能夠在實踐的意義上實現民主的原則和價值」。[1]但何謂民主技術，至今並沒有一個較為權威的定義。首先我們可以將其看成為技術和社會技術的一種，從中獲取關於民主技術的知識。法國大哲學家狄德羅將技術定義為「為某一目的共同協作組成的各種方法、工具和規則的體系」[2]。美國著名學者丹尼爾・貝爾則認為：「技術絕不僅僅是用可重複的方式製造產品。它是一種體現目的—手段關係的理性秩序，是工作甚至是生活要素的理性化。」[3]可見，技術就是人類在為自身生存和社會發展所進行的實踐活動中，為了達到預期目的而根據客觀規律對自然和社會進行調節、控制、改

1　桑玉成、施瑋：《論民主的技術》，《政治學研究》2000年第3期。

2　轉引自丁俊麗、趙國傑、李光泉：《對技術本質認識的歷史考察與新界定》，《天津大學學報》（社會科學版）2002年第1期。

3　〔美〕丹尼爾・貝爾：《技術軸心時代——後工業社會的來臨》1999年版前言，《當代世界社會主義問題》2003年第2期。

造的知識、技能、手段、規則和方法的集合，並且表現為可複製性。由此可見，技術具有一定的目的性、可複製性、理性化的特點，是知識、技能、手段、規則和方法的集合。將其運用到民主政治生活領域，就可以將其定義為：「在一定的社會歷史條件下，政治活動的主體依照一定的歷史經驗與政治傳統，為了實現特定的民主價值、理想與原則而進行的『理性化』創制，是人類理性為尋求民主實現方式而形成和發展起來的知識和操作體系。具體來說包括政治設計、制度安排、程序、機制等非物質形態技術以及具體物質技術。」[1]

由民主技術的概念我們可以看出，民主技術作為民主政治系統的內在構成要素，是人類社會發展到一定階段和程度之後的產物，它是民主政治生活內在矛盾的反映，是人類理性為解決民主內在矛盾，實現特定的民主價值原則，經過長期實踐形成和發展起來的知識和操作程序，是人類主體參與政治生活的理性外現。吳海紅認為「在民主實踐中的操作方法，實質是民主的工具理性的體現。」[2]毋庸置疑，民主技術作為實現民主價值與原則的操作體系，符合工具理性的內在蘊含。民主價值目標的實現也正需要這種「理性的機巧」。然而僅僅強調民主技術的「工具理性」意義是不夠的，任何技術的產生都必須以合規律性和合目的性的統一為前提。[3]對於民主技術來說，民主內在的自主、平等、自由、公正等價值具有先在性，民主技術是第二位的。

---

1 王海穩《民主技術與當代中國民主政治發展》，中國社會科學出版社2013年版，第46頁。

2 吳海紅《價值理性和工具理性視角下當代中國民主建設解析》，《上海行政學院學報》2009年第4期。

3 〔德〕F. 拉普：《技術哲學導論》，遼寧科學技術出版社1986年版，第50頁。

離開了價值理性或目的理性的民主技術，就會放任工具理性的膨脹，從而導致人類孜孜以求的民主價值的破碎以及人性的殘缺與異化。因此，民主技術就其本質意義而言，一方面是實現民主價值目的程序化、合理化、有效化的手段，體現工具理性；另一方面又以自主、平等、自由、公正等民主價值為指向和目的，體現價值理性。簡單來說，民主技術的本質就是一種知識、程序和技術操作體系，是內蘊民主價值原則和追求的工具理性。其中，價值理性是工具理性的精神動力，工具理性是價值理性的現實支撐，兩者統一於民主政治實踐中。[1]

據此，我們可以將民主技術的基本特性總結如下第一，工具性與價值負荷性。作為價值，它反映著特定時期民眾的偏好和利益；作為工具，它又在客觀的操作程序和手段上予以支援和實現。第二，規範性、可預見性與可操作性。民主技術是在給定特定民主價值目的前提下，人類理性關於「應該／怎麼作為」的知識和操作體系。體現工具理性的民主技術一般按照其內在的邏輯規則方向運行且達成其目標，也就意味著理性行為目標是可以預期的。第三，主體際性與可通約性。民主技術是每個公民用來實現自身權益的工具和手段，公民在利用民主技術這個方面是平等的，如果一部分人超然於大部分人之上，並利用民主技術來控制其他人，那麼，這種所謂的「民主技術」已經發生異化，違背了其自身的本性。

1 有學者將工具理性與價值理性的辯證統一體現為技術理性，認為技術理性是人類多種理性的某種合取，是一種追求合理性、規範性、有效性、功能性、理想性和條件性的人類智慧和能力，是不斷發展著的具有綜合性、整合性的一種實踐理性。參見王桂山：《技術理性的認識論研究》，東北大學出版社2006年版，第61頁。但這一說法還有待商榷。

民主技術有哪些類型，可以從多種視角去進行分類。從民主的實現形式來看，可將民主技術分為直接民主技術和間接民主技術；從民主技術的總體結構上劃分，可以將民主技術劃分為宏觀、中觀和微觀民主技術；從現代社會代議民主的過程（見圖6-1）來看，可將這一過程劃分為民主選舉、民主決策和民主監督三個環節，相應地就可以將民主技術劃分為選舉民主技術、決策民主技術和監督民主技術。杜維爾熱認為民主政治模式包括三個基本要素：通過普選確定執政者；一個擁有重大權力的議會；獨立的法官對權力系統的監督。[1]這一觀點在某種程度上就是對這種劃分的一種例證。

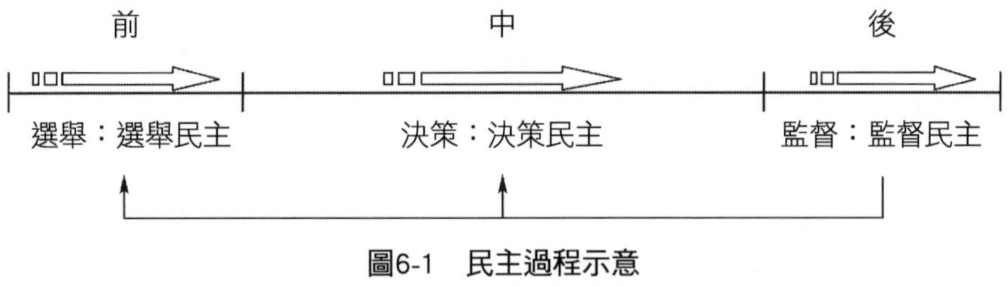

圖6-1　民主過程示意

選舉民主技術是民主技術中最為重要的技術，一個民主的選舉制度缺乏系統的程序和技術的支援，就會導致這一制度在實踐中的效果大打折扣，甚至有違真正選舉的初衷。[2]選舉民主技術是一個系統體系，大到選舉的制度安排，小到選票設計、劃票方式，候選人排列的次序等都有很強的技術性，設計方式不同，結果就會有很大的不同。總的來說，選舉操作過程中存在的程序性、技術性問題，主要體現在

1　〔法〕杜維爾熱：《人民代議制理論》，《國外政治學》1998年第2期。

2　楊卓如：《從「深圳現象」和「北京現象」看我國基層人大代表民主選舉的動力和阻力》，見鄒樹彬：《2003年北京市區人大代表競選實錄》，西北大學出版社2004年版，第211頁。

選區劃分、選民登記、正式代表候選人確定程序、代表候選人介紹、投票行為、選票計算和公佈、選舉的監督與救濟等各方面。

民主決策的主要標誌是在決策過程中各種不同的意見和利益都能得到最充分和最客觀的表達，整個決策過程暢通、規範，決策主體在若干衝突的利益需求之間進行協調和均衡，尋求各利益群體接受範圍內的最優方案，增強決策的可接受性和可執行性。民主決策機制主要是指通過預定的程序、規則和方式，確保決策能廣泛反映不同群體的利益和要求，反映事物發展規律的制度設計和程序安排。它主要是由程序設定、規則設立、機構設置、方式選擇有機構成的一個完整體系。由此來看，民主決策的技術性主要體現在決策程序設定、決策規則訂立、決策機構設置（規模、構成方式）和決策方式方法之中。

監督屬社會技術的範疇，從字面上理解，監視與督察本身就是一種技術設置和安排，是由一系列技術關係和環節構成的，因此監督的有效性直接取決於技術方法的先進性。民主監督涉及和包括了眾多技術關係的內容，包括監督主、客體的設定，監督規則的制定和完善，監督許可權及權能的劃分，監督過程的調節和控制，監督方式和結構設計，監督目標的實現和違規懲處等等。民主監督技術，一般是指監督主體與監督客體之間的互動方式，包括監督的程序、方式、手段與技術。民主監督技術就其形態來看，主要表現為規範、制度和程序層面，其技術性可以從規範制約、程序的制約、權力結構的制約和社會制約四個方面來體現。

（二）民主技術對社會主義民主政治建設的重要價值

第一，有助於訓練和培養發展社會主義民主所必需的現代公民。

在我國傳統政治中，由於傳統政治思維往往從感性經驗出發，強調經世致用，重權術和計謀；過分推崇道德、良心的自律以及重視親情、人情的因素，在民主實踐中缺乏民主自制和實踐理性，使許多制度流於空談，各種權謀、潛規則大行其道。[1]廣大公民不能在實踐中主動、自覺地使用民主技術，因此難以改變傳統「臣民」文化下的那種權力宰制理性的狀況，民眾也就很難向現代公民過渡。民主技術通過借助民主規則、程序、方法等的具體創制與應用，而非意識形態的機械灌輸和專制獨裁意志的強制施行，其表現為的是一種規則、程序的剛性和非人情化，那些體現為規則、程序、方法等的民主技術對現實政治生活的作用和影響，實際上體現為一種人類對民主價值實現方式的知識與操作體系，體現為理性的政治思維和理性的政治行為。正是蘊涵理性精神的民主技術的創造與發展，一方面可以對公民進行潛移默化的影響，使他們改變傳統政治價值的思維、認識和判斷，認識到自己作為政治領域中某一角色的責任，積極且充分地參與民主化過程。另一方面，還有助於培育一種社會團結和寬容、並對民主充滿信心的社會心理，從而促使人們以科學的理性來處理社會矛盾和衝突，

1　如選舉過程中上級官員「吹風」和「打招呼」；選民對選舉表現冷漠，輕易地被賄選。代表把選舉當作「走過場」，成為只享榮譽不盡責任的「啞巴代表」「舉手代表」和「老好人代表」。這些都表明他們沒有對自己在政治領域的職業予以應有的尊重。二○○四年四月一日，湖南省益陽市市委以《益陽日報》為選票對各級政府進行群眾評議，許多職能部門因害怕不良評議結果而私自扣留用戶的報紙，引發社會震盪。參見陳澎、蘇曉洲：《益陽群眾民主評議政府引發震盪》，新華網湖南頻道，二○○四年四月二十一日。

致力於以民主的方法和途徑來構築一個和諧社會，最終走向真正理性化的社會政治生活。也就是說，現代中國人可以通過運用民主技術參與民主政治實踐來不斷接受民主觀念洗禮、不斷獲得民主知識教育、不斷獲得民主技能訓練，從而不斷強化自己的公民秉性和公民行為，進而不斷提高自己的參政、議政、監政能力，也就是我們常說的不斷提高自己的知情能力、參與能力、表達能力和監督能力。[1]

第二，有助於促進民主的「增量」發展，實現社會主義民主的政治目標。

民主政治的核心問題是人民的政治參與，人民的參與過程就是實現民主的根本途徑。對於現實中民主權利的實現，憲法和法律的規定固然重要，但更重要的是對這些條文規定的動態控制以及實現這些條文規定的技術。增量民主把民主的實現程度與公民對政治過程的控制程度等同起來，認為民主政治最為重要的是保證公民對政府決策過程和議事日程的最終控制，沒有這種控制就沒有真正的民主，而這種控制更多的就是強調民主技術。但是在中國民主政治建設的過程中，由於忽視對民主實現的操作層面的研究，使得民主技術的供給嚴重不足，極大地阻礙了民主價值目標的實現。因此，加強對民主技術的研究和運用，通過法定的形式、制度性的規定以及具體的技術手段將公眾納入政治過程之中，就為公眾參與政治活動提供了技術化的管道，使公眾從單純的管理物件，變為可以通過程序技術制約管理者的參與性力量，從而實現對政治活動的有效參與，使人民民主的價值目標逐

1　參見李永洪、聶應德、毛玉楠：《論民主技術在發展社會主義民主中的作用》，《社會主義研究》2009年第4期。

步得以實現。具體來說，就是要在民主政治建設中進一步增強公民利用民主技術的意識和能力，完善和開拓如選舉民主、網路民主、協商民主、數位民主等多種民主形式，增強決策透明度和公眾參與度，使民主運行走出非法民主、低效民主和虛假民主的泥沼，真實反映民意，擴大公民的政治權益。

第三，有助於增進政治過程的規範化、合理化和效能化，增強執政的合法性基礎。

合法性是當今世界各國的執政黨都必須面對的一個重要問題，「任何統治都企圖喚起並維持對它的『合法性』信仰」[1]。「任何一種政治系統，如果它不抓合法性，那麼，它就不可能永久地保持住群眾（對它所持有的）忠誠心，這也就是說，就無法永久地保持住它的成員們緊緊地跟隨它前進。」[2]共產黨能否鞏固執政地位並長期執政，並不取決於其主觀願望，而是取決於它憑藉自身力量從國家和社會中所獲得的支持和信任程度。然而，在目前的民主政治建設中還存在一些背離民主、科學和法治精神的缺陷和弊端，如「領導意志」的橫加干預和操縱以及形形色色的拉票、賄選、暗箱操作等伎倆，導致民意失真；機構上的重疊與職能交錯以及先進技術的運用不足等，導致行政執行不力、效率低下；權力腐敗以及對廣大人民合法權利侵害的事件時有發生，嚴重影響著黨和政府的形象和執政的合法性。而民主技術的合法性意義就在於能夠規範權力、提高執政效能和保障廣大人民

1　〔德〕馬克斯・韋伯：《經濟與社會》上卷，商務印書館1997年版，第239頁。
2　〔德〕尤爾根・哈貝馬斯：《重建歷史唯物主義》，社會科學文獻出版2000年版，第264頁。

的合法權益。具體來說包括以下三個方面：一是民主技術可以提高民主的制度化、技術化程度及公民參與度，保障民主政治建設的發展方向，真正做到為人民執政，依靠人民執政。二是民主技術可以合理調整、配置和行使政府權力和規範政府機構法定職能與權責界限，能夠有效地避免部門和機構之間的職能交疊與扯皮行為，並增強各種政策和措施的執行力。另外，以電子資訊技術、計量技術、網路技術、傳播技術為表徵的現代民主技術，不僅顯著提高了政治的專業化水準，而且使政治變得更加有效。而這種有效性正是共產黨執政合法性的重要源泉，為中國共產黨實現科學執政奠定堅實的基礎。三是民主技術能夠塑造理性化的公共權力，實現民主政治法治化。「不規範的民主容易被操縱，當民主制度健全到一定程度時，民主才能有效抵抗和克服其它力量的干擾。」[1]民主技術可以將公共權力的運作從無序的個人意志轉化為穩定的規則、原則、指標、準則等，預防權力擴張和濫用對民主的踐踏，保障了人民的民主權利。同時民主技術的運用，還意味著各政治主體行為的有序性與規範性。通過建構一整套良好的、有效的法治框架，可以引導與規範政治行為，擺脫政治生活中的偶然性和隨意性等不穩定現象。正如鄧小平指出的，「為了保障民主，必須加強法制。必須使民主制度化、法律化，使這種制度和法律不因領導人的改變而改變，不因領導人的看法和注意力的改變而改變」[2]。可見，民主技術還是中國共產黨實現依法執政的重要支撐。

第四，有助於增進政府與民眾溝通與協調，形成和諧、有序和穩

1 陸方文：《評自由主義民主——兼談對中國民主政治建設的啟示》，《江蘇社會科學》2000年第6期。

2 《鄧小平文選》第2卷，人民出版社1994年版，第146頁。

定的政治秩序。

獲得一個良好的政治秩序，是人類的基本需求，人類「首要的問題不是自由，而是建立一個合法的公共秩序」[1]。亨廷頓在談及發展中國家政治發展過程時就認為，這實際上是一個謀求政治穩定的政治秩序過程。但是「政治秩序還有更高層次的表現，即社會政治生活的有序性。政治上的有序性是指政治生活中各種政治實體能夠在一定的利益關係格局中相互適應，並以某種方式將這類關係制度化、法制化」[2]。而這種有序性的實現就需要有暢通的利益表達，並有能夠溝通和協調各種利益關係的制度化的機制。伴隨著我國經濟、社會的不斷發展，階層和利益不斷分化以及公民權利意識的覺醒，政治民主化的呼聲越來越強烈，民主參政的壓力越來越大。然而，現有體制內政治參與管道不暢，各種非制度化和非法的利益表達不斷衍生，甚至導致大規模群體性的惡性事件的發生，嚴重威脅著社會的穩定。正如袁峰所言：「參政和制度化兩者都處於低水準而保持穩定平衡的政體就面臨未來不穩定的前景，除非政體能跟上參政的擴大。」這時就要求政治系統必須適時開拓公民參政的管道，完善民主制度化建設，擴展政治秩序的社會基礎，重建新的政治合法性根據。而民主技術的「秩序」價值就在於能夠為政府與民眾的溝通與協調提供制度化和技術化的路徑，利於形成政治體系與社會的雙向互動機制、政治文化凝聚機制、政治緩衝機制、政治協商和妥協機制等，從而增進雙方的溝通與

1 〔美〕賽繆爾・P. 亨廷頓：《變化社會中的政治秩序》，生活・讀書・新知三聯出版社1989年版，第7頁。

2 〔美〕賽繆爾・P. 亨廷頓：《變化社會中的政治秩序》，生活・讀書・新知三聯出版社1989年版，第1頁。

聯繫，消除彼此的矛盾與衝突，使政治系統保持一種開放和動態穩定的狀態。在其中，政治利益表達與綜合、政治產品生產和分配通暢有效，政治統治和管理行為能夠始終處於協調有序的互動狀態，進行著物質、能量與資訊等方面的交換。在這種情況下，政治系統獲得了及時對政治壓力做出反應的能力，具有了釋放政治能量的「安全閥」機制，從而可以避免政治動盪對社會發展的破壞，實現社會生活和政治秩序的有序化。

二、中國共產黨對民主技術發展的探索歷程

（一）新民主主義革命時期中國共產黨對民主技術的初步實踐

早在第一、二次國內革命戰爭時期就有了關於民主技術的嘗試。選舉方式有直接選舉和間接選舉；選舉定期舉行；代表人選未經充分醞釀，以主席團提名為主；以舉手為表決方式等。由於當時的歷史條件，沒有統一規定的選舉辦法，選舉程序不完備；選舉辦法簡單，選舉技術的合理性和供給嚴重不足。有些地方違背了選舉權實現的平等、普遍和秘密的原則。如選舉準備倉促，多以群眾大會代替選民大會決定代表人選；選舉不規範，代表實際上是推選產生的；選舉採取舉手表決方式；對享有選舉權的條件或資格沒有明確規定等。從一九三一年中華蘇維埃共和國成立到一九三七年抗日戰爭全面爆發時期，選舉制度得到了明顯改善。選舉的程序逐漸完備，並且更具操作性。那一時期頒佈的《陝甘寧邊區選舉條例》，就明確規定了宣傳發動、審查選民資格、進行居民和選民登記、檢查政府工作、提出候選

人名單、正式投票選舉、選舉產生鄉選舉機關等選舉的程序和步驟，在具體的環節上如選舉方式上，包括直接選舉與間接選舉、選區劃分適應選民類型實際、選舉比例上照顧城市居民和部隊、實行候補代表制[1]、設立選舉委員會[2]、投票規則[3]、無記名投票方式以及競選等技術有了明顯的進步。並且針對邊區的群眾大都居住在農村和偏遠的山區、文化底子薄、文盲占絕大多數的事實，創造了靈活多樣的選舉辦法。儘量使邊區的每一個符合條件的公民都能投上一票，保證選舉的普遍性、真實性和公正性。基本的方式是召開選民大會，集中進行投票，同時設立流動票箱，採取流動投票的方式，具體的投票辦法有「票選法」「畫圈法」「畫點法」「畫杠法」「投豆法」「投紙團法」「烙票法」「燒香點洞法」以及「背箱法」等。當然，這種比較樸素的選舉方法也遭到了人們的質疑。比如當時流行的「投豆選舉法」，雖方便了文化程度較低的村民，但安娜・路易絲・斯特朗在目睹這種辦法後提出疑問：「豆子人人可自帶，因而從中作弊的可能性愈大，選舉

1　「（1）鄉代表會，每居民二十人得選舉代表一人。（2）區議會，每居民五十人得選舉一人。（3）縣議會，每居民二百人得選舉議員一人。（4）邊區議會，每居民一千五百人得選舉議員一人。」「不滿法定人數而在法定的半數以上的，亦得選舉議員一人，其人數在法定半數以下的，得選舉候補議員一人。」「各級選舉得按照當選人數，選出三分之一的候補議員，候補議員出席議會時，有發言權無表決權，候補議員以得票的次數充之。」引自《陝甘寧邊區選舉條例》，1937年5月23日《新中華報》第3、4版。

2　「選舉委員會由政府及各群眾團體的代表組成，其人員以在該地工作或居住的人民為合格，遇特別情形時，可由上級政府從別處調去。」「各級政府現任長官不得為各級選舉委員會委員。」引自《陝甘寧邊區選舉條例》，1937年5月23日《新中華報》第3、4版。

3　「鄉長、區長、縣長、邊區長官，邊區法院院長由各級議會選舉，但須得到出席議員三分之二以上的同意。」引自《陝甘寧邊區選舉條例》，1937年5月23日《新中華報》第3、4版。

的真實程度愈低。」[1]

在政體設計方面，新民主主義革命時期共產黨領導的政權體制的設計主要有三種：一是蘇維埃代表大會制。蘇維埃代表大會既是議事機關，由它制定法律，議決大政方針；又是執行機關，由它直接組織行政部門，貫徹執行它所制定的法律和做出的各項決議。蘇維埃代表大會的監督內容主要有以下兩個方面：首先，蘇維埃代表大會對於行政、審判機關實施法律所進行的監督。並且，蘇維埃代表大會還對司法機關實施監督權。全國蘇維埃代表大會作為國家最高權力機關，無論是國家的最高行政機關，還是最高司法機關都不能超過或平行於它。蘇維埃代表大會對司法部門也要實施監督權。所以，全國蘇維埃代表大會及其執行委員會對所頒佈的民事、刑事及訴訟等法律、法規的執行情況以及司法機關對有關案件的判決、裁定和決定進行監督；地方蘇維埃代表大會及執行委員會對地方法院的司法機關進行監督。二是「兩權半」政權形式，即邊區政權由參議會、政府和法院三部分組成。參議會是邊區的權力機關、立法機關和民意機關，區、縣、鄉三級參議會有選舉產生各級政府，監察、彈劾各級政府工作人員，創制和複決重大事項之權，邊區參議會有創制邊區單行法規之權。政府由參議會選舉產生，接受參議會的監督，同時，對參議會也有一定的制約權。它們既互相獨立又互相制約，結合而成邊區的各級政權機構。法院是邊區的司法機關，一切有關的司法工作均由高等法院負責。雖然在行使司法職權時法院是獨立的，但在政治上、行政上受政

1 李壽葆等：《斯特朗在中國》，生活・讀書・新知三聯書店1985年版，第190頁。

府領導，只是「半獨立」。[1]陝甘寧邊區這種「兩權半」（即立法、行政的獨立和司法的「半獨立」）的政權結構模式，符合邊區的客觀實際，在當時是相當民主的。三是「三三制」政權形式。即在各抗日民主政權（政府機關和民意機關）負責人員的構成比例上，共產黨員（代表工農階級）、非黨左派進步分子（代表小資產階級）、不左不右的中間分子（代表中間資產階級和地主階級的左翼開明紳士）各占三分之一。這種政權設計是建立在對階級結構客觀深刻認識基礎上的政治構架，真正體現了政權的民主性質；是根據地進行中國特色民主政治建設的開創性嘗試，顯示了中國共產黨建設一種中國特色的民主政治的誠意；是毛澤東實事求是的傑作。[2]當時林伯渠也認為：「中國完全有可能由這『三三制』坦途走向民族解放以至於最終的人類解放。」[3]有的人甚至認為，只需在「三三制」的基礎上稍加完善，輔之以民主建設，就能有一個比西方三權制科學實用得多的政治構架。由於種種原因沒有能夠繼續堅持下去的「三三制」，在如何建立一個包容性更強、代表性更廣泛的政權方面，為後來新中國的政權建設提供了有益的借鑒。

中國共產黨對於監督技術的探索始於黨內。由中共五大第一次選舉產生了中央監察委員會到中央及地方各級監察委員會的設立，使中共的自身建設及黨紀黨法的權威有了相應機構作為保證。《中國共產

---

1 參見李智勇：《陝甘寧邊區政權形態與社會發展》，中國社會科學出版社2001年版，第25-32頁。

2 陳先初：《抗戰時期中國共產黨民主建政的歷史考察》，《抗日戰爭研究》2002年第1期。

3 轉引自張生、袁新國：《實體民主與程序民主的歷史觀照——中共抗日根據地民主實踐透視》，《江蘇社會科學》2001年第3期。

黨第三次修正章程決案》闡明了監察委員會的職權範圍，以及它與黨委會基本平行的關係：「中央及省監察委員，得參加中央及省委員會議，但只有發言權無表決權。遇必要時，得參加相當的黨部之各種會議」；「中央及省委員會，不得取消中央及省監察委員會之決議；但中央及省監察委員會之決議，必須得中央及省委員會之同意，方能生效與執行。遇中央或省監察委員會與中央或省委員會意見不同時，則移交至中央或省監察委員會與中央或省委員會聯席會議，如聯席會議再不能解決時，則移交省及全國代表大會或移交於高級監察委員會解決之」。[1]黨內通過不同機構的設立以及許可權的劃分，初步確立了一套兩委基本平行、互相制約的監督模式。此後由各級黨委會通過專門監督機構行使的機制得以確定和延展。從「三三制」政權的外部來看，形成了適當的權力約束機制。各根據地的最高權力機關是邊區參議會，參議會對同級政府領導人和司法部門負責人有選舉、罷免、質詢、彈劾的權力。而在參議會閉會期間，由參議會選出並對參議會負責的政府委員會，就是該級政權的最高權力機關。在各抗日根據地，各級政府及其工作人員時刻受到人民的監督。這種監督不僅體現在按照各根據地參議會組織法和政府組織法的規定，人民可以對他們的代表（參議員）和行政司法人員進行監督、檢察、批評、控告、罷免，而且還體現在日常的生活當中。不僅允許群眾自由批評政府，而且政府也自覺接受群眾的批評監督，並為之提供必要的管道。如果把「三三制」政權看作一個大系統的話，政權中的三個「三分之一」便是子系統。三個子系統分屬於不同的階級和階層，反映本階級或階層

1　《中國共產黨黨章彙編》，人民出版社1979年版，第29-30頁。

的意志。每個子系統中的人們受其他兩個子系統的約束或牽制，在最大限度內通過努力工作實現自我利益。三個子系統為了更好地反映本階級或階層的利益，形成政權內部的良性競爭，從而增添了一種無形的制約，更顯「三三制」的合理性與科學性。[1]在社會監督層面，毛澤東深信人民群眾的力量，他指出：「只有讓人民來監督政府，政府才不敢鬆懈。只有人人起來負責，才不會人亡政息。」[2]

（二）改革開放前中國共產黨對民主技術的曲折探索

新中國成立之初，由於普選的條件暫不成熟，根據《共同綱領》的規定，中國人民政治協商會議繼續代行全國人民代表大會的職權，中央人民政府暫時行使國家最高權力，允許條件成熟的地方各界人民代表會議代行地方人大的職權。各界人民代表會議的代表產生要經過三個程序：分配代表名額；按規定名額和時間通過選舉、選派、邀請等方式產生代表；本級人民政府審查確認代表資格有效。選舉均採取舉手表決方式。由於中國大多數群眾不識字，過去沒有選舉經驗，對選舉的關心和積極性也不很充分，因此普遍、平等、直接、無記名投票的選舉方式還不能採用。一九五三年二月十一日，中央人民政府委員會第二十二次會議審議通過《中華人民共和國全國人民代表大會及地方各級人民代表大會選舉法》。這是我國歷史上第一部比較完備的社會主義類型的選舉法。這部《選舉法》共分十章六十六條，對各級人大代表的選舉原則、組織機構、選舉方式和程序、選區劃分、選民

1　參見劉明華：《「三三制」政權制衡機制的考察及啟示》，《中共濟南市委黨校濟南市行政學院濟南市社會主義學院學報》2000年第8期。

2　黃炎培：《八十年來》，文史資料出版社1982年版，第148-149頁。

登記、代表候選人的提出、代表名額、選舉經費、違反行為的制裁等問題做了明確規定。主要內容包括：除地主階級分子、反革命分子被剝奪政治權利外，初步實行普選制；鄉鎮、市轄區和不設區的市人大代表由選民直接選舉，縣級以上各級人大代表均由下一級人大會議遞次選舉；採取舉手表決或無記名投票方法；選舉按居住狀況劃分選區；選舉採取等額選舉辦法；對婦女、少數民族、解放軍和華僑等特殊群體的選舉權予以專門規定；各級人民政府均成立選舉委員會，負責同級人大選舉事務；選舉經費由國庫開支；依法制裁違反選舉法的行為等。[1]

但一九五七年反右派鬥爭擴大化不但嚴重地損害了國家政治民主生活的正常秩序，也給我國對民主技術的探索和嘗試帶來了深刻的消極影響，表現在：人大地位和影響急劇下降，換屆改選不再嚴格執行，選舉活動很不正常，帶有很大隨意性，民主色彩日漸淡薄。特別是「文化大革命」時期，「左」傾錯誤思想氾濫，民主技術尤其是選舉程序遭到肆意破壞。一九七五年一月召開的第四屆全國人大共二八八五名代表參會，沒有一名是真正經選舉產生的，都是由中央各部門和各地革命委員會「協商」產生。地方各級人大常設機構不復存在，代之以黨政群合一的所謂「革命委員會」，其成員均是自上而下指定產生，毫無民主選舉可言。在「文化大革命」中實行的「大鳴、大放、大字報、大辯論」徒具民主形式，實為違反民主之真義。

這一時期決策民主技術的發展受到了嚴重阻礙。主要表現在黨和

1 參見劉曉丁：《選舉制度在我國的歷史演進》，《山東省農業管理幹部學院學報》2007年第3期。

國家的決策上依賴於領袖個人的超凡魅力，缺乏以理性為基礎的法定民主規則和程序。「文化大革命」追求形式的「大民主」，而忽視必要的規則和程序，使得民主精神嚴重扭曲，「大民主」發展為「大動亂」。新中國成立初期，黨和國家在決策時比較注重集體領導，協商決策。鄧小平曾經指出：「從遵義會議到社會主義改造時期，黨中央和毛澤東一直比較注意實行集體領導，實行民主集中制，黨內民主生活也比較正常。」[1]但從一九五七年反右派鬥爭擴大化、一九五八年毛澤東嚴厲批評反冒進以後，「黨和國家的民主生活逐漸不正常，一言堂、個人決定重大問題、個人崇拜、個人淩駕於組織之上一類家長制現象，不斷滋長」[2]。一九五八年三月，毛澤東在成都會議上指出：「個人崇拜有兩種，一種是正確的個人崇拜，如對馬克思、恩格斯、列寧、史達林正確的東西，我們必須崇拜，永遠崇拜，不崇拜不得了。……另一種是不正確的崇拜，不加分析盲目服從這就不對了。反對個人崇拜的目的也有兩種，一種只反對不正確的崇拜一種只反對崇拜別人，要求崇拜自己。」[3]並主張要有正確的個人崇拜，從此，個人崇拜迅速在全黨全國發展起來。中央委員會主席同政治局委員及其常委之間的關係，變成了領導與服從的關係。主要表現在黨內制度遭到破壞，黨的領導人的個人意志取代了集體決策的制度。在持續十年之久的「文化大革命」中，黨的組織和國家政權受到極大削弱，大批幹部和群眾遭受殘酷迫害，民主集中制被肆意踐踏，無政府主義、極端個人主義、派性嚴重氾濫。決策的專制化和非程序化在這一時期達

1　《鄧小平文選》第2卷，人民出版社1994年版，第330頁。

2　《鄧小平文選》第2卷，人民出版社1994年版，第330頁。

3　《毛澤東文集》第7卷，人民出版社1999年版，第369頁。

到頂峰，毛澤東個人領導實際上取代了黨中央集體領導。

在監督制衡技術方面，新中國成立初期的中國人民政治協商會議就是一種體現民主監督的政體，這個時期的政協是由各黨派和無黨派及民主人士組成的臨時國家權力機關，各種社會力量在這個機構中，既共同參與國家事務的決策管理，又能互相監督制約。這個時候黨還比較重視發揮人民群眾和新聞輿論的監督作用，一九五〇年黨中央作出《關於在報刊上展開批評和自我批評的決定》，號召廣大人民群眾通過報紙等方式對黨和國家實行監督批評。同時國家對行政監察和檢察機關的法律監督也比較重視，人民監察委員會是當時中央人民政府設立的四大委員會之一，專門負責監察行政機關及其工作人員是否遵守法律和正確履行職責。國家還設立了最高人民檢察署，負責對行政機關、公務人員和所有公民進行嚴格遵守法律的監督。一九五五年黨的全國代表會議和一九五六年黨的八大會議產生了中央監察委員會，使當時黨內的監察制度得到了加強。到了一九五七年，領導體制的監督體制和機制不僅沒有健全和完善起來，原有的機制還受到很大程度的削弱。第一，由於各級政府向黨的機關負責，因而國家權力機關不可能真正對它實行一般監督。第二，司法監督體系不再向國家權力機關負責，而是向各級黨委負責，司法審判失去獨立性，黨委的指示成為審判依據。第三，權力監督體系融於黨的監督體系，一九五九年國家監察部撤銷，其業務歸黨中央監委；地方各級監察機構和上級監察機關派出的監察組亦隨之撤銷，併入各級黨的監察機關。這一時期群眾監督的方法具體化為群眾運動，導致了嚴重後果，也是不可取的。

（三）十一屆三中全會以來民主技術的較快發展

十一屆三中全會以來，在領導認識不斷深化的情況下，民主技術得到快速發展。首先，在選舉技術層面，一九七九年通過的《選舉法》與一九五三年《選舉法》相比，取得的重大進步包括：除依法被剝奪政治權利者外，基本實現普選；直接選舉由鄉級擴大到縣級；把等額選舉改為差額選舉；表決方式全部實行無記名投票；按居住狀況、生產單位、事業單位、工作單位劃分選區；代表候選人提名方式除政黨團體提名外，增加選民或代表聯合提名，並允許用各種合法形式宣傳代表候選人；對如何監督、罷免和補選人大代表增設專章予以規定等。一九八二年十二月二日，五屆全國人大五次會議在總結三年來選舉實踐經驗的基礎上，根據即將通過的新憲法的基本精神，決定對一九七九年《選舉法》做首次重大修改：縮小城鄉每一代表所代表的人口數比例差距；對代表候選人的宣傳和介紹限定在選民小組會議上；具體規定另行選舉的當選票數；全國人大和歸僑較多的地方要有適當名額的歸僑代表等。一九八六年十二月二日，六屆全國人大常委會第十八次會議根據改革開放的實際情況，對《選舉法》再次作重大修改，以進一步規範選舉制度。主要內容有：加強縣鄉選舉的領導；採取基數加人口比例的辦法核減各級人大代表的名額；簡化選民登記手續，採取「一次登記確認，長期有效」的辦法；將聯名推薦代表候選人的法定人數由三人以上改為十人以上；取消通過預選確定等額正式代表候選人的規定；降低直接當選的票數；允許旅居海外的中國公民在選舉期間回國參選等。一九九五年二月二十八日，八屆全國人大常委會第十二次會議為適應政治體制改革和經濟體制改革的需要以解決選舉實踐中遇到的新問題，對《選舉法》做了第三次重大修改：明確規定縣級人大常委會領導鄉級選舉委員會工作；具體規定各級人大代表名額基數及增加比例；再次縮小城市和農村每一代表所代表的人口比例；確定劃分選區的標準；恢復代表候選人的預選制度；規定代表罷免的具體程序；增設縣鄉人大代表辭職的規定等。二〇〇四年十月二十七日，隨著十屆全國人大常委會第十二次會議正式通過選舉法修正案。此次選舉法修正，對推薦和確定候選人這一選舉的首要環節進行完善，引入了預選程序。修改後的《選舉法》特別增加規定：「選舉委員會可以組織代表候選人與選民見面，回答選民的問題。」這一變動，構築起了選民與候選人的對話平臺，候選人將由此真正走向選民，尋求自己所代表的選民群體的支持，選民也將由此真正檢測候選人，正確選擇自身利益的代言人。這種互動的選舉關係，正是提升選舉品質的關鍵所在。[1]表現在黨內民主選舉上，「完善黨內選舉制度，改進候選人提名方式，適當擴大差額推薦和差額選舉的範圍和比例」，並要求「逐步擴大基層黨組織領導班子成員直接選舉的範圍」，在十七大代表選舉工作中，不僅公開了黨代表條件、選舉產生程序等重要內容，且公開了代表名額如何分配、選舉單位如何劃分、代表構成比例和差額比例等基層黨員關注的細節等，使黨內選舉制度有了新的突破。

十一屆三中全會以來，黨還逐步注意了決策程序的科學化，注意從程序方面進行民主建設。比如，中央在制定大政方針政策前都要邀

1　參見劉曉丁：《選舉制度在我國的歷史演進》，《山東省農業管理幹部學院學報》2007年第3期。

請各民主黨派中央領導人參加各種民主協商會、座談會、情況通報會。調查研究、徵求意見在先，集體討論、修改定論在後；定量資料在先，定性評判在後；議論紛紛在先，擇善而從在後。為了進一步推進決策民主程序的建設，黨的十六大報告中關於改革和完善決策機制，提出「各級決策機關都要完善重大決策的規則和程序，建立社情民意反映制度，建立與群眾利益密切相關的重大事項社會公示制度和社會聽證制度，完善專家諮詢制度，實行決策的論證制和責任制，防止決策的隨意性」；在深化行政管理體制改革中，提出「推行電子政務，提高行政效率，降低行政成本，形成行為規範、運轉協調、公正透明、廉潔高效的行政管理體制」；在深化幹部人事制度改革中，提出「擴大黨員和群眾對幹部選拔任用的知情權、參與權、選擇權和監督權」；在加強對權力的制約和監督中，提出「建立結構合理、配置科學、程序嚴密、制約有效的權力運行機制，從決策和執行等環節加強對權力的監督，保證把人民賦予的權力真正用來為人民謀利益」，等等。

在監督民主方面，中共十一屆三中全會以來，隨著我國民主法制建設的發展，黨和國家的各種監督制度建設重新得到了重視，並獲得了較大的恢復性的發展。表現在：人民代表大會的監督權和憲法監督原則得到了確立，司法監督和行政監察制度也得到了恢復和發展。一九八六年我國恢復建立了國家監察部，黨內紀律檢查制度在較短的時間內也得到了健全和完善，特別是社會監督越來越受到人們的重視和廣泛參與，人民群眾通過各種新聞媒介和批評、舉報方式揭露國家機關及工作人員的官僚主義和違法行為。黨的十六大則明確提出要建立結構合理、配置科學、程序嚴密、制約有效的權力運行機制，表明了新時期監督民主技術的發展走向。

三、當代中國民主技術的發展現狀分析

（一）當代中國民主技術的發展成就

就民主技術而言，中國的政治生活是要在更龐大人口、更龐大領土上，在更複雜的現代事務的治理上，在不照搬西方政治模式上，實現人民民主的價值目標，對政治生活採用的民主技術要求更高。改革開放以來，在總結歷史經驗的基礎上，中國的民主政治建設已經開始轉變思維，從過去過分宣傳民主價值，到開始關注民主技術在民主政治建設中的重要作用，如全面地推進差額選舉，以秘密投票取代公開投票，通過建立電子投票系統以改善秘密投票的條件等。隨著黨和政府對民主技術重要性的認識越來越深入，不管是在理論層面還是在實踐層面，民主技術的發展都取得了不小的成果，對中國特色社會主義政治制度的有效運行起到了非常重要的作用。

第一，理論研究層面。

由於我國民主政治發展起步比較晚，對民主技術的探索雖然從清末就已經開始，但是大多只停留在原則精神等理念層面，沒有真正被民眾所掌握。究其原因，一方面在於民主技術所依賴的經濟、社會和文化等外部政治生態環境不成熟，民眾還不具備與民主技術相適應的民主規則、民主程序及其相應的民主意識等。另一方面也在於對於民主技術的研究不夠，長期以來停留在民主價值層面的宣傳和討論，過

分重視價值理性而忽視工具理性，沒有從細節出發來推動民主的發展，導致民主的理想與現實仍存在巨大差距。因此，改革開放以來，伴隨著思想的解放，我國開始對西方的民主技術進行學習和借鑒，並依據我國國情進行理論研究，取得了一些成果。國內的學者如桑玉成、秦德君、何俊志、王焱、鐘宜、李俊、李永洪以及筆者等都對民主技術進行了理論方面的闡釋，力圖填補當前我國在民主技術研究方面的嚴重不足。景躍進、謝蒲定等則根據當代中國國情，對民主技術特別是選舉民主技術的具體環節如選區的劃分、候選人提名和確定等進行深刻剖析。此外，當前國內外學者如宋迎法、何寶鋼等加強了對電子民主技術和協商技術[1]的研究，也取得了一定的成果，這些都對當前我國民主技術的發展具有重要的指導意義。

第二，實踐探索層面。

經過改革開放以來三十多年的發展，我國不僅在交通、通信技術上取得重大發展，解決了人民開展民主生活所必需的物質技術問題，而且還將大量科學的技術和管理方法應用於民主實踐，如將電話技術、網路技術、統計方法、表決方法、投票方法以及選舉中的海選、公推公選等應用於民主實踐。更為重要的是，代議民主在程序、技術層面不斷完善，初步形成了較為完整的民主技術體系，保證了現代民主的實現。具體說來，主要表現在選舉民主技術、決策民主技術和監督民主技術在內的三大民主技術體系的完善。

1　包括協商民意測驗、公民陪審團、專題小組和大規模協商大會四種主要的協商方法。參見何包鋼：《協商民主：理論、方法和實踐》中國社會科學出版社2008年版第85-99頁。

首先，在選舉民主技術方面，經過一九八二年、一九八六年和一九九五年三次對選舉制度的調整，已經形成關於選舉組織工作、選舉過程和選舉的監督與救濟相關的技術體系。具體來說，在選舉委員會設立、選區劃分、選舉方式、候選人的提名與確定、選民投票、選票計算、選舉結果的確認以及選舉的監督與救濟上都有了明確的技術規定，使得選舉技術的各個環節基本完整，在某種程度上保證了選舉的正常進行。如選舉方式已經有直接選舉與間接選舉相結合的方式、等額選舉與差額選舉的方式、舉手表決和無記名投票方式。候選人的提名一般有政黨提名、人民團體提名和選民自薦三種方式。人大代表的間接選舉實行「兩個過半數」的原則方能當選，一個是選區全體選民的過半數參加投票，選舉有效；一個是代表候選人獲得參加投票的選民過半數的選票時，以得票多的當選。如遇票數相等不能確定當選人時，應當就票數相等的候選人再次投票，以得票多的當選，也就是採取相對多數制。在直接選舉中，選票的計算採用絕對多數制、相對多數制，如沒有票數相等無法確定當選人的情況出現時，就只採用絕對多數制的方式計算選票。隨著科學技術的發展，電子技術、網路技術越來越多地被運用到民主政治實踐中。

其次，在決策民主技術方面，也初步形成了關於民主決策的程序、決策規則和議事規則決策方式等方面的技術。如設立了資訊表達與收集、諮詢論證、協商表決、糾錯修正、監督追究的決策程序，並且在相關環節上有更具體的技術支援。在黨的十六大報告中就明確提出「各級決策機關都要完善重大決策的規則和程序，建立社情民意反映制度，建立與群眾利益密切相關的重大事項社會公示制度和社會聽證制度，完善專家諮詢制度，實行決策的論證制和責任制，防止決策的隨意性」。二〇〇九年四月二十四日，十一屆全國人大常委會第八次會議一次審議通過了關於修改《中華人民共和國全國人民代表大會常務委員會議事規則》的決定，對會議的召開、議案的提出和審議、聽取和審議工作報告、質詢、發言和表決等環節都給予明確的規定，有利於進一步規範議事程序，提高議事效率。決策方式一般有兩大類：一類是協商的技術，如價格、立法聽證會、民主懇談會、參與式預算會等；另一類是集體決策的技術，一般堅持「集體領導、民主集中、個別醞釀、會議決定」的原則，並規定了重大問題和人事問題實行票決制等。

再次，在監督民主技術層面，初步形成了包括人大監督、司法監督和黨際監督在內的國家層面的權力制約體系，在社會監督、新聞輿論監督和網路監督技術等方面也有了一定的發展。在加強依法治國，強調法律技術對權力制約的同時，進行道德和思想教育，通過學習「三講」「三個代表」「先進性教育」等技術性手段，從思想層面強化道德的制約作用，等等。三大民主技術體系的完善，為保障社會主義民主政治的良好運行提供了強大的技術支援。

最後，在科學技術的運用方面，電子資訊技術也被廣泛應用到政治生活領域，對選舉、決策、管理與權力制約都起到了很大的作用。比如，電子表決器已經在很多場合被廣泛應用。自二〇〇四年以來，深圳、杭州、青島等經濟發展程度較高的城市先後開發了「行政審批電子監察系統」「政務即時監督系統」「政府行政權力規範運行檢查系統和紀檢監察機關業務運行監督系統」，將行政監察與資訊技術結合起來，提高了行政監察的效率和約束力。廣東、四川等省人大積極探索實行「線上預算監督」，通過與政府財政部門預算管理系統聯網和資源分享，初步實現了對政府各部門預算執行情況的即時監控，提高了人大預算監督的效力。可以看出，資訊技術的運用，在一定程度上增強了權力運行的透明度，減少了權力使用的隨意性，較好地發揮了對政府權力的制約功效。

近些年來，隨著人們對民主技術重要性的認識進一步深入，在民主政治實踐中加大對民主技術的創新，一系列民主技術的創新成果如電子計票技術、民主懇談會、議事會、黨代表大會常任制、公推直選、三票制、黨務公開、民主測評、民主懇談會、說事制度、無職黨員定崗制、全程代理制等如雨後春筍般在各地湧現，極大地豐富了我國的民主技術形式，有效地促進了各地民主政治的良性發展。

（二）當代中國民主技術的發展困境與影響

從總的方面講，當代中國民主技術的發展困境主要表現在供給不足、合理性不夠以及人為操作導致的形式化嚴重，從而影響了社會主義民主價值的實現。

第一，民主技術的有效供給不能滿足民主政治發展的現實需求。

隨著民主價值理念逐漸深入人心，民眾要求在現實層面實現真正的民主權益的籲求也越來越高漲，但如何使當代中國的民主政治發展在時間上漸進、空間上可控，發展民主技術是較為可能與可行的路徑。但從民主技術的發展現實來看，顯然與需求有相當大的距離，許多現實民主問題都需要去破解、去完善。從宏觀層面上看，比如如何通過政治設計處理和協調好「黨、政和法的關係」，解決好「人大與『一府兩院』的關係以及『一府兩院』之間分工、協作和相互制約的關係」；[1]如何加強對權力運行結構的設置以推動權力監督與制約的有效性等；從具體操作層面上看，比如如何在選舉中引入競爭機制和競選技術，如何在政府重大決策中引入辯論機制和聽證機制，如何將現代科學技術合理嵌入民主過程的各個環節等，以推動民主選舉、民主決策和民主監督的透明性、有效性。民主技術這種供給與需求的矛盾，既反映了目前對民主技術的研究和探索不夠，也更需要黨和國家通過政治體制改革去突破。如果這種矛盾不能得到有效解決，從微觀層面看，將會影響民主過程的規範性、合法性與民主治理的有效性；從宏觀層面看，將會延緩中國民主政治的發展進程，從而影響整個社會的全面進步。

第二，合理性不夠導致民主技術運行的低效能。

民主技術的合理性不足主要體現在運行中的民主性、公正性與效率不夠。造成這種困境的原因，一方面緣於研究和探索不夠，另一方面還在於缺乏對民主技術的合理評價，即價值合理性與工具合理性的綜合評價。如在選舉層面，人大常委會主持並具體辦理選舉事務的設置導致了選舉委員會的二律背反的地位；選舉過程中原則上不鼓勵競選技術的使用；選舉法中對於選票設計、計票程序缺乏統一性規定；投票規則的制定有些隨意，沒有根據投票規則對民主性與效率進行合

1　鐘宜：《民主的技術分析及其現實意義》，《求實》2008年第4期。

理確定，比如從簡單多數規則到三分之二，再到四分之三規則的變動，雖然會更體現民意，但效率低，成本會很大。在決策層面，決策系統內部結構不合理，決策程序與規則中缺乏必要的辯論、商討和聽證的程序；全國和地方人大「普遍存在的代表人數過多」[1]，遠遠超出了有效民主決策的範圍。一般來說，代表人數和決策的民主性重要相關，沒有一定人數不能體現民主性，但並非人數越多越民主，超過適宜規模的人數增加反而削弱決策的效率。羅伯特・達爾將這種矛盾稱為「公民參與和體制效率之間的兩難」[2]。在監督層面，權力結構設置不合理，權力過於集中，權力結構處於失衡狀態；監督主體缺乏獨立性，監督客體內部監督錯位。民主技術在實踐中所呈現出的這種不合理性，在某種程度上也為民主技術的運行提供了暗箱操作、違法操作的條件，往往會導致民主結果的不真實，甚至造成民主過程的失敗，從而嚴重影響民主技術的實際功效。比如目前我國由政府牽頭舉行的各類聽證會正面臨著嚴重的公共信任危機：誰來主持聽證、如何選擇參加聽證會的人員、聽證程序如何進行、如何選擇聽證議題等，這些看似細節的問題往往左右了聽證會的結果，直接影響其公正性和公信力。正如一位學者指出的：「民主起步於細節中，也發展於細節中。」[3]

第三，運行過程受到人為干擾或操縱，從而使民主技術表現出嚴

1　西方國家兩院議員加在一起一般在五百人左右，中國全國人民代表大會代表三千名左右，另外具有參政議政職能的全國政協委員還有二千名以上，規模十分龐大。

2　〔美〕羅伯特・達爾：《論民主》，商務印書館1999年版，第116頁。

3　鄧聿文：《當民主成為生活的習慣》，《學習時報》2006年4月24日，第3版。

重的形式化甚至異化。

儘管民主技術具有規範性、可預見性與可操作性的特點，但作為一種工具理性，也不可避免地存在自身無法回避的缺陷。如互投贊成票、中位投票、孔多塞「投票悖論」等，即使技術本身被嚴格執行，其結果也有可能是無法預料的，甚至是相反的。加上民主技術運行的生態環境發育不成熟，民主技術的這種工具性意義就會被放大，從而使其實際的運作遭到變通操作或違法操作，使民主技術的運行偏離既有的軌道，最終導致民主技術的形式化運作甚至結果的異化。民主技術非但沒有成為實現民主價值和原則的工具，反而異化為一種少數人為實現個人私利或企圖的操作工具。在選舉技術層面最大的問題是，技術和程序被有關領導主導，形式化和變相的委任制大量存在。比如等額選舉、「戴帽」選舉以及形式上的差額選舉，都未能真正體現民眾的真實意圖，挫傷了群眾對選舉的熱情，出現「選舉疲勞症」，甚至「厭選」情緒。恰如有學者指出的那樣，「在中國現實的政治體制環境下，一些地方的民主活動從表面看轟轟烈烈，最後卻往往演變成一場令人失望的『民主秀』[1]」。選舉過程中的選區劃分、選票設計、劃票方式和計票規則等技術都可能因領導意志的干預而效力失真。例如，在間接選舉中，有的在選票設計上做文章，對「贊成」的不做任何記號，要求「反對」「棄權」的做記號，這樣代表就不敢動筆，更不敢到秘密劃票間去劃票；更有甚者，在代表座位上做文章，每隔三五名代表安排一名黨政領導代表，對代表造成一種被監視的實際壓力，或用攝影機對準代表，對代表劃票進行監視，迫使代表不敢投反

1　阿計：《民主需要技術》，《政府法制》2006年第5期。

對票等等。在決策層面，長官意志對民主程序和技術的控制，使決策非民主化。受傳統思維的影響，官本位意識導致不少決策是「一把手」控制下的形式民主；為了效率往往會選擇個人決斷而拋棄民主技術的使用；甚至利用「專家論證」來堵塞人言，壓制民主。有學者將這種使用民主決策技術反而不民主的現象歸為「『民主抒言、一錘定音』、『先入為主、百鳥朝鳳』、『有難民主、有利獨斷』、『專家代言、遮人耳目』」[1]等類型，是對當前決策民主技術人為操作的真實寫照。這種局面如果得不到改善，不僅會挫傷民眾政治參與的積極性，影響政治過程的合法性，嚴重的將會激化社會矛盾，引發大規模群體性的惡性事件發生，嚴重威脅著社會的穩定。二〇一一年廣東省汕尾市烏坎村發生的群體性事件就是一個典型的例證。

（三）當代中國民主技術發展困境的原因分析

從民主技術生長與發展的歷史來看，民主技術的良性發展不僅需要一種工具理性的文化傳統作為思想基礎，還需要政治體制、經濟與物質技術基礎、公民素質等作為其運行的社會生態基礎，更需要完善的動力機制為其發展提供持續的動力。然而比較遺憾的是，正是在這幾個方面存在不足，致使當代中國民主技術的發展創新陷入一定的困境。

第一，受傳統文化影響，缺乏工具理性思維。

在政治生活中，工具理性的存在意義在於可以用規範性、程序

1　阿計：《民主需要技術》，《政府法制》2006年第5期。

性、制度性、可操作性、實效性的規則體系、技術手段、途徑方法來消除烏托邦式的政治狂熱、意志欲望支配下的人治政治、缺乏規範與制約的政治運作，使政治過程的運行可預測、可控制。正如瑪律庫塞所說：「工具理性這個概念也許本身就是意識形態的。不僅是技術的應用，而且技術本身，就是（對自然和人的）統治——有計劃的、科學的、可靠的、慎重的控制。」[1]這種工具理性思維的形成，在很大程度上需要理性文化、民主文化潛移默化地影響。在這一點上，正是中國傳統文化的一種缺失。美國著名漢學家列文森曾說過，中國傳統人文精神的實質內涵乃是對人格理想的終極目的性價值追求，而不是對某種人事之工具價值的追求。[2]這種以「尚德」「為道」為主旨的傳統文化取向必然崇尚價值理性，使得我國缺乏工具理性得以形成的知識論框架，缺乏抽象還原、定量計算、準確預測和有效控制的技術邏輯。因而在思想上就會拒斥和鄙視蘊含工具理性特徵的科學知識和技術發明，甚至將其蔑稱為「奇技淫巧」。受此傳統文化精神的薰染，當代中國的民主政治發展所表現出來的傾向於宏觀層面的價值討論，忽視民主技術的研究與創制，進而導致有效的技術供給不足，甚至制度和程序的空虛化與模糊化，原因就在於政治工具理性的缺乏和落後。[3]工具理性的缺乏和落後還與傳統文化影響下規則意識與公共精神的缺失密切相關。規則意識以公開、透明、民主、平等為價值指

1　〔美〕瑪律庫塞：《現代文明與人的困境——瑪律庫塞文集》，上海三聯書店1989年版，第81頁。

2　萬俊人：《儒家人文精神的傳統本色與現代意義》，《浙江社會科學》1998年第1期。

3　劉小兵：《工具理性實現機制制度創新——關於「三個代表」與制度創新的理論思考》，《桂海論叢》2006年第3期。

向，與各種形式的特權意識、「潛規則意識」與僭越行為、暗箱操作是根本對立的。「規則意識既是政治制度化、規範化發展的思想先導，更是它的心理基礎和思想支撐。沒有規則意識的文化支撐，理性的制度規則體系就難以鞏固和維持，政治制度化便不能健康發展。」[1]對此英國學者英格爾斯曾指出：「如果一個國家的人民缺乏一種能賦予這些制度以真實生命力的廣泛的現代心理基礎，如果執行和運用這些現代制度的人，自身還沒有從心理、思想、態度和行為方式上都經歷一個向現代化的轉變，失敗和畸形發展的悲劇是不可避免的。」[2]中國權威主義的政治文化傳統常常缺乏理性商討，特權意識濃厚，表現為經常性的僭越規則，缺乏包容心，如遇分歧，往往訴諸權威、強權來統一意見。當規則合乎自己的利益和心思的時候，便把它高高舉起；當規則不合乎自己的利益和心思的時候，則把它踩到腳下。在民主實踐中就會表現出缺乏民主自制和實踐理性，使許多制度流於空談和各種權謀、潛規則大行其道。權謀與潛規則的合流，又會不斷強化民主技術的工具性意義，僅僅將其作為一種控制社會或達到某種利益的手段，使技術蛻化為一種權術，縱使有著正常的民主技術操作程序，也會徒有其表，形式超越了意義。可見，缺乏對規則尊重與認同的心理基礎以及公共精神，就很難形成對民主技術的認同與創制，民主技術在運用過程中的人為變通或違法操作就不難理解了。在民主實踐中，權力部門的強勢威脅和利益要脅，「領導意志」的橫加干預和操縱，以及形形色色的拉票、賄選、暗箱操作等伎倆，都會使民主技術的功效大大降低，使民主的真實性大打折扣。難怪有學者指出：

1　何穎：《政治學視域下工具理性的功能》，《政治學研究》2010年第4期。

2　〔美〕英格爾斯：《人的現代化》，四川人民出版社1985年版，第8頁。

「民主技術的使用可以大大消解甚至完全消解民主價值的真正實現。民主成為可控民主，成為客體民主。而這背後，正是民主理念的缺失和民主制度的不成熟。」[1]

第二，創新主體推動民主技術發展創新的動力不足。

在目前的民主政治實踐中，民主技術的發展創新動力原主要源自創新主體內在的動力和外在壓力與體制的驅動。從創新主體來看，地方政府以及政府官員實際上成為民主技術創新的主導力量，決定著制度供給的方向、速度、形式和戰略安排。而非政府主體只有經過政府主體的批准才能從事制度與技術的創新，處於從屬的地位。因此，考察地方政府和政府官員對待民主技術發展創新的態度與方式，更有利於我們理解我國當前民主技術的發展困境。具體說來有以下幾個層面：一是利益結構調整帶來的阻遏。就目前來說，物質性的利益刺激、公眾形象與社會聲譽的提升、政治升遷的激勵都在某種程度上成為民主技術創新的動力源，但這並不能排除政治精英自身的政治信念、抱負和責任所帶來的推動力。之所以強調利益因素，是因為利益問題是一切政治運動和政治發展的起點、目的和歸宿。也如馬克思所言：「人們奮鬥所爭取的一切，都同他們的利益有關。」[2]從利益層面考察更具根本性的意義。民主技術的發展創新實質上既是一種權力規範的過程，也是一種利益調整的過程。有效的民主技術創新意味著將不斷擴展制度化的權力範圍和效力，同時也就縮小了相關官員的權力

---

1 吳海紅：《價值理性和工具理性視角下當代中國民主建設解析》，《上海行政學院學院》2009年第7期。

2 《馬克思恩格斯全集》第1卷，人民出版社1956年版，第178頁。

範圍，使原有的權力利益格局發生變化。[1]也正因為如此，作為地方政府官員自身以及原有體制下的既得利益者就會消極對待甚至反對民主技術的創新。比如在澳大利亞，電視廣播技術在二十世紀五〇年代期間就能夠使用，但議會沒有使用，直到九〇年代，才允許使用電視報導議會的意向。正是因為官員害怕資訊技術帶來的公開性和透明性會使其失去權力或者對其既得利益造成威脅和損害。所以，正如馬基雅維利所說：「沒有什麼事情比新制度的執行更加困難，沒有什麼事情比新制度的成功更令人懷疑，沒有什麼事情比新制度的管理更加危險。這是因為，那些舊制度的受益者都會把新制度的提出者看做他們的敵人，而那些有可能從新制度中受益的人也只會給他們以冷漠的支持。」[2]二是威權主義影響下的效率傾向。民主技術通過對權力運行的規範化和程序化，既能保證一定的民主性，在操作性上也具有較高的效率。但受威權主義思想的影響，地方政府尤其是主要官員認為使用民主技術太麻煩，往往會以犧牲效率為代價，導致互相牽制、議而不決、不利於快速決策等問題，大大增大工作成本。尤其是在決策層面，參與決策的人數越多，利益目標就越分散，各種價值取向就越難以有效地聚合，決策結果就越難控制。另一方面，為了體現民主精神，必然要設置表決程序，而參與表決的人越多，表決程序就越繁瑣，博弈的過程就越複雜，付出的成本也必然越高昂。相對比而言，權力集中可以最大限度地提高決策效率，能夠「集中力量辦大事」。於是，在思想意識裡往往會選擇集中而拋棄民主，在實踐中表現為對

---

1 朱紅軍：《傾力推民主十年觸堅冰　女書記艱難試驗不言悔》，《南方週末》2007年7月26日。

2 〔美〕菲力浦・施米特、特裡・卡爾：《轉型論者與鞏固論者的觀念旅程：何時能到東歐》，《經濟社會體制比較》2007年第2期。

民主技術的發展創新冷淡消極就不足為怪了。三是預期收益與預期風險的不確定性。民主技術創新本質意義上屬於制度變遷，其過程充斥著變革的支持力量與阻礙力量的博弈，加上中央政府和地方政府在民主技術創新上的角色與預期收益不一致，其結果往往難以預料。正如思拉恩・埃格特森所說：「制度變更的成本之一是對新政體將生產什麼產品的不確定性。」[1]對於地方政府幹部來說，是否突破現狀、發起創新，如何平衡一項民主技術創新帶來的預期收益與預期風險是他們考慮的首要問題。在我國目前的民主實踐中，進行民主技術創新既可能產生推動社會進步和發展的正效應，也有給社會帶來問題與矛盾的負效應。比如權力的擴散弱化了權力中心的權威性，並對權力中心產生某種潛在的威脅，以及由於利益關係的調整引發社會不穩定帶來的安全隱患等，這種負效應體現為一種「（制度）風險成本」。根據風險一收益原則，當這一創新會降低權力擁有者獲得的效用或威脅到權力擁有者的生存，也就是當這種風險成本大於預期收益時，地方政府官員就會傾向於選擇放棄創新，或者以更低的成本和風險創造其他方面的政績來規避可能產生的風險。

第三，現有政治體制所提供的激勵導向、制度空間與持續保障不夠。

從嚴格意義上講，現有政治體制所提供的激勵導向、制度空間與持續保障不夠屬於民主技術發展創新的外在體制造成的影響因素，也可歸類於動力不足的範疇，之所以單列出來詳細闡述，主要是想突出

1 〔冰〕思拉恩・埃格特森：《新制度經濟學》，商務印書館1996年版，第67頁。

當前我國民主技術發展出現的困境，有很大一部分原因是我國現有政治體制某些方面存在的不合理和不完善。首先，從激勵導向上看，目前幹部考評機制的逆向激勵容易誘發機會主義傾向，使民主技術創新的形式化嚴重。何增科教授在談到中央與地方政府進行制度創新動因的不同之處時指出，「中央政府預期的政治收益主要是實現長治久安。而地方政府預期的政治收益都來自上級政府，這是因為在自上而下的任命制下，地方政府官員的升降獎懲都取決於上級政府，上級政府所規定的政績考核指標和各種『一票否決制』，對地方政府官員的行為起著引導作用」[1]。正是這種逆向的幹部激勵機制加上對民主技術創新風險的不確定性，趨利避害的行為取向使得下級政權在民主創新的過程中，對於那些難度大、風險高的核心技術創新，要麼「有心無力」，要麼就打打「擦邊球」，而不是正面進行實質性變革，反而會在那些無傷大雅的民主技術上「不斷創新」，搞一些不實用的花架子，因為這類創新既無需承擔風險，還有可能獲得很高的民主聲譽，為其贏得民主政績。正如學者吳海紅指出的：「在民主大勢所趨的情況下，某些掌權者雖然不想真正去維護民主，但又不得不做做民主的樣子。於是，就在民主的技術上大做文章。」[2]使得民主技術只具有形式上的意義，甚至還會強化固有的不平等和不公正的權力結構關係。其次，從制度空間上看，目前各地的民主技術創新很難超越現有的政治制度的框架，進而使民主技術發展創新受到很大的局限。儘管制約和推動民主技術創新的因素有很多種，但決定變革與否，主要取

---

1 何增科：《漸進政治改革與民主的轉型》下，《北京行政學院學報》2004年第4期。

2 吳海紅：《價值理性和工具理性視角下當代中國民主建設解析》，《上海行政學院學報》2009年第7期。

決於現有的制度空間，也就是必須將創新的程度和範圍控制在中央政府所能容許的範圍之內。目前，除了中央給予地方政府一定的制度創新空間外，地方政府所進行的創新更多地取決於上一級黨委的態度，從而使創新的制度空間具有相當的模糊性，並且也使創新的結果有很大的不確定性。有些被權力中心肯定並推廣，有些被喊停和制止。四川省步雲鄉的鄉長直選後因遭到違憲批評而沒有持續進行下去。對創新主體來說，有的升職，有的卻被處罰。重慶市城口縣坪壩鎮的綜合政治體制改革的領導魏勝多就是一個例子。最後，從制度保障上看，缺乏來自權力中心的權威性規定，使民主技術創新的可持續性差。中國政府創新獎發起人、中央編譯局俞可平認為：「制度是激發和保持政府創新動力的最可靠保障。」一種地方政府的創新，無論其效果多好，多麼受到群眾的擁護，如果最終不用制度的形式加以肯定和推廣，那麼，這種創新最後都難以為繼。在我國目前的地方民主創新中，許多有效的民主技術創新由於缺乏制度化實施的硬性規定，結果往往導致「人走政息」。比如，近些年來各地鄉鎮主要領導的「公推公選」，就是一項非常好的基層民主技術的創新。在一些地方試行一段時間後便停了下來，至今在全國也只有近三百個鄉鎮在時斷時續地推行，還不到全國四三二七五個鄉鎮黨委和政府的百分之一。可見，不進行制度性的改革，不從制度上保障地方政府的創新，即使一些成熟的政治改革，也會裹足不前。

第四，民主技術運行的經濟、技術與文化素質基礎薄弱。

對經濟發展、技術發展和文化素質與民主技術的發展創新的關係，有一些學者認為並不存在正相關的關係。在我國，進行民主技術創新實踐的地區也並不是以經濟發展程度作為參照的，這些地區涵蓋了經濟發達和經濟發展落後的地區，如浙江溫嶺、深圳大鵬鄉以及四川遂甯、步雲和雲南紅河等地。但也正如馬克思所言：「物質生活的生產方式制約著整個社會生活、政治生活和精神生活的過程。」[1]經濟發展水準越高，民眾越富裕，對民主技術創新的要求和呼聲就會越高，並且還可以為民主技術的運用與創新提供一定的經濟基礎。大衛・菲尼指出：「制度設計的成本取決於用於新的制度安排的人力資源和其他資源的要素價格。」[2]一項民主技術創新要在實踐中良性運行並有效，必然要付出規劃設計費用、組織實施的費用、清除制度變革阻力的費用以及不確定性帶來的隨機成本等。多年來一直關注四川省基層民主發展狀況的任中平先生指出，公推直選鄉鎮黨委書記「這一選舉過程不同程度地導致了成本增加和經費緊張的問題」[3]。房甯教授也認為：「隨著經濟發展和農民權利意識的增強，村委會選舉所花費的競選費用也大有上升之勢。」[4]這對於經濟發展水準低下、負債難以還清的欠發達地區的鄉鎮來講，的確也是一個很大的制約因素。中央編譯局的陳雪蓮對地方政府創新所遇到的創新阻力和困難進行調查時發現，「資金不足」是一個非常普遍的問題，在某種程度上也表明了地方經濟發展對民主技術發展創新的制約性。由經濟發展水準直接決定的物質技術水準，尤其是科學技術的投入與運用情況，也

---

1 《馬克思恩格斯選集》第3卷，人民出版社1995年版，第32頁。

2 〔美〕V. 奧斯特羅姆、D. 菲尼、H. 皮希特：《制度分析與發展的反思——問題與抉擇》，商務印書館1992年版，第145頁。

3 任中平：《四川省基層民主政治建設制度創新的實踐與思考》，《社會主義研究》2007年第4期。

4 房寧：《民主政治十論》，中國社會科學出版社2007年版，第192頁。

在很大程度上制約民主技術的發展創新。特別是隨著現代科學技術的發展，越來越多的物質性技術被運用到民主技術的發展創新之中，但很多地方由於財力有限，無法進行技術投入，從而使這類技術創新進展緩慢。

對於公民素質來說，儘管國內有許多學者認為公民的文化素質與民主沒有直接相關的關係，但民主還真是一個技術活，有些規則和操作技巧是可以通過民主實踐習得的，但公民本身是否具備基本的政治知識和科學知識也影響著民主技術的運用與發展，比如公民要能夠懂得民主選舉、民主決策和民主監督的基本程序；能夠辨識民主技術運作過程中的違規行為；能夠區分不同規則選擇所帶來的結果的不一致；能夠懂得如何行使自己的選舉、任用、罷免、質詢、彈劾、監督等各種權利；並且隨著現代科技日益嵌入民主技術，也需要民眾懂得科學技術的運用，比如網路技術、觸屏式投票機等。如果不懂的人需要別人代為投票，就又有違秘密投票的原則了。

四、當代中國民主技術創新發展的方向與趨勢

（一）當代中國民主技術創新發展的基本原則

第一，漸進原則與實踐原則相結合。

如波普所言，各種技術的革新應該提倡「漸進的社會工程」，「正如自然工程的主要任務是設計機器和改造、維修機器一樣，漸進社會

工程的任務是設計各種社會構建以及改造和運用已有的社會建構」，[1]因為「在任何體制之中，變革與繼承性須保持一定的平衡」[2]，應避免大規模重建，避免「整體主義」。民主技術發展創新的動力源自理想與現實的矛盾、民主與效率的內在矛盾，也由此決定了民主技術的發展創新是一門「漸進技術」，是通過對舊有民主技術的不斷改造和新技術的創制，而不斷接近民主價值的目標。也正如劉軍寧指出的：「政治不是實現『最優』的藝術，而是關於可能的藝術；不是關於不可能的空想的藝術，而是維持『次優』的藝術。」[3]民主技術創新作為一種「社會技術」的創新，具有「求真」和「求善」的品格，應以審慎的「漸進原則」為指導，避免為追求盡善盡美、美輪美奐的理想目標，而導致大規模理性盲動主義。[4]

民主技術的這種漸進發展和創新，同時也體現為一種實踐的原則。正如馬克思指出的，「社會生活在本質上是實踐的」，「人應該在實踐中證明自己思維的真理性，即自己思維的現實性和力量，亦即自己思維的彼岸性」。[5]任何經驗性認識只能來自於實踐。民主技術創新要以民主政治實踐為依據，切不可把某種固定模式作為自己照抄照搬或簡單移植的藍本，而是要將其與本國國情密切結合在一起，鼓勵在各地進行試點，在實踐中不斷摸索和試錯，並在經驗成熟基礎上進行

1　〔英〕卡爾・波普：《歷史決定論的貧困》，華夏出版社1987年版，第53頁。

2　〔美〕賽繆爾・P. 亨廷頓：《變化社會中的政治秩序》，生活・讀書・新知三聯出版社1989年版，第120頁。

3　劉軍寧：《保守主義》，中國社會科學出版社1997年版，第87頁。

4　參見李永洪：《試論民主技術創新及其應用——以中國特色社會主義民主制度有效運行的理論與實踐為分析視角》，《天府新論》2009年第6期。

5　馬克思：《關於費爾巴哈的提綱》第4卷，《馬列著作選讀・哲學》，人民出版社1988年版，第6頁。

由點到面的逐步推廣。

第二，開放性原則與本土性原則相結合。

人類創造出的任何一種社會技術都不是絕對完滿的，都只能有限地表達人類的智慧。民主技術作為人類在民主國家追求民主價值的理性工具，也不是絕對完滿的，而應將其置於開放、發展狀態。[1]為此，民主技術的創新必須堅持開放性原則，充分借鑒當今世界先進的民主技術，促進共同發展。否則，頑固地抱著舊有的民主技術不放，缺乏發展性和開放性，只能是固步自封，結果只會妨礙民主價值的實現。在堅持開放性的同時，還要注意民主技術創新的本土性。不可否認，目前西方發達資本主義國家在民主技術的發展方面具有一定的先進性，主要表現在民主技術的合理性層面。但合理未必有效，只有適合的才能發揮其功能。民主技術雖然具有普適性的一面，但也與一國的政治生態環境息息相關。因此，在進行民主技術創新的時候，必須充分考慮和顧及一個國家經濟狀況、科技水準、歷史傳統、文化因素等這些根本性的制約因素，因為，這些因素往往會以殘留形態不斷被人類的記憶所複製，由此形成強大的，進而形成一種實踐上的「路徑依賴」慣性，從而使原本在理論上合理的民主技術在實踐中表現為運行形式化甚至有異化的可能。基於這樣的認識，實際上也要求我們在思考和著手對民主技術進行創新和應用時，必須充分考慮和顧及民主技術運行的政治生態環境，對引入的別國民主技術進行本土化改造或再創制，使其在合理性的基礎上更具可行性。

1　李永洪：《試論民主技術創新及其應用——以中國特色社會主義民主制度有效運行的理論與實踐為分析視角》，《天府新論》2009年第6期。

第三，專業性原則、合理性與可行性原則相結合。

人類民主政治發展史已經證明，民主技術創新和應用中出現的偏好性、片面性、極端性，只有在專家系統的有效發揮以及公民集體智慧的縱橫捭闔中，才能降低乃至消解。民主技術創新和應用，特別是涉及社會政治生活全局性的民主技術創新和應用，如果沒有「外腦」的參與，沒有專業人士的參與，沒有專家系統，簡直不可想像，因為這可能就意味著沒有必要的科學論證，沒有必要的反詰過程，使其具有很大的風險性。現代社會的政治事務日益複雜多變，政治社會發展的頻率正在日益加快，民主技術創新和應用必須以專家系統、專業支持為前提，從而最大限度地實現民主技術創新和應用的科學化和現代化。[1]特別是伴隨著現代科學技術越來越多地引入民主政治領域，對民主政治發展產生越來越重要的影響，許多民主技術的創新與現代科學技術密切相關，但並非最先進的科技和最專業的技術就一定是最有效的，同時必須考慮這種技術創新的合理性，並且還要充分考察其現實可行性，包括經濟可行性、政治上的允許度、人員素質等等。總之，任何一種技術創新投入使用之前，必須在專業性原則的基礎上對其合理性與可行性進行反復論證，只有那些具有專業性同時又具有科學合理性和可行性的技術才是民主技術創新的方向。

（二）當代中國民主技術發展創新的方向

第一，選舉民主技術的創新方向分析。

1　李永洪：《試論民主技術創新及其應用——以中國特色社會主義民主制度有效運行的理論與實踐為分析視角》，《天府新論》2009年第6期。

隨著代議制的產生並發展，選舉的技術問題被視作實現政治民主的最為關鍵的環節。事實上，選舉的技術問題確實對民主的實現具有決定性的影響。就我國而言，自成立以來我國的選舉制度逐步完善，總的來說保證了我國選舉工作的有效開展，但作為選舉根本規則和技術體現的選舉制度仍然存在不少缺陷。總的來說，在選舉民主環節存在的主要問題是選舉的公開性和競爭性不足，導致人為干涉和違法操作的現象，嚴重影響了選舉的公正性。因此，我們有必要對民主選舉的各個環節包括選舉組織機構設置、選區劃分及代表名額分配、選民登記、候選人提名、投票、計票、公佈選舉結果等進行技術完善和創新，力圖通過民主技術的再設計或改進，保障選舉的民主性、公開性和競爭性，這將成為選舉民主技術的創新方向。

為了防止選舉的暗箱操作，保證選舉過程的透明性，最好的解決方式是讓廣大民眾參與選舉程序的每個環節，並將先進的技術手段引入選舉過程，保證選舉的公開性與可控性，從而使選舉過程擺脫人為操作或違法操作的不良狀態，體現選舉應有的公正性。比如，在選民登記環節可以借助民政部門和公安機關對於人口普查、公民身份證的網路管理技術，通過這些部門提供的法定選民人數，利用現代電子及互聯網技術來進行選民的通知、確認、公示等登記工作。對於候選人的提名環節，也可以借助電視、報刊、廣播、網絡、手機等現代大眾傳媒和通信工具，開展候選人的登記、公示、介紹、醞釀、協商等具體工作，從而改變傳統的主要依賴會議、工作檔、有線電視、有線廣播等方式來上傳下達的做法，避免由於資訊不公開、選民與候選人及選舉組織機構之間的資訊不對稱等造成的暗箱操作問題。[1]特別是在黨內，要改變「主要是由長官意志主導的形式性的選舉變為充分體現黨員或其代表意志的實質性的選舉」[2]。目前國內在這方面已經有許多創新的方法，如「公推公選」、「公推直選」[3]、「雙推一選」、「三票制」（群眾推薦票、素能測評票、差額表決票）、「自薦直選」等，這些選舉方法在某種程度上保證了選舉的公開性和公平性，極大地激發了廣大黨員的積極性。

此外，在投票和計票環節上減少人為因素的影響，方法有很多種，比如取消委託投票和流動投票箱，設立秘密劃票間等，但最快捷最不容易被人為干擾的辦法，就是使用電子計票。電子計票也有很多方式，有互聯網投票、短信投票、電子表決器和專用光學掃描讀票機等。

競選是現代代議制民主國家普遍的選舉形式。單純地把競選這種形式當作資本主義的東西加以排斥，是對競選制度的誤解，既不符合馬克思主義憲政理論，又不符合中國社會主義選舉制度的發展實踐，

---

1 參見李永洪：《試論民主技術創新及其應用——以中國特色社會主義民主制度有效運行的理論與實踐為分析視角》，《天府新論》2009年第6期，第9頁。

2 王貴秀：《理順權力關係　強化黨內監督》，《新視野》1997年第5期，第37頁。

3 「公推直選」，追根溯源，於二〇〇一年在四川平昌首創。各地具體的操作細節各種各樣，一般來說，「公推直選」是指把黨委直接提名和委任變為在黨組織領導下，通過黨員個人的自我推薦、黨員群眾的聯名推薦、黨組織的推薦這三個環節產生候選人，然後由全體黨員直接參與選舉產生黨組織領導班子。「公推直選」主要環節是，宣傳發動、公開報名、資格審查、組織考察、召開公開大會等。「公推直選」的含義實際有兩個層次，一個是「公推」，其基本含義就是採用黨員自薦、黨支部推薦、黨員聯名推薦和員工集體推薦或者是四種方式相結合的方式，在全體黨員中公開、民主推薦基層黨支部委員候選人。對選出的候選人經過黨支部按照規定的條件和程序進行審核後，再呈請上級黨委審批，黨委審批同意的候選人就是正式參加選舉的候選人。再一個就是「直選」，「直選」的基本含義就是通過召開支部黨員大會直接選舉黨支部委員、副書記和書記，也就是一張選票，一次選舉。

是「左」的思想在競選制度上的表現。[1]「競選不是資產階級的專利品，我們要創造出比資產階級更先進、更完善的民主選舉制度。」[2]與西方不同的是，我國競爭性選舉是在黨的領導下的選舉，涉及的是選舉的技術性和程序性問題，不是以政黨為單位進行的選舉，它並不影響我們黨的領導地位和執政基礎。競爭性選舉必須建立在差額選舉的基礎之上。著名憲法學家吳家麟教授說過：「沒有差額的選舉，不是真正的選舉；沒有競選的差額，不是真正的差額選舉。」[3]實行差額選舉的實質是在擴大公民民主權利的基礎上，將競爭機制引入選舉之中，為候選人創造公平競爭的機會，這是保障選舉競爭性的前提條件。競爭性選舉還需要引入一些競選的方式和手段。競選起到兩個作用：第一是亮相候選人資訊，讓選票有的放矢；第二是亮相候選人承諾，讓當選者明確自己的職責並受到監督。目前的競選手段主要限於張貼海報、散發傳單、網上交流、接受媒體採訪、參加研討會等，從總體上看相對粗糙，比較簡單。應在借鑒西方競選的基礎上，採取多樣的資訊傳遞與比較的方式，如發放文字陳述，公共平臺的演講，直接訪問、座談，通過媒體及網路對話，「讓媒體成為人大代表選舉競爭機制的主要手段或許是比較符合我國國情的一種競選方式，也符合社會發展的潮流」[4]，等等。其中，候選人公開辯論是不可或缺的民主工具，因為它可有力避免各說各話的缺陷，以最小的時間與成本達

1 黃衛平：《中國基層民主發展的最新突破——深圳市大鵬鎮鎮長選舉制度改革的政治解讀》，社會科學文獻出版社2000年版，第148頁。

2 楊海坤：《市場經濟、民主政治與法治政府》，中國人事出版社1997年版，第285頁。

3 吳家麟：《吳家麟自選集》，寧夏人民出版社1996年版，第474頁。

4 參見趙春麗：《完善中國縣鄉人大代表選舉制度的對策研究》，華僑大學2006年碩士學士論文，第30頁。

到公平、公開、比較的效果；辯論經過大眾媒體公開，可以最普遍、最透明、最具對比性地傳遞資訊。至於如何做到競選機會平等、成本合理，如何避免花錢買票、資訊干擾等，是可以根據國情、民情加以具體程序完善的，這些不成為排斥競選的理由。

第二，決策民主技術的創新方向分析。

我國近年來在堅持民主集中制原則的前提下，通過採用聽證、公示、專家決策諮詢等民主決策方式方法，較大程度上推動了公共決策民主化的進程。但是，由於多種因素的影響，我國現代公共決策的民主化程度並不理想，主要表現在民主決策技術的合理性與供給不足，導致決策的民主性與效率性不足。如何提高民主決策的民主性和效率是決策民主技術創新的方向。

為了保障決策的民主性，防止長官意志對決策權的操縱和控制，從民主技術創新的角度看，現代技術已經讓人民在政治辯論和決策制定的直接參與方面有完全可以實行的可能性了。一種方法是利用程序的剛性進行制約，這一方法正在逐步通過加強法制化而加以完善；一種方法是讓民眾參與決策，實現群眾與政府之間的直接對話，在雙方充分協商的基礎上達成決策意見。在已有的地方實踐中，包括以下幾種形式：浙江溫嶺地區的民主懇談會；溫嶺澤國鎮和新河鎮的「公共預算民主懇談會」；溫州地區將人大監督與輿論監督結合起來的「代表線上」；貴陽市的市民旁聽人大常委會會議併發言；北京石景山區麓谷社區管理體制創新改革以及聽取公民意見的制度化安排——聽證會；武漢的社區評議政府；瀋陽的社區代表對接人大代表；以及其他種種形式的對話會、聽證會等。其中以溫嶺市的「民主懇談會」最具代表性。民主懇談會在一定程度上實踐了一些協商民主的理念和原則，比如參與平等、概率平等、決策平等。一系列制度的設計如主持人制度、參會人員隨機選拔制度、事先資訊發佈制度、問卷調查決策制度、領導幹部相對隔離制度、觀察員制度，在一定程度上遏制了社會不平等的影響，給予每個人以相對平等的協商機會和權利，提高了決策的合法性水準。各種聽證會如立法聽證會、價格聽證會等，也提供了公民參與決策的途徑。但目前一些地方政府的決策過程缺少聽證程序，重大決策往往是由部門先提出決策方案，徵求各方面意見後，直接報送到最終決策層「拍板」。決策往往是在既有方案基礎和框架內進行審議，進行修補，難以跳出原有方案的總體思路，最終的方案也很難真正滿足公眾和實際的需求。而且許多聽證會形式重於實質。某些地方聽證會拒絕記者採訪，發言代表的產生方式不透明，聯繫方式也不公開。顯然，這種神秘主義的作風與聽證會的基本精神背道而馳。

此外，決策的效率同樣對民主很重要。雅典民主的衰亡就在於忽略了效率對民主的重要性，最終葬送了民主。當代美國著名民主理論家羅伯特・達爾證明了公民直接參與和體制效率之間的關係。假設有一個由一萬名公民組成的理想城邦，如果每個公民發言十分鐘，公民大會需要二百多個工作日，如果每個公民發言三十分鐘，那麼公民大會就會持續近兩年的時間。因此「如果我們建立一個民主的統治體制，是希望它能夠為公民參與政治決策提供最大的機會，那麼，一個小規模的政治體制中公民大會式的民主確實顯得更為優越，但是，如果我們希望的是使它有最大的空間來有效地處理與公民密切相關的各種問題，那麼，一個範圍更大、有必要實行代議制的單位往往效果更佳，這就是在公民參與和體制效率之間的兩難。」[1]從我國目前決策機構的決策效率來看，主要的問題是缺乏議事程序和代表人數過多，如何解決這兩個問題，也是決策民主技術創新的方向。

民主決策過程在今天的決策實踐中往往還是依靠各種大大小小的會議來完成，因而開好會議好事就成為民主決策的關鍵。而要開好會議好事，就應掌握好開會議事的技術。我們要不斷創新和完善開會議事的各項規則和程序，比如，詳細規定宣佈開會與會議的程序，將事務提交會議考慮的方法、取得和分配發言權的方法，主提議、附屬提議、優先提議、偶發提議等有關提議方面的規則和技巧，開會的法定人數與會議程序，發言與辯論的規則，表決的額度與流程，會議主持人（主席）的產生、職權等等。創新和完善開會議事規則和技術，其目的正是鼓勵每一個政策相關人開展「規範化競爭」和「程序化競爭」，從而幫助每一個政策相關人有決策的知情權、參與權、表達權、監督權，從而幫助每一個人維護自己的利益。[2]目前我國在此方面還很不完善，甚至缺乏必要的辯論程序。

對於人大代表過多，造成協商討論不充分、決策效率低下的問題，在我國也比較突出。人民代表大會作為民主決策的方式，也有其決策科學的規則。代表產生的程序、代表大會的人數，是否符合民主決策的科學，是其決策代表性和有效性的前提。縱觀不同民主制度

1 〔美〕羅伯特·達爾：《論民主》，商務印書館1999年版，第116頁。

2 參見李永洪、聶應德：《發展社會主義民主應重視民主技術的創新和應用》，《中州學刊》2009年第4期。

下，民主決策機構中的人數有一定的共性規律。大體看，具有一定人口規模的國家中人民代表的人數規律，在國家（乃至國家之上）層次以百計，州或省層次以十計，城市或鎮約在十人上下；國家立法機構的代表人數，在五百人上下比較普遍。各國的人口數相差甚遠，國情千差萬別，民主模式也多種多樣，為什麼民主代議機構中人民代表的數量卻大體相仿呢？這涉及決策科學和民主的技術問題。一方面，民主授權的事項越重要，越需要一定的代表人數來保證決策的民主性。另一方面，決策人數的增多無疑會給有效決策增加困難，所以幾乎不會看到一個成千上萬人的決策實體。因而，代表人數和民主決策具有重要相關性，沒有一定人數不能體現民主性，但並非人數越多越民主，超過適宜規模的人數，反而削弱代表團科學的民主決策性能。

第三，監督民主技術的創新方向分析。

對權力進行監督和制約，是保障權力不被異化並為民眾謀利益的重要方式。當前，我們已經有一套比較嚴密的監督體系，既有社會性的監督，如人民群眾的監督、輿論監督等，又有國家性的監督，如權力機關的監督、行政機關監督等。而且從中央到地方，從行業到部門都有相應的監督機構。但在現實政治生活當中，民主監督乏力、效果欠佳等現象依然存在。究其原因，就在於沒有理順委託權和受託權之間的關係，因而，真正的授權者不能有效地監督受權者。歷史和現實早已證明，權力的正常行使，離不開合理而有效的制衡，「一切有權力的人都容易濫用權力，這是一條萬古不易的經驗」。沒有監督的權力必然導致腐敗，沒有權力的監督必然流於形式，所以，監督之難，難在無權者對有權者的監督。歸納起來說，當前我國的民主監督存在的主要問題，就是在體系的結構上缺乏有序性和統一性；在運行的機制上缺乏應有的獨立性和自主性；在整體上缺乏規範性和權威性，從而導致監督的效果很差。特別是在黨政監督實行的「雙軌制」體制下，即監督機構既受上級主管部門領導，又受同級黨委和行政機關領導。這種監督實質上是一種「同體監督」。在同體監督之內，決策、執行、監督三權混為一體，尤其是監督主體受制於監督客體。在現行的監督體制下，中央紀委，監察部受黨中央和國務院領導，地方各級紀檢監察機關實行「雙重領導」而以地方黨委、政府的領導為主，其人、財、物等均由地方黨委和政府管理。這樣，形成被領導者監督領導者、「兒子監督老子」的尷尬局面，使監督處於「兩難」境地。因此，如何建立一個有效的監督體系，發揮各種監督技術的效力，是監督民主技術的最大創新動力和創新方向。

針對以上問題，有效加強社會監督是保障監督有效的方法之一。包括民眾檢舉、輿論監督、媒體監督、社團監督和民主黨派監督等，但是，由於社會層面缺乏應有的授權和授權很有限，很難進行有效的監督。近年來出現一種比較受推崇的社會監督方式：運用資訊技術進行權力監督。從「最牛書記」張志國、海事局長林嘉祥、「九五至尊」周久耕到領導幹部別墅群、公務員出國考察清單等，凸顯互聯網在預防和懲治腐敗中的作用。這種以網路技術為平臺的監督，保障了民眾的檢舉權，使民眾對官員的監督途徑更加便利，效力也很好。盡管這種技術目前在實踐中還受自身操作性難題和社會可行性難題的局限，但其對權力監督的作用不可小覷，不失為一種可開發和有效推廣的好方法。

針對權力結構不合理的問題，有人提出了「錯位監督法」：將紀委從黨政系統分離，直屬上一級黨委或中央；將監察機構從地方政府中分離，直屬上一級政府或中央；將法院和監察院從地方政府中分離，直屬上一級政府或中央。或許這種方法會產生一定的效力，但需要建立在我國政治體制的改革基礎之上。現實中還有許多學者提出了不少有價值的方案，如以各級監委為領導，構建專門的監督體系。即把各級檢察機關現有的反貪污、反失職瀆職機構獨立出來，組建職務犯罪調查局，連同行政監察部門，審計機關等，歸口各級監委領導和管理。還如建立黨的全委會決策，常委會執行，把紀委改造為監督委員會，黨的紀委改為黨內檢察委員會，重點對書記進行合規性監督，這樣就形成了黨內權力分立體制。這些都表明了人們為監督民主技術創新所做的種種努力。

（三）中國特色社會主義民主技術的發展趨勢

從民主技術自身的特性以及當代中國的具體國情出發，認為當代中國民主技術的發展趨勢主要有四個方面的發展趨勢，而這四方面的趨勢也決定了我國今後民主政治發展的方向與路徑。

第一，代議制民主技術的不斷完善和精確化。

雖然在當代中國人民談論較多的是協商民主技術和電子民主技術，而且也承認當今世界的代議制民主制存在著自身無法克服的一些缺陷，需要通過進一步擴大參與式民主來彌補，但這些並不能動搖代議制技術的基礎地位。畢竟在中國這麼廣闊的領土和眾多的人口中，以直接民主技術代替代議制民主技術是不可想像的，目前我國的現代技術條件也無法實現這一點。對於代議制民主技術自身，也需要根據時代條件、社會環境的變化而有針對性地做出改變，特別是在廣大人民民主意識不斷提高的情況下，就更需要對原有的代議制技術進行完善，克服原有存在的不足與缺陷，從而保證民主過程各種類型民主技術的民主性、公開性、公平性以及高效性。

第二，協商民主技術的不斷發展。

協商民主理論的興起，是人們針對傳統代議制選舉民主的局限，對民主本質進行深入反思的結果。傳統的代議民主制以工具理性為基礎、以投票為中心，容易被非理性和私利主導。特別是在二十世紀末，西方代議民主的弊端越發暴露出來：代議民主政治中的委託一代理關係造成責任缺失問題，不可避免地影響了政治參與、參與不平等及「多數人的暴政」以及投票選舉缺乏有效的溝通機制等。這種傳統體制容易使社會成員產生政治冷漠症，難以真正展示公民精神，保障公民權益。因此，從「以投票為中心」的民主向「以對話為中心」的協商民主轉型，以彌補民主選舉、多數決定的制度缺陷，它既是對古典民主參與精神的一種回歸，也是現代民主政治發展的內在要求。由此可見，在傳統代議制民主技術的基礎上，重視發展協商民主技術，也是民主技術在當代中國的發展趨向之一。因為協商技術作為對代議制民主技術的補充和完善，可以達到增進社會階層和諧、提高公民參政素質、促進決策有效實施、保證社會持久效率等目的，同時也難以避免民主本身成本較高以及金錢操控等問題。

第三，新技術在民主政治中的作用日益凸顯。

隨著現代科學技術的發展，特別是以電子資訊技術為主要標誌的新技術日益發揮其在民主政治發展中的作用。雖然這一技術的作用也遭到不少學者的質疑，認為「新的技術只不過促使權力更加集中，因而預示著一種不祥之兆」，「電腦為主的世界將受到某一階級的統治」。[1]但其對民主政治的正面效應也是其他民主技術所難以企及的，因此，電子民主技術是現代科學技術在民主政治領域中的一種開創性運用，它的出現和運用將會帶來民主政治的巨大進步：它將推動代議制民主向參與民主的轉變；它將瓦解傳統的金字塔式集權等級制的權力結構，使集權走向分權；它將促進言論自由、社會平等和政治公開的發展；它將改善參與民主的技術手段；它將帶來民主原則和制度的變革和創新，使人類的民主程序、機制和民主技術更加完善。

第四，民主技術的制度化建設，以科學的制度設計確保民主技術的客觀真實性和有效性。

當代中國民主技術發展的最大困境就在於，由於現有民主技術供給不足和設計不合理，從而為政治實踐中民主技術人為變通操作或違法操作提供方便之門，使民主技術的運行偏離了既有的軌道，最終導致民主技術的形式化運作甚至結果的異化，嚴重影響和妨礙了社會主義民主價值的實現。因此，必須進一步推進民主技術的制度化建設，以更為科學合理的制度設計來保障民主技術運用的有效性，進而使民主過程更顯公平性、民主性和真實性。

1 〔美〕霍羅威茨：《論印刷、電子電腦與民主社會》，《交流》1985年第2期。

第七章

民主政治與國家治理

——中國特色社會主義民主的邏輯影響

推進國家治理體系和治理能力現代化，是當前中共中央確定的全面深化改革的總目標。所謂現代化，不僅包括生產力和生產率的層面的機械化、資訊化、科技化；經濟和社會發展的層面的市場化、社會化、國際化、城鎮化、知識化；而且包括政治上層建築和意識形態層面的民主化、法治化、制度化、多元化。[1]從政治角度看，國家治理體系和治理能力要實現現代化，必須在公共事務治理上達到民主化、法治化、制度化、多元化，而實現這一目標無不與成型的民主政治緊密相連。中國特色社會主義民主在實現國家治理體系和治理能力現代化中將發揮重要作用，這種作用集中體現在推進國家民主治理模式的形成、民主治理體系的確立、民主治理能力的提升和民主治理基礎的奠定。

一、中國特色社會主義民主治理模式的形成

（一）中國特色社會主義民主治理思想的提出

第一，由「統治」經「管理」走向「治理」是人類政治文明的根本方向。

人類社會變遷發展的理論和實踐表明，無論人們如何看待國家和政府沒有國家或政府，任何發展都是不可能的。統治、管理和治理是國家的三種基本政治行為和組織形式。在不同時期，不同的政治行為和組織形式具有不同的地位和作用。在傳統的農業社會裡，由於社會

1　許耀桐：《從五個角度理解「國家治理」》，人民網，http://theory. people. com. cn/n/2014/0911/c388581-25643097-2. html.

生產力水準低，公共事務少且目標單一，國家的主要職能是統治，並從根本上服務於統治階級的共同意志和長遠利益。自近代以來，隨著生產方式和經濟基礎的根本改變以及代議制度的興起，這種情況有了根本改變，管理職能在國家政治生活中的地位和作用日益突出，並成為占主導性的政治運轉方式。隨著市場經濟的迅速發展，社會分工走向深層分化與整合，大批社會組織集團快速成長，社會關係日益複雜多變，相互依存程度不斷加深，各種社會經濟、政治問題和矛盾更加突出，政府僅憑自身的權威和權力機制就可以總攬社會公共事務、形成政府一家獨大的格局已不可能，合作共治的治理理念應時而生，要求適當的干預和更多的治理愈加成為普遍的社會發展趨勢。簡言之，人類社會的組織行為和政治行為在不同的時代具有完全不同的方式，「在專制主義時代，統治是典型的形式；在民主主義時代，管理是經典的形式；在後民主主義時代，治理是基本的形式」[1]。

統治、管理和治理具有不同的內涵和目標。統治是國家政權對社會的一種強力的支配和控制行為，它雖然強調秩序和穩定，但其核心是鞏固和維護既定統治者的政治權力，以達到維護和實現統治階級根本利益的目的。管理是國家權力按照既定的秩序和目標對社會生活進行自覺而有計劃的約束或制約，以保障正常的社會秩序的政治行為方式，其根本目的是維護既存的政治規範以及政治權力的權威性與合法性，但也強調適應社會發展需要並為社會公共利益服務。治理在一定意義上也屬於管理範疇，但已經不同於以往的管理而具有獨特的時代

1　程杞國：《從管理到治理：觀念、邏輯、方法》，《南京社會科學》2001年第9期。

內涵。「治理的興起反映了這樣一種社會現實：國家政府並不能完全壟斷一切合法的權力，政府以外的機構和單位也負責維持社會秩序，參與公共事務的管理和控制。」[1]這一概念從產生以來至今一直處於爭論之中但其基本含義是在既定的權威主導下各種公共的或私人的個人和機構組織通過協同互動共同管理社會公共事務以最大限度地增進公共利益滿足公眾的需要。

治理和管理的目的都是維持社會的正常秩序增進公共利益但治理與管理有根本區別：一是在主體上國家管理依靠正式的公共機構主要是政府包括各種政府的附屬組織來進行，非政府組織或者說非體制內組織基本被排除在外；而國家治理的主體卻不僅是政府，還可以是公共機構、社會組織乃至個人。這意味著，管理是單中心的政治行為，而治理則是多中心的合作行動。二是在權力運行方向上，管理以命令—服從為特徵，是權力自上而下的單向度運行，它通過運用政府的政治權威，通過制定和實施政策，對社會公共事務實行管理；而治理權力運行的方向則是平行的、互動的，它不僅要依靠政府的權威，還要依靠廣大非政府組織通過網路化的合作、協商等來實施對公共事務的管理。三是在方法上，傳統管理運用的基本方法主要包括控制、規制與法制，即使政府的政策遭到普遍的反對，但仍然能付諸實施；而治理是建立規則秩序的集體行動，除了適當的國家干預之外，強調在合作基礎上協調行動並制定被多數人接受的規則體系，並對公眾的主張做出回應和回饋，以此推動社會問題的解決。四是在價值取向上，國家管理強調秩序的穩定和經濟的趕超；而國家治理則強調公正價值

1　張昕：《轉型中國的治理與發展》，中國人民大學出版社2007年版，第38頁。

的優先地位和對秩序與效率的根源塑造，並將人民福祉作為治理的出發點和落腳點。五是在合法性上，對管理和干預的突出強調所導致的政府職能不斷擴張，規模不斷擴大，政府機構普遍臃腫與效率低下，政策失效乃至政府失靈，以及諸多更加突出的社會經濟政治問題和矛盾，使得國家無法通過這一方式得到充足的政治合法性，甚至導致了一定的政治合法性危機，而政治生活中統治、管理成分的日益減少和治理的成分日益增多，公民更多的參與以及公民與政府更多的合作，無疑將極大擴展國家的政治合法性來源。

第二，民主治理是現代國家治理的本質屬性。

人類有史以來的治理模式基本可以分為非民主治理模式和民主治理模式兩種。對秩序的強調和追求基本上是所有治理模式的共同特徵。非民主的治理模式又包括傳統專制統治型治理模式和其他帶有集權主義特徵的治理模式。在傳統的專制統治型治理模式下，鞏固既有統治者的政治權威並在此前提下保持政治社會穩定，基本上是這種治理模式的主要目標，除此之外統治者也追求生產效率的提高和財富的增長，某些開明的統治者也注重民眾生活的改善，但由於生產方式的限制，社會生產和財富無法實現跨越式增長，而權力的專制極易造成對財富的壟斷和貧富的兩極分化，並由此引發民眾的暴力反抗，這是專制統治陷入沒落的根本原因。在其他集權主義或全能主義等非民主治理模式中，通過將公眾的生產、生活等都限制在既定的範圍之內，將公眾的各項活動都納入規定的管控之中，的確可以獲得既定的政治秩序，但這種秩序不是建立在公眾自由的基礎之上，而是建立在高壓之下，由於無法體現公眾意願、保護公眾權利，因而這種治理模式的政治穩固性也不高。在這種治理模式中，政治衝突公開發生的頻率可能較低，但一旦發生，往往不能用和平方式加以解決，因而政治秩序也難以持久穩定。我國傳統社會主義治理模式從理念上看是民主的，但民主並沒有在體制、制度和程序上體現出來，相反，權力高度集中、決策專斷、法律缺位、個體缺乏自主性卻成為這一模式的根本特徵。在這一治理模式下，安全、穩定、平等、公平等目標被絕對化，並且很容易受意識形態的控制和干擾。在長期實踐中，這一治理模式基本維持了國家安全和社會安定，消滅了剝削和種種社會不公，保持了社會平等，但卻脫離了以人為本的理念，犧牲了效率、活力和民生，治理的效果與黨立國執政的目標相去甚遠。

民主治理以其治理的民主性而優於非民主治理。民主治理模式以對秩序和效率的追求為基本價值目標，從經驗角度觀察，在那些民主制度基本穩定成熟的國家，社會秩序相對穩定，效率也遠遠高於非民主國家。例如，在英法美等西方民主國家，自從民主制度定型以來，很少發生像很多第三世界國家經常出現的軍事政變、暴力衝突和流血事件，經濟社會總體保持平穩發展，國家福利水準相對較高。西方國家的民主治理模式是西方社會一系列歷史條件綜合作用的產物，是符合西方各國國情和政治社會發展邏輯的選擇，但這並不意味著這些國家的民主模式是普世模式，也不意味著這些國家的民主治理模式就很完善了。相反，西方民主治理模式也面臨著諸多嚴重問題。表現為：西方民主的體制機制不能很好地彙聚和反映民意；政治運作的效率不高；選舉花費數額巨大；社會兩極分化嚴重；民主輸出造成許多發展中國家持續動盪。

應該指出，「民主」與「治理」在範疇上並不完全重合。從內容來看，治理涵蓋了公民參與、人權與公民權、黨內民主、法治、合法性、社會公正、社會穩定、政務公開、行政效益、政府責任、公共服務、廉潔等若干方面。[1]民主需要法治，需要公民廣泛參與，需要壯大民間組織，需要保護和擴大人權與公民權，需要黨內民主及其示範作用，需要兼顧少數，需要合法性與權威性，需要政治透明和政治責任，需要加強對黨政機關的監督，需要政治責任感，需要政府回應，這些都是民主的基本要素，也是治理的重要構成要素，但治理所包含的穩定與秩序、活力與效率、公正與民生、廉潔與誠信等，通常被認為是民主所不包含的，儘管這些內容或多或少與民主也存在關聯。可見，治理與民主並不等同，治理比民主的涵蓋面更廣。因此，不能認為民主發展了，社會問題和矛盾就會自然而然解決好了。

同時，我們也要看到，儘管治理最終指向社會矛盾和社會問題的解決，但要達到這個目標，必須借助一定形式和主體力量，在順應民眾要求的前提下，盡可能達成意志共識，集聚社會力量資源，推動矛盾解決和社會發展，這是時代發展的要求，而民主無疑能為此提供相應的政治形式和主體力量結構。在治理實踐中，民主要求政府權力向社會分散，把許多能由社會解決的問題交由社會解決，並在價值追求、操作方法、運轉機制等方面實現政、社合作共治。因此，不論是在觀念上還是在實踐中，不論在參與主體還是在方法機制上，治理本身天然地與民主結合在一起。從這個意義上可以說，「民主是現代國家治理體系的本質特徵，是區別於傳統國家治理體系的根本所在。所

1　俞可平：《中國治理評估框架》，《經濟社會體制比較》2008年第6期。

以，政治學家也將現代國家治理稱為民主治理」[1]。

民主的優越性在於，民主是有關利益各方討價還價、多次反復協商的行為和過程，是允許公民自由表達自己意願的制度和實踐。從全域和長遠來看，民主意味著更加尊重個體，意味著政府與民眾共同制定的政策，意味著所作決策綜合了各方意見並為各方力量所承認，意味著決策的穩定性和連續性。當然，民主也有弊端，如民主會導致街頭政治，引發政局不穩，會使一些在非民主時很簡單的事務變得相對複雜和繁瑣，從而增加政治和行政的成本，民主往往需要反反覆覆地協商和討論，常常會使一些本來應當及時做出的決定，變得懸而未決，從而降低行政效率。民主所引發的諸如此類的問題並不能否定民主的合理性，只是表明民主不夠成熟，民主也需要結合實際國情和時代特點進一步加強和完善。如果因此片面強調民主的消極面，因此否定和抵制民主，從治理中抽走民主，那麼治理又會回到傳統統治和管制的軌道。

民主治理是一種多元的、合作的、非意識形態化的行政模式，它拋棄了傳統行政的壟斷與強制性質，強調政府、企業和市民社會的共同作用，並在相互依存的環境中分享公共權力，共同管理公共事務，以最大化地增加公共利益。在這一過程中，國家和政府起著關鍵作用，有時也發揮主導作用，但絕不是從始至終都處於支配地位，非政府部門則發生了從被動排斥到主動參與的變化。從這一意義上講，民主治理事實上是一種合作管理。合作主要指的是政治國家與市民社會的合

1　俞可平：《現代國家治理的本質是民主治理》，人民論壇網，http://www. rmlt. com. cn/2014/0311/242098. shtml.

作、政府與非政府的合作、公共機構與私人機構的合作、強制與自願的合作。這種合作性治理，要求政府管理者轉變觀念，並在實踐中實現由政社一體、政府單方管理，向政社分離並合作共治的方向轉變。

第三，中國特色社會主義新型國家民主治理的提出。

政治「是參與國家事務，給國家定向，確定國家活動的形式、任務和內容」[1]，政治是國家治理體系的核心內容。同時，「現代國家通過普遍人權承認了自己的這種自然基礎本身」[2]，民主又是現代化國家治理的必然要求。

人類社會發展和治理的歷史實踐證明，任何國家的發展道路、民主制度和治理模式都應該主要從自己的歷史傳統、具體國情和現實實踐中衍生而來，而不應該寄望於不合國情的所謂理想模式。中國新型民主治理模式和發展道路是立足於中國的具體國情，吸收和借鑒中國傳統治理之道的合理思想、傳統社會主義模式的歷史經驗以及國外治理發展的有益成果，並在改革實踐中不斷探索和總結而形成的。

任何一種政治模式和治理模式都不可能離開民族傳統。毛澤東曾經說：「中國現時的新政治、新經濟是從古代的舊政治、舊經濟發展而來的，中國現時的新文化也是從古代的舊文化發展而來的，因此，我們必須尊重歷史，而決不能割斷歷史。」[3]中國有著幾千年悠久的文明，歷代統治者圍繞治國理政這一問題進行過豐富的探索，為後人

1　《馬克思恩格斯全集》第3卷，人民出版社2002年版，第15頁。

2　《馬克思恩格斯文集》第1卷，人民出版社2009年版，第313頁。

3　《毛澤東選集》第2卷，人民出版社1991年版，第708頁。

對國家的治理留下了寶貴的財富。儘管傳統政治和治理中包含某些封建糟粕性的東西，如人治政治和權力專制，愚民思想和抑制參與，君權神授和政治迷信，特權意識、等級觀念和官本位意識，奴才思想和順從意識，等。這些是我們今天所應摒棄的，但傳統政治活動和治理實踐也包含一些對我們今天治理實踐富有啟發意義的東西，如王道政治、仁道統治、權力一統、選賢任能、民本主義、修身治國、道德教化、和而不同、天人合一等，這些產生於自然經濟時代的制度理念和價值觀念在某種意義上有其合理的一面，仍然是我們今天的治理實踐所需要的。在新中國成立以來尤其是改革開放以來的治理探索中，我們黨堅持唯物辯證的精神和方法，本著「吸取精華、剔除糟粕」的原則，對傳統政治文化進行總結、吸收和借鑒，結合時代需要進行制度性轉換和創新，使其融入新的政治制度和治理模式中，這是我們的政治發展和國家治理符合國情和順利推進的一個重要原因，也是新的治理模式形成的歷史淵源。

社會主義制度的建立是人類近代以來最偉大的政治變革。中國走上社會主義道路是歷史的必然選擇，社會主義制度的建立從根本上改變了中國的發展方向，改變了中國人民的歷史命運，社會主義建設曾經取得了舊中國所沒有的巨大成就，但傳統社會主義模式也給我們留下了深刻教訓。從治理角度來看，長期奉行的階級鬥爭為綱的政治路線，偏離了正確的社會發展方向和軌道，造成階級鬥爭的擴大化，嚴重阻礙了社會生產力的發展；高度集中的計劃經濟和經濟管理的行政化，嚴重挫傷了地方和企業經濟發展的積極性，影響了社會主義經濟的正常、健康發展；高度集權的政治體制背離了民主集中制，破壞了社會主義法制，造成個人專權和個人崇拜、官僚主義現象，權力過分集中、家長制，幹部領導職務終身制以及形形色色的特權現象，嚴重窒息了社會主義的生機活力，一定時期採用的群眾運動式的「大民主」，固然調動了群眾的政治參與熱情，但由於缺乏正確方向和黨的領導，因而對社會生產、生活和秩序造成極大破壞；意識形態方面，馬克思主義教條化以及假馬克思主義盛行，對人們的思想造成極大禁錮，造成人們思想封閉僵化。蘇聯雖然沒有出現類似中國「文化大革命」的運動，但基本情況相似。俄共總書記久加諾夫認為蘇聯在長期一黨專政制度下，實行壟斷真理的意識形態制度、壟斷權力的政治制度、壟斷資源與經濟利益的經濟制度，這是蘇共丟失政權的主要原因。與之相反，蘇聯改革過程中，戈巴契夫則走上了另一個極端：放棄黨的政治的領導權，不切實際地鼓吹民主化，追求西方多黨制和議會民主制，無原則地縱容政治勢力的多元化；放棄經濟的主導權，以激進、冒險方式向市場經濟過渡，不計後果地推行私有化、自由化；放棄馬克思主義對意識形態的領導權，無條件地鼓勵公開性和思想自由，造成意識形態的多元化。這最終導致了蘇聯的劇變解體。對上述歷史經驗教訓的借鑒，是改革開放以來我國走上正確政治發展和國家治理道路的歷史原因。

改革開放以來，我們深刻意識到，中國還處在社會主義初級階段，社會主義國家治理的實踐只有幾十年，在治理的具體形式、運作機制以及制度化、程序化和規範化等方面非常欠缺，而西方國家經過幾百年的發展，在具體形式和運作機制方面有不少積極因素，這些因素反映了人類社會國家治理的一些規律性內容，體現了不同國家制度的某些共同方面，既可以為資本主義所用，也可以為社會主義所用。在新時期的治理探索中，我們摒棄了社會主義與資本主義二元對立的思維模式，力避西方國家治理模式中的某些弊端，如因過分強調政黨競爭、權力分立與制約而導致政治體制的效率低下、權力失衡和剛性腐敗，偏重物質財富增長忽視人的全面發展和社會進步，過分強調經濟的私有化、自由化而忽視宏觀調控等的同時，積極學習和借鑒西方國家治理現代化的積極因素，如重視法治手段、權力制約、公民意識、個體發展、社會參與、人權維護、服務政府、責任政府、市民社會等，近年來為構建責任政府和服務政府推行的「一站式服務」「行政問責制」「服務承諾制」「政策聽證制度」等，最初也是從西方國家借鑒的。從改革開放以來中國治理變遷的歷史來看，中國民主治理的進步和成就，離不開學習和借鑒國外先進的政治文明成果。我們黨從實際國情出發，堅決反對照搬以多黨制和三權分立為重要特徵的西方政治模式，在此過程中遵循「漸進變革」的原則，沿著「增量改革」的途徑，積極穩步推進政治發展和國家治理，不斷實現政治體制改革和國家治理重大突破。在領導體制方面，中國共產黨自覺從革命黨轉變為執政黨，並從領導方式、執政方式、組織結構、工作任務、執政能力等方面，推進執政黨的全方位轉型；在政治意識形態方面，不斷推動思想解放和觀念創新，一些新的治理觀念和價值，如人權、法治、善治、憲政、合法性、以人為本、市民社會、透明政府、責任政府、服務政府、效益政府等，都是改革之前所沒有的；在政府治理或政府管理體制改革方面，推動政府職能轉變，變全能政府為有限政府，政府從許多經濟和社會管理領域中退出來，著重關注宏觀調控、公共服務、社會公平、生態平衡等內容。這些標誌性的轉變和創新，有力地推動了民主政治的進步，有力推動了治理體系的現代化轉型，深刻地影響了改革開放後中國社會的政治生活。

正是因此，中共十八屆三中全會決議提出了「推進國家治理體系和治理能力現代化」的總目標，其中特別強調「緊緊圍繞堅持黨的領導、人民當家作主、依法治國有機統一深化政治體制改革，加快推進社會主義民主政治制度化、規範化、程序化，建設社會主義法治國家，發展更加廣泛、更加充分、更加健全的人民民主」。習近平同志在慶祝全國人民代表大會成立60周年大會上講話指出，「發展社會主義民主政治，是推進國家治理體系和治理能力現代化的題中應有之義。黨的十八屆三中全會提出的全面深化改革總目標，是兩句話組成的一個整體，即完善和發展中國特色社會主義制度、推進國家治理體系和治理能力現代化。前一句規定了根本方向，我們的方向就是中國特色社會主義道路，而不是其他什麼道路。後一句規定了在根本方向指引下完善和發展中國特色社會主義制度的鮮明指向。兩句話都講，才是完整的」[1]。這段論述，集中體現了中國特色社會主義國家民主治理的重要意義。

民主是社會主義的本質屬性，同時是現代國家治理的基本要求。儘管我國的民主治理體系及其具體形式還不那麼豐富和完善，但它對於推進國家治理的有效性，已經被改革開放以來治理的成功實踐所初步證明。實踐發展沒有止境，改革開放沒有止境，治理探索沒有止境，努力結合新形勢新情況將民主的原則、方法、體制、程序和作風

1　習近平：《在慶祝全國人民代表大會成立60周年大會上的講話》，《人民日報》2014年9月6日，第2版。

進一步貫徹進國家治理活動之中，不斷推進中國特色社會主義治理體系的完善和治理能力的提高，著力解決我國當前發展面臨的一系列突出的結構性矛盾和問題，是推動我國治理現代化的必由之路。

（二）中國特色社會主義新型民主治理模式的比較優勢

我國新型民主治理模式具有自己獨特的優勢，儘管人們對於這一治理模式的優勢有不同的解讀，但個人認為，與西方民主治理模式相比，我國新型治理模式主要具有以下優勢：第一，有利於保持國家統一。一黨執政的制度選擇可以保持國家、社會的統一，促進人民團結，使治理體系始終能為最大多數人謀利益，有效防範由於利益分化導致的社會撕裂。第二，有利於提高效率。執政黨有比較強的組織動員能力和對社會的掌控能力，這有利於發揮集中力量辦大事的優勢，統一整合資源、提高國家政治體制運行效率及時有效應對出現的各種挑戰和機遇。第三，政策制定能夠真正體現民意並保持長期穩定。執政黨按照民主集中制原則所建立的一系列制度和機制，可以在充分反映民意、集中民智的基礎上制定政策，可以制訂符合國家和人民根本利益的長遠發展規劃，並最大限度地保持國家公共政策的穩定性和連續性。第四，政治成本較低。形成一套由組織部門進行全國範圍內的長期考察、培養和選拔，黨內高層集體磋商和選舉並參考民意的領導幹部選拔和培養體制機制，可以在成本不高的前提下盡最大可能選出德才兼備、經驗豐富的優秀人才，充實到各級領導崗位上去，避免政黨輪換和幹部大換血造成的人才短缺和人才浪費。第五，有利於維護社會公平。在推進市場經濟體制改革盡可能創造更多的財富同時，建立有利於兼顧公平的各項制度，維持不同收入者的平衡，避免兩極分化，並保證民眾的生活需求和弱勢群體的利益。第六，有利於保持社會穩定有序。強調依法治國，能夠在法治的基礎上實現國家的長治久安，不斷完善的法治能夠有效規範執政行為、政府行為和民眾行為，引導民眾理性參與公共治理，科學合理地解決各種社會矛盾和問題並保持社會穩定有序。

（三）中國特色社會主義新型民主治理模式的重要意義

我國新型治理民主模式的意義廣泛而深遠，主要體現在如下幾個方面。

第一，從國內發展角度看，推動我國經濟社會發展邁上新臺階。

儘管在制度結構、主體結構、方法結構以及具體形式等各方面，我國民主治理模式還有待豐富和完善，但它對於推進國家治理的有效性，已經被三十多年改革治理的成功實踐所初步證明。在改革開放以來的發展和治理探索中，面對國內外環境的複雜變化和重大風險挑戰，黨團結帶領全國各族人民，銳意改革，砥礪勇氣，攻堅克難，堅持不懈，中國特色社會主義不斷煥發蓬勃生機和活力，我國經濟發展和各項社會事業取得舉世矚目的偉大成就。經濟保持快速增長，年均經濟增速高達百分之九點八。國內生產總值由一九七八年的三千六百億元躍升至二〇一二年的五十二萬億元。經濟總量連上新臺階，經濟總量占世界的份額由一九七八年的百分之一點八提高到二〇一二年的百分之十一點五經濟總量位次從一九七八年的世界第十位提高到現在的世界第二位，成為僅次於美國的世界第二大經濟體。年人均國內生產總值不斷提高，由一九七八年的一百九十美元上升至二〇一二年的五千六百八十美元，已經由低收入國家躍升至中上等收入國家。[1]總之，改革開放以來，我國社會生產力、經濟實力、科技實力邁上一個大臺階，人民生活水準、居民收入水準、社會保障水準邁上一個大臺階，綜合國力、國際競爭力、國際影響力邁上一個大臺階，國家面貌發生歷史性改變。人們公認，改革開放以來的歷史時期，是人民群眾得到實惠最多、生活水準提高最快的時期，是社會保障事業從低層次到制度建立再到全面推進的時期，是文化日益繁榮、社會保持穩定、民族團結不斷增強的時期，也是我國歷史上治理最好的時期，這一歷史成就的取得與民主治理的內在支持密不可分。

第二，從社會主義運動歷史的角度看，實現了從傳統社會主義治理模式向新型社會主義治理模式的根本轉變。

人類在社會主義制度的基礎上進行治理活動的探索已近百年，早期形成的傳統社會主義治理模式一度取得了很大成就，但之後由於把馬克思主義關於治理的某些認識教條化，過分強調執政黨的作用和權力的高度集中，過分突出意識形態的區別並割裂與世界其他國家和地區的聯繫和交流，沒有很好地發揮民主法治的作用，造成了治理主體的單一化、治理理念的意識形態化、治理方式的管制化和治理體系的封閉化，治理的效率和水準非常低，許多社會主義國家因此改旗易幟，重新回歸資本主義制度及其治理模式。但是，社會主義治理模式不是唯一的、僵化不變的，在改革開放以來的治理探索過程中，黨領

1 參見國家統計局報告《改革開放鑄輝煌經濟發展譜新篇——1978年以來我國經濟社會發展的巨大變化》，http://www. stats. gov. cn/tjgz/tjdt/201311/t20131106_456188. html.

導人民在科學理解馬克思主義理論、充分發揮社會主義制度優越性並結合中國國情的基礎上，推動治理主體的多元化、治理理論的現代化、治理方式的民主化和法律化、治理體系的開放化和包容性，實現了治理模式的飛躍式創新，推動了中國國家治理和現代化進程，極大豐富和發展了馬克思主義治理理論，使社會主義煥發出新的生機和活力，這在社會主義運動歷史上也留下了濃墨重彩的一章。

第三，從國際比較的角度看，新型治理模式為發展中國家的現代治理提供了有益啟發。

我國自近代以來一直遠遠落後於西方現代國家，經濟社會發展程度和人民生活水準處於較低層次，因而如何擺脫貧窮落後狀態、實現國家現代化和中華民族的偉大復興，是中國人民翹首以待的歷史期盼，也是我們黨艱巨的歷史使命。而且，作為世界上最大的發展中國家和超大規模的國家，我國社會各方面負擔較重，現代化轉型的難度格外大。在改革開放過程中形成的新型治理模式，儘管還沒有完全定型，也不成熟，但其優勢已經開始顯現出來。新型治理模式的成功之處，在於能夠把中國特色社會主義制度具有的效率與公平相兼顧、民主與集中相結合、活力與秩序相統一、人的全面發展與社會文明進步相促進的優勢發揮出來，能夠比較快地促進國家的繁榮和富強。這一治理模式為中華民族復興偉業創建了可靠的治理基礎，為我國實現現代化初步找到了一條成功的治理之路。與之形成鮮明對比的是深受西方新自由主義影響的「非洲模式」「東亞模式」和「拉美模式」在近年的失效。近些年來，我國穩定高效的治理模式引起了世界各國尤其是廣大發展中國家的格外關注，他們紛紛探討中國發展和治理的經驗。儘管任何其他國家無法簡單效仿這一治理模式，但是毫無疑問，這一新型治理模式為其他發展中國家的現代化之路樹立了很好的榜樣，提供了可資借鑒的有益啟發。

第四，從人類社會發展的角度看，中國對治理現代化的探索以及治理能力和水準的提高，為人類社會的治理與發展做出了重要貢獻。

一是中國通過自己的治理探索，推動了生產力、社會財富和人民收入的增長，改變了全人類近五分之一人口的命運，這本身就是對人類發展的一個重大貢獻。與此同時，中國的發展也拉動了世界經濟的發展，對世界經濟增長和發展做出了重要貢獻；中國的崛起以及在國際社會中的影響力的大大增強，打破了原來由超級大國支配的世界政治格局，有力推動著世界格局從單極向多極的發展；作為和平國家，中國的和平發展，大大增強了國際政治中的和平因素，更加有利於國際社會實現世界和平的共同目標；隨著綜合國力的增強和開放的不斷擴大，中國更加積極地參與國際社會，更多地承擔國際責任，為解決人類面臨的共同問題貢獻更多的力量，這在相當程度上推進了全球治理的發展。二是中國治理模式和發展道路，既不同於傳統的社會主義模式即蘇聯模式，也不同於西方發達國家的社會發展模式，它是在馬克思主義指導下，結合中國的具體國情，學習借鑒人類文明的有益成分，並按照現實需要進行創新所形成的獨特模式和道路。中國新型治理模式和發展道路，拓寬了民族國家走向現代化的途徑，豐富了人類對社會發展規律、治理模式和發展道路的認識，促進了全球化時代人類文明的多樣性發展。

二、中國特色社會主義民主治理體系的確立

習近平同志指出：「中國實行工人階級領導的、以工農聯盟為基礎的人民民主專政的國體，實行人民代表大會制度的政體，實行中國共產黨領導的多黨合作和政治協商制度，實行民族區域自治制度，實行基層群眾自治制度，具有鮮明的中國特色。這樣一套制度安排，能夠有效保證人民享有更加廣泛、更加充實的權利和自由，保證人民廣泛參加國家治理和社會治理；能夠有效調節國家政治關係，發展充滿活力的政黨關係、民族關係、宗教關係、階層關係、海內外同胞關係，增強民族凝聚力，形成安定團結的政治局面；能夠集中力量辦大事，有效促進社會生產力解放和發展，促進現代化建設各項事業，促進人民生活品質和水準不斷提高；能夠有效維護國家獨立自主，有力維護國家主權、安全、發展利益，維護中國人民和中華民族的福祉。」中國特色社會主義民主以其要素功能、平臺功能和制度功能，層層深入、強化遞進、軸心擴展，對構建中國國家治理體系產生了重大影響。

（一）中國特色社會主義新型民主治理的要素體系

現代國家有三大趨勢，即民主化趨勢、政黨政治趨勢和法治化趨勢。民主、政黨和法治的出現，使得人類跳出了傳統政治範疇和傳統國家治理模式，因而成為現代國家治理的三個基本構成要素。就三者地位和作用而言，民主不但成為現代國家政治權力合法性的基礎和制約權力的重要工具，而且是政治參與和提高國家整體效益的根本保證；政黨制度則是現代民主政治的產物和重要組成部分，以執政或參

政為目標的政黨是促進民主政治發展，推動國家治理和文明發展的主體力量，尤其在後發現代化國家，政黨對國家治理的作用尤其重要；而法治對於維護保障人的尊嚴和權利，規範各種社會行為，維護社會秩序和國家安全穩定有著不可替代的重要作用。基於上述因素，從國家整體制度的宏觀角度看，可以將民主治理模式定義為，在一定領土範圍內，民主、政黨和法治相互耦合所形成的一種整體性的治理結構模式。其中，民主、政黨和法治各自都是由一系列相互關聯的規則、組織和治理機制構成的制度系統，它們共同維繫著一個政治實體整體的秩序治理，並在此基礎上共生互補、協調互動，促進社會的持續發展。我國當前的民主治理方式，是改革開放和社會主義現代化建設新時期形成的新型民主治理模式。改革開放以來，中國共產黨對現代國家治理體系的民主、政黨、法治三個要素認識日益深刻。特別是中共十六大以來，我們黨明確提出：中國特色社會主義政治發展道路，最根本的是要把堅持黨的領導、人民當家作主和依法治國有機統一起來。正是這三個基本要素的有機統一構成了中國特色社會主義新型民主治理方式。

從治理角度看，任何國家治理都離不開權威、秩序與活力這三大要素。權威力量的存在是治理的前提，社會與民眾的活力是治理的動力，秩序是治理的保障。任何一個因素的缺失，都會導致治理無法進行。三者的內在統一對國家治理和社會發展起著決定性作用。在我國新型民主模式中，三者的作用具體表現為以下幾點。

首先，黨的領導是進行國家治理的政治前提和權威保證。我國是後發現代化國家，也是一個處於初級階段的社會主義國家，人口眾多，地域遼闊，生產力發展水準不發達的狀況沒有根本改變，經濟發展不平衡，民主和法治的傳統薄弱且建設任務艱巨，社會各階層在根本利益一致的基礎上，還存在一些不同利益之間的矛盾。在這種情況下，進行現代化建設和國家治理，必須有一個堅強有力的領導核心，能夠集中代表中國人民的整體利益和意志，有能力協調、處理和兼顧各種社會利益關係。這個核心就是中國共產黨，也只有這樣一個具有高度權威的政治中心，才能夠擔當起動員和組織社會力量投身現代化建設和國家治理、推動民主和法治建設順利進行、保證政府權力有效運行、保持社會穩定有序的任務。

其次，人民當家作主是進行治理的力量來源和活力保證。我國是人民主權的國家，國家的一切權力屬於人民。中國共產黨以全心全意為人民服務為宗旨，黨來自人民又對人民高度負責。黨領導人民進行革命的目的就是推翻專制政權，實現人民當家作主，黨的新的歷史使命是領導人民當家作主，最廣泛地動員和組織人民群眾依法管理國家和社會事務，管理經濟和文化事業，維護和實現人民群眾的根本利益。我國當前的治理是建立在人民當家作主這一民主精神和原則基礎之上。黨領導人民進行國家治理的目標，就是通過調動人民當家作主的積極性，推動民主選舉、民主決策、民主管理和民主監督，並通過民主實現良法之治，保證司法、執法的公平，進行有效的法律監督，切實保障人民群眾的各項民主權利，包括知情權、參與權、管理權、監督權，推動社會矛盾和社會問題的順利解決。

最後，依法治國是進行治理的基本方式和秩序保證。依法治國是黨領導人民治理國家的基本方略，執政黨也必須在法律範圍內活動，只有依法執政，改善黨的領導，實現領導方式和執政方式的轉變，才能將權力的獲得、分配和使用納入法治軌道，有效防止權力的異化、失控和濫用，為最大多數人謀求最大的利益，從而得到人民的高度認同。而民主制度的建立需要法律來確認和鞏固，民主的運作過程需要法制加以規範，人民的民主權利也需要法治來保護，只有實行依法治國才能有效保證民主的制度化、程序化、法律化，有力維護人民的民主權利。

（二）中國特色社會主義新型民主治理的平臺體系

西方國家往往把一人一票的普選當作唯一的民主形式，這實在是對民主的一種片面理解，民主固然能夠選出領導人，但在西方黨爭激烈、金錢比拼、資本操縱的背景下，選舉往往無法保證領導人的決策符合民意。事實上，民主的作用不只是選舉領導人，更主要的是通過民眾廣泛的政治參與，更好地推進民意表達和民意彙聚，形成社會共識，推動社會治理和社會發展。因此，不應該把民主簡單地歸納為選舉。對於那些國情複雜、發展不平衡的國家來說，往往是民主越符合實際、形式越豐富，越能夠適應國家中的不同情況，因而國家會治理得越好。改革開放以來，我國在民主實踐中形成了選舉民主、協商民主、黨內民主、基層民主四位一體的民主平臺，對於國家治理發揮著重要功能。

首先，選舉民主的功能。儘管民主不能簡單地等同於選舉，但不能因此而否定選舉在民主程序中的基礎性功能。在公正規範的條件下，選舉可以選拔出人們公認的德才兼備、政績突出、深受群眾擁護的領導人才或代表者；對於政府而言，選舉可以增強政府對民眾要求的回應，增加其對民眾的責任，注重行政行為的切實有效；對於民眾而言，選舉可以激發選民的民主意識和民主化潛能，喚醒中國改革最深厚、最偉大的民眾資源，能夠為公眾提供更多的參與政治和政府決策的機會，增強民眾的政治責任感以及參與能力和水準，這既是完善現代民主體制的重要內容，也是提高國家治理能力和水準的重要基礎。此外，選舉還有助於落實民族區域自治、特別行政區自治以及基層自治等地方自治，形成有效的地方民主治理。改革開放以來，我國選舉民主作為選拔領導幹部和代表的一種具體實踐形式，在黨和國家政治生活中發揮了重要作用，各級黨代會代表與黨的領導人、各級人民代表與政府領導人、民族自治地方與基層村民自治中的領導人，基本都是通過這種方式產生出來的，可以預料，隨著我國選舉民主在制度、程序等方面不斷得到豐富和完善，選舉民主將在國家政治生活和國家治理現代化過程中發揮更加突出的獨特作用，這是人們所期待的。

其次，協商民主的功能。協商民主是中國共產黨在長期的革命、建設、改革的過程中創造出來的適應中國國情的重要民主形式。協商民主體現了人民當家作主這一社會主義民主的核心價值理念。發展民主不應當僅僅局限於按期進行的投票選舉，而應更多地表現為經常性地參與決策和表達民意。只有就經濟社會發展重大問題和涉及群眾切身利益的實際問題開展廣泛的民主協商，廣納群言、廣集民智，才能最大限度地增進社會共識，增強實現共同奮鬥目標的合力，才能有效地克服少數人說了算的人治現象，形成人人負責、共謀發展的社會共治的良好局面。從實踐角度看，我國現階段推進國家治理體系和治理能力現代化的根本內容是要根據經濟社會現代化的要求，處理好政黨和國家的關係、政黨和人民的關係、政府和市場的關係、政府和社會的關係、政府和人民的關係；其實質是要處理好民主和集中的關係、法治和人治的關係、個人意志和制度制約的關係。而這一切關係的正確處理，都離不開政治溝通和民主協商。社會主義協商民主的本質功能就是對各種關係的溝通和調整，最大限度地增進有利於各類關係協調的積極因素，減少有礙於各類關係協調的消極因素，最大限度地增進各類關係相互之間的理解與包含，實現各類關係協調和諧，共同治理國家和社會。在黨的領導下，以經濟社會發展重大問題和涉及群眾切身利益的實際問題為內容，在全社會開展廣泛協商，堅持協商於決策之前和決策實施之中，對於協調國家治理過程中的若干基本關係，推進國家治理體系和治理能力現代化，具有十分重大而緊迫的意義。

再次，基層民主的作用。經過三十多年的改革開放實踐，中國基層社會經歷了劇烈而深刻的變化，尤其是農村地區越來越深地被捲入到開放的、流動的、分工的社會化體系中。在此過程中，農村中也不斷湧現出新的問題，如階層分化日趨明顯、利益糾紛不斷突出、群體性事件頻繁發生，與此同時，農村群眾的民主訴求、民生改善訴求、公共服務訴求、資訊公開訴求也日益強烈。因此，推進農村基層治理的現代化也是一個具有緊迫性的時代課題。從基層治理的地位和作用來看，作為我國社會治理的終端，基層既是矛盾問題的交匯地，也是改革創新的發源地，因而基層治理在國家治理體系中處於基礎性地位，增強基層治理能力是推進國家治理體系和治理能力現代化的關鍵。基層民主是我國社會主義民主建設的重要組成部分，也是推動國家治理的基本方式和重要方法。基層民主最顯著的特徵是群眾參與的直接性、管理的自治性、民主形式的豐富性。改革開放以來，我國農村基層群眾自治和民主管理已有長足發展，村民的民主意識和法治意識以及農村幹部的素質大大提高，基層治理的組織體系日益健全，民主形式愈加豐富多彩，民主機制不斷創新，在組織和引導群眾參與治理方面發揮了重要作用，但與我國經濟社會發展的要求仍然有相當大的差距。進一步發展基層民主對於推動基層治理的作用表現在：一是有助於擴大有序民主，培育各類農村社會組織，形成以黨組織為核心、自治組織為主體、社會各方面廣泛參與的多元治理體制。二是有助於增強基層的組織化和自我服務能力，提高基層群眾自我管理、自我服務、自我教育、自我監督的能力。三是有助於進一步理順基層政府與自治組織的關係，形成政府行政管理和基層群眾自治的有效銜接和良性互動。這對於整個國家的經濟、政治發展和社會進步起著重大促進作用。

最後，黨內民主的作用。在我國，中國共產黨作為處於長期執政地位的黨員人數眾多的大黨，通過黨內民主的示範作用帶動人民民主的發展，是我國社會主義民主建設的重要途徑。發揚黨內民主對於國家治理也具有重要意義和影響，主要表現在：一是治理本質上是政治社會與市民社會的合作共治，通過發揚黨內民主，推動黨員的平等參與和相互合作，決策中少數與多數的合作，黨的各個機構與黨的領導成員之間的合作，有助於增強黨內合作精神，對於推動國家治理中多元治理主體之間的合作具有重要影響。二是社會和諧是國家治理的重要內容，通過黨員的平等參與、公開討論、自由表達和理性建議，有助於營造黨內生動和諧的政治局面，這對於國家治理發揮著重要影響和示範作用。三是依法治國是黨領導人民治理國家的基本方略，依法治國的前提是依法治黨，依法治黨必須使黨內民主制度化、法律化，並使這種制度法律不因領導人的改變而改變、不因領導人看法和注意力的改變而改變。要做到這一點，必須依靠黨規黨法治理黨內事務，培育黨員和幹部的法治觀念和法治行為模式並將其具體運用到黨的領導與執政活動中，運用到黨治理國家和執掌國家政權的行權過程中，形成法治化的思維定勢和行為慣性，這無疑會極大促進依法治國的進程。四是大力發展黨內民主，鞏固和發揚執政黨的民主意識、民主作風、民主習慣，可以推動黨在執政過程中的民主化，實現黨政關係民主化，包括黨與人大、政府以及「兩院」關係的民主化，這對於克服黨政不分、以黨代政的弊端具有重要作用。

（三）中國特色社會主義新型民主治理的制度體系

第一，執政黨中國共產黨的領導核心功能。

中國共產黨是中國工人階級、中國人民和中華民族的先鋒隊，是中國最廣大人民根本利益的忠實代表，黨內民主就是中國工人階級、中國人民和中華民族先鋒隊的民主。中國共產黨由中國工人、農民、知識份子和其他社會階層的先進分子組成，目前已經有八千多萬黨員，是世界上最大的政黨和執政黨。這樣一些先進分子以全心全意為人民服務為根本宗旨以實現共產主義為最高理想以馬克思列寧主義、毛澤東思想、鄧小平理論、「三個代表」重要思想和科學發展觀為行動指南保證了黨的先進性從而確保了中國共產黨的領導核心功能。

一是中國共產黨位於國家權力的核心樞紐。中國共產黨是中國特色社會主義事業的領導核心，黨的重大決策和部署按照法定程序上升到國家意志，黨組織推薦的人選按照法定程序成為國家機關的領導人員，通過國家機關實施對國家和社會的領導，從而以政治領導、思想領導和組織領導的方式發揮總攬全局，協調各方的作用。吳邦國指出：「各國家機關分工不同、職責不同，都在中國共產黨領導下，在各自職權範圍內徹底貫徹落實黨的路線方針政策和憲法法律。」[1]只有黨內民主才能凝聚全黨力量，實現黨的團結，從而穩固地成為國家權力的核心樞紐。正如有學者指出的那樣：「中國共產黨全國代表大會與美國兩黨（共和黨和民主黨）的全國代表大會相比，中國領導人換屆與美國總統選舉相比，所花時間長得多，民主形式更加完備，民主選舉程序更加完備，民主內容更加豐富，民主實質更加有效，民主成果更加豐碩。」[2]黨的政治報告「在集體領導下的起草組織起草……先民主、後集中，再民主、再集中，是集中國政治智慧之大成。首先是集世界最大政黨的集體智慧之大成……還是集民主黨派智慧之大成」[3]。

二是中國共產黨以群眾路線的方式凝聚人民民主。「在人民群眾中，我們畢竟是滄海一粟，只有我們正確地表達人民的想法，我們才能管理。否則共產黨就不能率領無產階級，而無產階級就不能率領群

1　《十七大以來重要文獻選編》上，人民出版社2011年版，第927-928頁。
2　胡鞍鋼：《中國道路與中國夢想》，浙江人民出版社2013年版，第1頁。
3　胡鞍鋼：《中國道路與中國夢想》，浙江人民出版社2013年版，第8頁。

眾，整個機器就要散架。」[1]黨的先鋒隊和人民忠實代表的性質不能簡單地以黨的性質加以規定，而且需要以群眾路線的方式貫徹落實；黨組織是國家權力的核心樞紐，就要以群眾路線的方式確保同群眾的血肉聯繫，而不是淩駕於人民至上的「替民做主」的特殊組織。群眾路線是馬克思主義政黨實踐民主的優秀品格。正如列寧指出的：「為了群眾服務和代表他們正確認識到的利益，先進隊伍必須在群眾中開展自己的全部活動，毫無例外地吸收他們中間的一切優秀力量，並且隨時隨地仔細地客觀檢查：是否同群眾保持聯繫，聯繫是否密切。這樣，也只有這樣，先進隊伍才能教育和啟發群眾，代表他們的利益，教他們組織起來，使群眾的自覺活動沿著自覺的階級政策的道路前進。」[2]群眾路線是中國共產黨實踐民主的優良傳統。毛澤東指出：「在我黨的一切實際工作中，凡屬正確的領導，必須是從群眾中來，到群眾中去。這就是說，將群眾的意見（分散的無系統的意見）集中起來（經過研究，化為集中的系統的意見），又到群眾中去做宣傳解釋，化為群眾的意見，使群眾堅持下去，見之於行動，並在群眾行動中考驗這些意見是否正確。然後再從群眾中集中起來，再到群眾中堅持下去。如此無限迴圈，一次比一次地更正確、更生動、更豐富。」[3]新時期新階段，習近平進一步指出：「我們要堅持黨的群眾路線，堅持人民主體地位，時刻把群眾安危冷暖放在心上，及時準確了解群眾所思、所盼、所憂、所急，把群眾工作做實、做深、做細、做透。要正確處理最廣大人民根本利益、現階段群眾共同利益、不同群體特殊

1　《列寧選集》第4卷，人民出版社2012年版，第695頁。
2　《列寧全集》第24卷，人民出版社1990年版，第41-42頁。
3　《毛澤東選集》第3卷，人民出版社1991年版，第899頁。

利益的關係，切實把人民利益維護好、實現好、發展好。」[1]群眾路線就是民主路線，群眾路線的方法就是我黨實踐民主的方法而黨內民主則把群眾的需要、利益、訴求以民主集中的方式凝聚起來使得黨能夠做出反映人民群眾主體地位的路線、方針、政策和各項具體工作部署。事實上中國的人大民主、政協民主、基層民主平臺都「是中國共產黨的群眾路線在政治領域的重要體現」[2]，黨內民主則是群眾路線在黨內的集中反映和最高體現。

第二人民代表大會制度的根本支撐功能。

習近平同志的概括非常明確：「人民代表大會制度是中國特色社會主義制度的重要組成部分，也是支撐中國國家治理體系和治理能力的根本政治制度。」[3]

一是人民代表大會是與人民民主專政國體相適應的政權組織形式，是我國國家權力機關，從而在內容上規定它的根本支撐功能。人民代表大會由不限制性別、信仰、財產、教育、黨派、界別的各方面人民群眾以無記名投票方式選舉產生，其中省、自治區、直轄市、自治州、設區的市的人民代表大會代表由下一級的人民代表大會選舉；縣、自治縣、不設區的市、市轄區、鄉、民族鄉、鎮的人民代表大會代表由選民直接選舉。由此組織形成的人民代表大會行使立法、監

1 習近平：《全面落實黨的十八大精神要突出抓好六個方面工作》，《求是》2013年第1期，第6頁。

2 習近平：《在慶祝中國人民政治協商會議成立65周年大會上的講話》，《人民日報》2014年9月22日，第2版。

3 習近平：《在慶祝全國人民代表大會成立60周年大會上的講話》，《人民日報》2014年9月6日，第2版。

督、決定、任免等國家權力，其中全國人民代表大會行使最高立法權、最高監督權、最高決定權、最高任免權。國家行政機關、審判機關、檢察機關都由人大產生，對人大負責，受人民監督。人大常委會是人民代表大會的常設機關。在常務委員會的領導下，設立專門委員會，以研究、審議和擬定相關議案。總之，人民代表大會由廣泛地真實地人民民主選舉產生、代表最廣大人民群眾行使國家權力，根本上體現了我國一切權力屬於人民、人民權力高於一切。

二是人民代表大會是貫穿於國家上層建築的一整套骨架，形式上規定它是中國特色社會主義民主的主體平臺。人民代表大會制度是由全國人民代表大會和地方各級人民代表大會組成的國家權力機關制度系統。各級人民代表大會都是逐級遞進選舉而成。各級人民代表大會通過調研等方式相互連通。比如二〇一三年全國人大「委員長會議組成人員到地方調研，通過多種方式聽取地方人大常委會負責同志、各級人大代表的意見，了解情況，研究問題，推動相關工作。全國人大與地方人大的聯繫和交流更加緊密、更加深入」[1]。人大代表與人民群眾、人大常委會與人大代表是有機聯繫的制度體系。二〇一三年全國人大組建二百六十個全國人大代表小組，支持代表小組積極開展活動，通過多種方式聽取和反映人民群眾的意見要求；部分委員長會議組成人員、常委會組成人員回到原選舉單位參加代表小組活動，同基層代表交流履職情況。組織一千七百四十名代表參加專題調研，一千七百名代表參加集中視察，形成調研報告一百一十餘份，為中央

1 張德江：《全國人民代表大會常務委員會工作報告》，2014年，http://politics.people. com. cn/n/2014/0317/c1024-24648865. html.

和地方決策提供了重要參考；組織港澳臺代表分赴廣東、廣西、吉林、江西等地開展視察調研，完善了代表聯繫群眾制度；「研究制定委員長會議組成人員聯繫全國人大代表的意見，明確委員長會議組成人員分別直接聯繫五名以上全國人大代表。這是常委會加強同代表聯繫、轉變工作作風的一項重要舉措。進一步擴大代表對常委會、專門委員會工作的參與，列席每次常委會會議的代表人數增加至六十六名，同時邀請更多代表參加執法檢查、立法評估和調研等活動，認真聽取相關代表的意見和建議」，健全了常委會聯繫代表制度。人民代表通過會議集體行使職權，而不是每個代表單獨處理問題，保證了各級人民代表大會構成有機整體。

三是人民代表大會是打通頂層執政黨民主和基層民主的主脈。執政黨民主是人民民主的核心平臺，但人民的核心不能代替人民的整體；基層民主是人民民主的基礎平臺，但民主的基礎不能代替民主的整套國家制度。因此，人民民主的領導核心與基本力量的廣闊空間就需要一套完整的制度體系連通充實，那就是人民代表大會民主。人民代表大會民主使得黨內民主完成的黨的路線、方針、政策和決策部署通過法定程序上升到國家意志；使得黨內民主產生的推薦人選通過法定程序成為國家政權機關領導幹部；發揮人民代表大會黨組作用，打通了黨內民主和人民民主，確保了黨的主張和人民意志的統一。人民代表大會制度作為國家權力機關，通過制定法律、完善制度、加強監督等方式確保了基層民主的有效運行。比如第十一屆全國人大常委會「修改村民委員會組織法，完善村委會選舉和罷免程序，健全村民會議、村民代表會議等民主議事制度，強化資訊公開、村務監督、民主評議等方面規定，保證基層群眾更好地行使民主選舉、民主決策、民主管理、民主監督的權利。檢查工會法實施情況，強調要全心全意依靠工人階級，健全企事業單位民主管理制度，保障職工的知情權、參與權、表達權、監督權」[1]。

第三，人民政協制度的多元凝聚功能。

人民政協制度，就是以團結和民主作為兩大主題，以政治協商、民主監督、參政議政為主要職能的人民政協組織體系的統稱，發揮著人民當家作主治理國家的多元凝聚功能。

一是人民政協的性質和組成方式根本上體現了多元凝聚功能。人民政協民主是中國共產黨領導下由若干界別組成的愛國統一戰線組織共商國是的平臺。根據《中國人民政治協商會議章程》規定，中國人民政治協商會議全國委員會由中國共產黨、各民主黨派、無黨派人士、人民團體、各少數民族和各界的代表，香港特別行政區同胞、澳門特別行政區同胞、臺灣同胞和歸國僑胞的代表以及特別邀請的人士組成，設若干界別。中國人民政治協商會議地方委員會的組成，根據當地情況，參照全國委員會的組成決定。這樣的人員構成，按照大團結、大聯合的要求，涵蓋了新時期愛國統一戰線的方方面面，凝聚了一切可以團結的力量，調動了一切可以調動的積極因素。如果說人民代表大會民主體現了人民根本利益，那麼人民政協民主體現了人民內部多元的具體利益。在中國共產黨的統一領導下，人民政協組織各黨

1　吳邦國：《全國人大常委會工作報告》，2013年，http://news. xinhuanet. com/2013lh/2013-03/20/c_115091312. htm.

派、各團體、各民族、各階層、各界人士共商國是，對國家和地方的大政方針以及政治、經濟、文化和社會生活中的重要問題在決策之前進行協商和就決策執行中的重要問題進行協商；對國家憲法、法律和法規的實施，重大方針政策的貫徹執行、國家機關及其工作人員的工作，通過建議和批評進行監督；對政治、經濟、文化和社會生活中的重要問題以及人民群眾普遍關心的問題，開展調查研究，反映社情民意，進行協商討論，通過調研報告、提案、建議案或其他形式，向中國共產黨和國家機關提出意見和建議，實現了廣泛有效的人民民主。

二是人民政協民主作為社會主義協商民主的專門機構具體地實現了多元凝聚功能。社會主義協商民主是人民民主的兩種重要形式之一，涉及多種管道和多種方式，但其專門機構就是人民政協。事實上，社會主義協商民主就是中國共產黨領導的多黨合作和政治協商制度的輻射擴展。俞正聲指出：「人民政協的協商民主，以憲法、政協章程和相關政策為依據，以中國共產黨領導的多黨合作和政治協商制度為保障，集協商、監督、參與、合作於一體，實現了人民知情權、參與權、表達權、監督權的有機結合，體現了社會主義民主的本質要求，符合廣大人民群眾的根本利益。」[1]習近平指出：「人民政協要發揮作為專門協商機構的作用，把協商民主貫穿履行職能全過程，推進政治協商、民主監督、參政議政制度建設，不斷提高人民政協協商民主制度化、規範化、程序化水準，更好協調關係、彙聚力量、建言獻策、服務大局。要拓展協商內容、豐富協商形式，建立健全協商議題

1 俞正聲：《在十二屆全國政協委員會一次會議上的講話》，http://theory. people. com. cn/n/2013/0313/c40531-20770469. html.

提出、活動組織、成果採納落實和回饋機制，更加靈活、更為經常開展專題協商、對口協商、界別協商、提案辦理協商，探索網路議政、遠端協商等新形式，提高協商實效，努力營造既暢所欲言、各抒己見，又理性有度、合法依章的良好協商氛圍。」[1]

第四，民族區域自治的平等參與功能。

我國是一個統一的多民族國家，各少數民族是中華民族大家庭的平等一員，也是推動中華民族偉大復興的重要力量。民族區域自治制度是中國共產黨為解決中國社會主義民主政治中的民族平等以及中國社會生活中的多民族共同發展問題，在我國具體條件下按照馬克思主義民族平等思想解決民族問題的一個創舉。這項政治制度創新從根本上改變了中國歷史上不平等的民族關係，使各民族享有平等的政治地位和法律權利，為真正實現各民族間的平等團結，推進各民族共同發展和共同繁榮，提供了政治制度保障。

民主政治的重要體現就是普遍而平等的政治參與。我國民族區域自治實行區域自治與民族自治相結合的原則，在單一制的多民族國家內，遵循憲法精神，允許少數民族在聚居區域內建立起自己的自治權力機關，管理本民族內部及地方性事務。憲法和民族區域自治法對我國的民族區域自治制度做了明確規定：一是民族自治地方的自治機關是自治區、自治州、自治縣的人民代表大會和人民政府，它們既是享有自治權的自治機關，又是享有地方人大和政府職權的地方政權機

1 習近平：《在慶祝中國人民政治協商會議成立65周年大會上的講話》，《人民日報》2014年9月22日，第2版。

關；二是民族自治地方的自治機關代表自治地方人民行使自治權，自主管理本民族內部的事務和自治地方的重大事務。自治權力主要包括：制定自治條例和單行條例，自主安排和管理地方財政；自主管理本地方的文化教育事業；享有組織本地方公安部隊、培養民族幹部和民族人才、使用當地語言文字和管理其他事務的自治權。民族區域自治充分貫徹了社會主義民主的原則，它集中體現了國家對少數民族人權的尊重和社會價值的認可，為少數民族參與政治提供了制度和法律保證。

採取民族區域自治是由中國國情決定的，實踐證明它是實現少數民族地區民主政治的最好途徑。一是民族區域自治的形式具有極大的靈活性和優越性。一個民族不僅可以在一個地方成立自治區，而且可以分別在很多聚居地方成立自治州、自治縣和民族鄉。這樣，我國的少數民族，不管是人口多的民族還是人口少的民族，不論是大聚居的民族還是小聚居的民族，幾乎都成了自治單位，充分享有自治權利，從而為少數民族地區民主政治的實現提供了堅實的客觀基礎。這也使千百年來飽受欺淩的少數民族從此成為祖國大家庭的平等而重要的成員，極大地增強了中華民族的凝聚力。二是民族區域自治有利於把國家的集中統一和民族平等自治集合起來。它保障了少數民族人民的自治權利和民族權利，培養和造就了一大批少數民族幹部和各類專門人才，促進了少數民族地區經濟的發展和社會的進步，又使得少數民族人民深信自己既是本民族的主人又是國家的主人，從而為推動少數民族地區經濟社會和民主政治的發展提供了動力來源。社會主義民主政治是建立在各民族共同發展、共同繁榮基礎上的政治，沒有少數民族的繁榮昌盛，就沒有各民族的共同繁榮昌盛。民族區域自治是達到少數民族和整個中華民族共同繁榮昌盛不可缺少的政治制度，也是建設中國特色的社會主義民主政治的必由之路。在社會主義市場經濟條件下，必須堅持並不斷完善這一制度。堅持和完善民族區域自治制度，應把解放和發展民族地區的生產力作為根本任務，重視少數民族地區人民群眾的民生改善和收入提高，大力增強地方自治意識，積極維護民族團結和社會穩定，加強民族區域自治的法治建設，加快造就培養一大批民族幹部隊伍，以此推動民族區域自治地區的治理和發展。

第五，基層群眾自治的基礎構建功能。

基層群眾自治制度，是指由城鄉社區群眾自治制度、基層公共事務群眾自治制度、公益事業群眾自治制度和企事業單位職工代表大會制度組成的履行基層群眾自我管理、自我服務、自我教育、自我監督職能的民主制度、體制、機制的總稱。新時期新形勢下，基層群眾自治制度以其國家民主治理體系的基礎構建功能，發揮了重要作用。

一是我國市民社會的發育形成了國家民主治理體系的根基。

「任何政治解放都是使人的世界和人的關係回歸於人自身……政治解放一方面把人歸結為市民社會的成員，歸結為利己的、獨立的個體，另一方面把人歸結為公民，歸結為法人。」一切民主都以市民社會為基本要求，但只有社會主義社會才能避免市民社會的「異化」，實現其功能的真正履行，「只有當現實的個人把抽象的公民復歸於自身，並且作為個人，在自己的經驗生活、自己的個體勞動、自己的個體關係中間，成為類存在物的時候，只有當人認識到自身『固有的力量』是社會的力量，並把這種力量組織起來因而不再把政治力量的形式同自身分離的時候，只有到了那個時候，人的解放才能完成」[1]。基層民主是市民社會的政治表現。馬克思指出，「現代國家通過普遍人權承認了自己的這種自然基礎本身」[2]，而「普遍人權」在當前時期的實現方式就是基層民主。列寧指出，「生氣勃勃的創造性的社會主義是由人民群眾自己創立的」[3]。當代中國，由四部分組成的基層民主的平臺確保了人民群眾自主的民主選舉、民主決策、民主管理和民主監督，人民群眾最密切、最直接、最現實的利益得到有效落實，民主的社會基礎和主體素質得到充分培育。

市民社會組織之所以能夠成為國家治理的重要參與者和政府的協助者是由其特徵決定的。與政府和企業相比，社會組織具有民間性、自願性、組織性、公益性、非營利性和自治性等特徵。社會組織在產生淵源上的民間性、參與的自願性和志願性、形成目的的公益性等，使得社會組織比起政府來說具有更強的號召力，從而既可以更有效地動員、整合社會力量和社會資源，其活動範圍又可以延伸到政府管理難以顧及的領域、層面和環節，而其所具有的自治性又使其在具體活動領域、具體活動物件、活動的方式、方法等方面更具有靈活性，更易於促進社會溝通，獲得社會認同，激發社會活力和創造力，重塑社會價值，彌補政府能力的不足，起到政府起不到、也不應該起的作用，成為政府的好夥伴和好助手，實現政府與社會的互動合作，形成國家治理的合力。這些特徵和優勢，使得社會組織成為國家治理中一

1　《馬克思恩格斯全集》第3卷，人民出版社2002年版，第189頁。

2　《馬克思恩格斯文集》第1卷，人民出版社2009年版，第313頁。

3　《列寧全集》第33卷，人民出版社1985年版，第53頁。

支不可缺少的力量。在國家治理中，應當認識並且利用社會組織所具有的優勢，大力培育和發展各種社會組織，充分發揮社會組織的獨特優勢，並以此改變政府因包攬一切而不堪重負、不能顧全，導致一些領域缺乏管理或管理效果不良的局面，獲得最佳的治理效應。

我國是人民當家作主的國家，人民當家作主要求把民主擴展到政治、經濟、文化、社會等領域，使廣大人民充分享有管理國家和社會事務、管理經濟和文化事業的權利，逐步實現國家政治生活的民主化、經濟管理的民主化以及整個社會生活的民主化，這也是中國共產黨和中國政府推進中國特色民主政治的既定目標。而市民社會的形成和社會組織的發展，能夠克服公民個人參與的自發、鬆散、零亂等問題，形成有組織的參與力量，從而為公民的政治參與提供平臺，實現公民對社會生活各方面有秩序的民主參與。公民對國家治理的參與，既有利於發揮公民的主體作用，調動公民參與的積極性、主動性和創造性，也可以減輕政府的政治成本，彌補政府治理能力的不足，從而更好地推動國家治理和社會發展。從發展角度看，我國正處於社會轉型和體制轉軌時期，必然會產生大量的社會問題和社會矛盾，如生態保護、基層民主、利益分配、矛盾調解、社區建設、社會保障、就業安置、綜合治安等等，解決這些問題和矛盾，需要調動各方面社會力量積極參與，形成多元治理的格局，這樣不但可以使政府從微觀事務中解放出來，提升政府治理的「深度」，提高政府有關改革發展核心問題的治理能力，而且，多元主體的合作治理將在承接政府原有治理職能的基礎上補充政府在某些社會治理中的缺位，拓展社會治理的「廣度」，從而提升整個社會的治理能力。從實踐中我們也看到，隨著社會組織的不斷發展壯大，其在公民政治參與中的組織協調作用也變得越來越重要。當前，以行業協會、基金會、民辦非企業單位為主體的廣大社會組織，在促進行業發展、提供公共服務、發展公益慈善事業、完善社會治理結構、增進國際民間合作交流等方面發揮著了不可替代的作用，對促進經濟發展、推進社會進步、維護社會穩定、建立和諧社會產生了積極的影響，成為推進經濟發展和社會建設的生力軍，成為構建和諧社會的重要力量。

二是基層群眾自治制度是全面構建人民治理國家的基礎。

馬克思指出，「平等應當不僅僅是表面的，不僅僅在國家的領域中實行，它還應當是實際的，還應當在社會的、經濟的領域中實行」[1]。截至二〇〇七年年底，我國已有六十一萬多個村民委員會，八萬多個社區居民委員會。全國絕大多數農村和城市已進行了六次以上的村（居）民委員會換屆選舉。百分之八十五的農村建立了實施民主決策的村民大會或村民代表大會，百分之九十以上的農村建立了保障民主監督的村民理財小組、村務公開監督小組等組織，村務公開、民主評議等活動普遍開展。百分之八十九的城市社區建立了居民（成員）代表大會，百分之六十四的社區建立了協商議事委員會，百分之二十二的社區建立了業主委員會，居民評議會、社區聽證會等城市基層民主形式普遍推行，收到了很好效果。[2]包括農村村委會和城市居委會在內的城鄉社區基層自治組織最廣泛地管理公共事務和公益事業，成為協調利益、化解矛盾、排憂解難的樞紐。二〇一一年三月，

1　《馬克思恩格斯選集》第3卷，人民出版社2012年版，第484頁。

2　李學舉：《我國基層群眾自治制度地位的重大提升》，《求是》2008年第3期。

「十二五」規劃又特別指出把社區建設成為管理有序、服務完善、文明祥和的社會生活共同體。社會組織包含社團、行業組織和社會仲介組織等，發揮了提供服務、反映訴求、規範行為的作用。有學者提出：「中國社會組織的發展，既是中國市民社會成長的一種標誌，同時也推動著中國市民社會進一步成長。」[1]二〇〇六年四月的《國務院關於加強和改進社區服務工作的意見》中強調，要培育健全民間社會組織。《意見》指出：「健全社會組織，增強服務社會功能。堅持培育發展和管理監督並重，完善培育扶持和依法管理社會組織的政策，發揮各類社會組織提供服務、反映訴求、規範行為的作用。」[2]《國家人權行動計畫（2009-2010）》明確提出：「發揮社會組織在擴大群眾參與、反映群眾訴求方面的積極作用，增強社會自治功能。在各級政協中，應當增加社會組織代表比例，各級政府在制定重大法律法規和公共政策時，應當聽取社會組織的意見和建議，行業協會、商會要收集行業、企業的意見和建議。學會、研究會要研究社會大眾的呼聲，基金會、公益性組織要反映弱勢群體利益訴求和需求，城鄉社區社會組織要了解社情民意，引導社會公眾合理表達意見，有序參與公共事務。」二〇一一年，加強社會組織建設成為「十二五」規劃的重要一章。「十二五」期間，黨和國家將會以培育發展和監督管理並重的方針，推動社會組織健康有序發展，還將建立健全社會組織管理體制和以法律監督、政府監督、社會監督、自我監督相結合的社會組織監管體系。二〇一二年，國務院發佈的《國家人權行動計畫（2012-

1 陸學藝：《當代中國社會結構》，社會科學文獻出版社2010年版，第364頁。

2 《國務院關於加強和改進社區服務工作的意見》，http://www. gov. cn/gongbao/content/2006/content_303523. htm.

2015）》中在繼續保障社會組織的參與權、表達權基礎之上，還增加了監督權，提出保障「社會組織通過申請行政覆議、提起行政訴訟，對行政機關依法行政進行監督的權利」。根據《中國民政統計年鑒2008》，民政部登記註冊的社會組織共計386916個，其中社團211661個，民辦非企業單位173915個，基金會1340個。二〇〇九年第一季度，在民政部登記註冊的各類民間組織共計414614個。企事業職工代表大會是企業實行民主管理的基本形式，是職工行使民主管理權力的機構。根據我國《工會法》規定：「工會組織和教育職工依照憲法和法律的規定行使民主權利，發揮國家主人翁的作用，通過各種途徑和形式，參與管理國家事務、管理經濟和文化事業、管理社會事務；協助人民政府開展工作，維護工人階級領導的、以工農聯盟為基礎的人民民主專政的社會主義國家政權」；「企業、事業單位、機關有會員二十五人以上的，應當建立基層工會委員會；不足二十五人的，可以單獨建立基層工會委員會，也可以由兩個以上單位的會員聯合建立基層工會委員會，也可以選舉組織員一人，組織會員開展活動。女職工人數較多的，可以建立工會女職工委員會，在同級工會領導下開展工作；女職工人數較少的，可以在工會委員會中設女職工委員。」總之，我國由基層民主的廣泛實踐，已經涉及經濟社會領域的方方面面，這些都深入了最廣大人民群眾，打牢了人民當家作主的根基。

（四）中國特色社會主義新型民主治理的法律保障體系

黨的十八屆四中全會做出的《中共中央關於全面推進依法治國若干重大問題的決定》指出：「依法治國，是堅持和發展中國特色社會主義的本質要求和重要保障，是實現國家治理體系和治理能力現代化的必然要求，事關我們黨執政興國，事關人民幸福安康，事關黨和國家長治久安。」中華人民共和國成立六十多年來，在建設中國特色社會主義的實踐中，中國的法治建設取得了巨大成就。特別是改革開放三十年來，黨領導人民適應經濟建設、政治建設、文化建設、社會建設不斷發展的客觀要求，以依法治國為基本方略，堅持以人為本，弘揚法治精神，樹立民主法治、自由平等、公平正義理念，建立和完善中國特色社會主義法律體系，全面實施依法行政，深化司法體制改革，完善權力制約和監督機制，保障公民的合法權益，維護社會和諧穩定，不斷推進各項工作法治化，為推動國家發展和治理現代化提供了制度和法律保障。

第一，立法體制的保障。

為維護國家法制統一，體現全體人民的共同意志和整體利益，並適應我國統一的、多民族的、單一制的社會主義國家的基本國情，我國實行統一而又分層次的立法體制。我國《憲法》和《立法法》規定，國家立法權由全國人民代表大會及其常務委員會行使，凡涉及國家主權的事項，國家機構的產生、組織和職權，民族區域自治制度、特別行政區制度、基層群眾自治制度，刑事、民事、經濟等方面的基本制度，以及訴訟和仲裁制度等重大事項，屬於全國人民代表大會及其常務委員會的專屬立法權。鑒於中國幅員遼闊、情況複雜、各地發展不平衡，在維護國家法制統一前提下，可以適應各地不同情況制定相應行政法規和地方性法規。國務院根據憲法和法律，可以制定行政法規；省、自治區、直轄市的人民代表大會及其常務委員會可以制定地方性法規，經批准較大市的人民代表大會及其常務委員會可制定地方性法規；民族自治地方的人民代表大會有權依照當地民族的政治、經濟和文化的特點，制定自治條例和單行條例。此外，國務院各部門和具有行政管理職能的直屬機構根據法律和行政法規，可以在其職權範圍內制定部門規章；省、自治區、直轄市和較大市的人民政府，可以根據法律、行政法規和本省、自治區、直轄市的地方性法規依法制定規章。

為使法律符合公眾的根本利益和國家的整體利益，同時又兼顧各方面的具體利益，保證立法的科學性和民主性，我國法律規定了全國人民代表大會及其常務委員會的立法程序，以及國務院制定行政法規、地方人民代表大會及其常務委員會制定地方性法規的程序。全國人民代表大會常務委員會審議法律案一般實行「三審制」，重大的、意見分歧較大的法律草案，審議的次數可以超過三次，每部法律的出臺，都要經過反復審議，充分討論，基本達成一致意見後，再提請全國人民代表大會或者全國人民代表大會常務委員會的全體會議表決。在立法過程中，堅持發揚民主，集中民智，反映民意。在提出法律草案和行政法規草案、地方性法規草案時，通過召開座談會、論證會、聽證會等多種形式，廣泛聽取各方面意見，增強立法的透明度和公眾參與度。為保證國家法制統一和法律規範之間的協調，我國法律規定了不同層級法律規範的效力：憲法具有最高的法律效力，一切法律、行政法規、地方性法規、自治條例和單行條例、規章都不得與憲法相抵觸；法律的效力高於行政法規、地方性法規、規章；行政法規的效力高於地方性法規、規章；地方性法規的效力高於本級和下級地方政府規章。此外，我國法律還規定了對行政法規、地方性法規、自治條例和單行條例的合憲性和合法性審查的程序。國務院、中央軍事委員會、最高人民法院、最高人民檢察院和各省、自治區、直轄市的人民代表大會常務委員會認為行政法規、地方性法規、自治條例和單行條例同憲法或者法律相抵觸的，可以向全國人民代表大會常務委員會書面提出進行審查的要求；其他國家機關和社會團體、企業事業組織以及公民也可以向全國人民代表大會常務委員會書面提出進行審查的建議。

第二，法律體系的保障。

有法可依是建設社會主義法治國家的前提。經過多年不懈的努力，以憲法為核心的中國特色社會主義法律體系基本形成。當代中國的法律體系，部門齊全、層次分明、結構協調、體例科學，主要由七個法律部門和三個不同層級的法律規範構成。七個法律部門是：憲法及憲法相關法、民法商法、行政法、經濟法、社會法、刑法、訴訟與非訴訟程序法。三個不同層級的法律規範是：法律，行政法規，地方性法規、自治條例和單行條例。截止到二〇一一年年底，全國人民代表大會及其常務委員會已經制定了二百四十件現行有效的法律，涵蓋了全部七個法律部門；各法律部門中，對形成中國特色社會主義法律體系起支架作用的基本的法律，以及改革、發展、穩定急需的法律，大多已經制定出來。與法律相配套，國務院制定了七百多件現行有效的行政法規，地方人民代表大會及其常務委員會制定了八千六百多件現行有效的地方性法規。國務院有關部門以及省、自治區、直轄市和較大的市的人民政府還制定了大量規章。

在中國特色社會主義法律體系中，憲法居於核心地位。憲法不僅對公民的各項基本權利做出規定，而且對公民的人格尊嚴不受侵犯、公民的人身自由和宗教信仰自由等，都有具體規定。現行憲法根據國家機構實行民主集中制的原則和中華人民共和國成立以後政權建設的經驗，對國家機構做了全面規定。現行憲法還規定，各少數民族聚居的地方實行區域自治，設立自治機關，行使自治權；在城市和農村實行基層自治；國家在必要時設立特別行政區，在特別行政區內實行的制度按照具體情況由全國人民代表大會以法律規定。現行憲法通過後，為與中國社會發生的變革相適應，全國人民代表大會又先後四次對憲法的部分內容和條款做了修改。一九八八年的憲法修正案規定，國家允許私營經濟在法律規定的範圍內存在和發展；土地的使用權可以依照法律的規定轉讓。一九九三年的憲法修正案規定，國家實行社會主義市場經濟；中國共產黨領導的多黨合作和政治協商制度將長期存在和發展。一九九九年的憲法修正案規定，國家實行依法治國，建設社會主義法治國家；國家在社會主義初級階段，堅持公有制為主體、多種所有制經濟共同發展的基本經濟制度，堅持按勞分配為主體、多種分配方式並存的分配制度。二〇〇四年的憲法修正案規定，國家鼓勵、支持和引導非公有制經濟的發展，並對非公有制經濟依法實行監督和管理；公民的合法的私有財產不受侵犯，國家依照法律規定保護公民的私有財產權和繼承權；國家尊重和保障人權等。

中國特色社會主義法律體系的形成，在我國經濟建設、政治建設、文化建設、社會建設、生態文明建設等各方面實現了有法可依。這是我國社會主義民主法制建設史上的重要里程碑，是中國特色社會主義制度走向成熟的重要標誌，具有重大的現實意義和深遠的歷史意義。中國特色社會主義法律體系，以憲法和法律的形式確立了國家發展中帶有根本性、全域性、穩定性和長期性的一系列重要制度，是中國特色社會主義永保本色的法制根基、創新實踐的法制體現、興旺發達的法制保障。中國特色社會主義法律體系是開放的和發展的。我國正處在社會轉型期，法律體系具有階段性和前瞻性特點，隨著改革開放的深入，我國將通過立法工作不斷制定新的法律和修改原有的法律，推動法律體系不斷發展和完善，使之更加適應國家發展和國家管理需要。

第三，法律制度的保障。

改革開放以來，在適應經濟社會發展和社會轉型過程中，注重法律制度建設，在尊重和保障人權、規範市場經濟秩序、依法行政與建設法治政府、司法制度與公正司法等方面制定和完善了一系列法律制度，各方面事業不斷法律化、制度化，為經濟社會發展和國家治理奠定了法律制度基礎。

一是建立尊重和保障人權的法律制度。在法治建設中，黨和政府把「讓每個人享有充分的人權」作為不懈的奮鬥目標。堅持生存權、發展權的首要地位，以發展作為第一要務，同時不斷發展公民的政治、經濟、社會、文化權利，努力實現人的全面發展。在公民生命權，人身自由和人格尊嚴，平等權，政治權利，宗教信仰自由，勞動者權益，以及經濟、社會、文化和其他權利的法律保障等方面，制定了一系列保障人權的法律制度，人權保障事業不斷法律化、制度化。此外，我國參加了二十二項國際人權公約，其中包括《消除一切形式種族歧視國際公約》《消除對婦女一切形式歧視公約》《禁止酷刑和其他殘忍、不人道或有辱人格的待遇或處罰公約》《兒童權利公約》《經濟、社會及文化權利國際公約》等核心國際人權公約。我國政府認真履行所承擔的相關義務，積極提交履約報告，充分發揮國際人權公約在促進和保護本國人權方面的積極作用。

二是建立了規範市場經濟秩序的法律制度。在從計劃經濟體制向市場經濟體制轉變過程中，我國不斷加強經濟立法和相關立法，確立了民事法律制度、市場主體的法律制度、市場管理的法律制度、宏觀調控的法律制度、知識產權保護的法律制度、資源節約和環境保護的法律制度、對外經貿合作的法律制度，可以說，符合社會主義市場經濟要求的法律制度已基本形成，這為社會主義市場經濟秩序的規範提供了制度保障。

三是推進依法行政與法治政府建設。依法行政、建設法治政府是全面落實依法治國基本方略的重要內容，也是我國政府施政的基本準則。經過多年努力，我國各級人民政府的行政權力已逐步納入法治化軌道，規範政府權力取得和運行的法律制度基本形成，依法行政取得了重要進展。在行政法律制度方面建立健全了行政主體法律制度、行政行為法律制度、行政監督和救濟法律制度以及國家公務員法律制度。近年來我國政府通過切實加強自身建設，進一步轉變職能，加快建設法治政府步伐。加快建立突發事件應急機制，提高政府應對公共危機的能力，努力建設服務政府；進一步做好政府資訊公開工作，努力建設「陽光」政府；加大行政問責力度，努力建設責任政府。此外，我國政府高度重視行政執法體制改革，要求各級行政機關嚴格按照法定權限和程序行使職權，全面推行行政執法責任制，嚴格執法責任。在建設法治政府進程中，加強行政監督責任，積極解決行政爭議，自一九九九年行政覆議法實施以來，全國平均每年通過行政覆議解決八萬多起行政爭議。

四是推進司法制度建設與公正司法。在司法建設方面，我國建立健全了審判制度，完善了民事、行政和刑事三大審判體系，形成了包括公開審判制度、合議制度、人民陪審員制度、辯護制度、訴訟代理制度、回避制度、司法調解制度、司法救助制度、兩審終審的審級制度、死刑覆核制度等在內的符合建設社會主義法治國家要求的現代司法制度，努力維護司法公正和社會正義。此外，制定了《仲裁法》《律師法》《公證法》《勞動爭議調解仲裁法》等法律，建立了仲裁制度、律師制度、公證制度、法律援助制度和司法考試制度等。

儘管經過六十多年的法治建設，我國法律體系已經形成，立法體制和法律制度不斷完善，法治政府建設穩步推進，全社會法治觀念明顯增強。但是，「必須清醒看到，同黨和國家事業發展要求相比，同人民群眾期待相比，同推進國家治理體系和治理能力現代化目標相比，法治建設還存在許多不適應、不符合的問題，主要表現為：有的法律法規未能全面反映客觀規律和人民意願，針對性、可操作性不強，立法工作中部門化傾向、爭權諉責現象較為突出；有法不依、執法不嚴、違法不究現象比較嚴重，執法體制權責脫節、多頭執法、選擇性執法現象仍然存在，執法司法不規範、不嚴格、不透明、不文明現象較為突出，群眾對執法司法不公和腐敗問題反映強烈；部分社會成員尊法信法守法用法、依法維權意識不強，一些國家工作人員特別是領導幹部依法辦事觀念不強、能力不足，知法犯法、以言代法、以權壓法、徇私枉法現象依然存在。這些問題，違背社會主義法治原則，損害人民群眾利益，妨礙黨和國家事業發展，必須下大氣力加以解決。」我們應順應形勢發展和時代要求，在黨的領導下，進一步推動完備的法律規範體系、高效的法治實施體系、嚴密的法治監督體系、有力的法治保障體系的形成，不斷完善黨內法規體系，堅持依法治國、依法執政、依法行政共同推進，堅持法治國家、法治政府、法治社會一體建設，實現科學立法、嚴格執法、公正司法、全民守法，以此促進國家治理體系和治理能力現代化，這是我國法治建設的根本目標和任務。

三、中國特色社會主義民主治理能力的提升

習近平同志指出：「國家治理體系與國家治理能力雖然有密切聯繫，但又不是一碼事，不是國家治理體系越完善，國家治理能力自然而然就越強。縱觀世界，各國有其治理體系，而各國治理能力由於客觀狀況和主觀努力的差異又有或大或小的差距。甚至同一國家在同一治理體系下不同歷史時期的治理能力也有很大差距。正是考慮到這一點，我們才把國家治理體系和國家治理能力現代化結合在一起提。」[1]一個國家的治理能力直接影響到其經濟增長、政治穩定、社會發展和國際安全等各個領域，而國家治理能力同樣與民主政治緊密相關。中國特色社會主義民主的不斷發展，對於推進我國治理能力現代化發揮

1 中共中央文獻研究室：《習近平關於全面深化改革論述摘編》，中央文獻出版社2014年版，第28頁。

著重要作用。

（一）國家治理能力的概念及其演變

對於如何提高國家治理能力，西方國家對此非常重視，理論界的研究起步較早，理論較成熟。早在二十世紀五六十年代，西方結構功能主義學派的研究者們就提出了國家能力這一概念，阿爾蒙德和鮑威爾指出，國家能力是指一個政治系統在其環境中的總體績效，並將國家能力概括為五個方面：提取、規制、分配、符號和回應。但是他們的概念很難衡量。亨廷頓在《變革社會中的政治秩序》中提出，國與國之間的最大區別並不在於政體形式（民主還是專制），而是國家的統治能力，並認為統治能力和政治組織的制度化程度（具體表現為適應性、複雜性、自主性和內聚性）相關，從而啟示了之後研究國家和國家能力的學者。二十世紀七〇年代末開始，國家主義學派開始系統分析國家能力這一概念。西達・斯考切波區分了總體的國家能力和按政策領域區分的國家能力，認為對後者的研究更有意義，但因為其國家理論本身包含的強烈的國家中心論的傾向性，因而對國家能力的跨國研究也過於注重國家制度的靜態比較分析，在具體的個案分析中也忽略了社會對國家的限制以及國家與社會的互動。亨廷頓的學生米格代爾將社會納入了國家能力的分析框架，並把國家能力分為提取、滲透、規制（調節社會關係）和分配（以特定方式配置或運用資源）四大能力。所謂提取能力指的是國家從社會中取得人力、物力和財力的能力，集中體現在徵兵和徵稅方面；規制能力則指國家制定規則並讓民眾和組織遵從規則的能力；滲透能力是指國家機構及其代理人進入社會的各個角落的能力；分配能力則指國家按照其意願和計畫配置和使用資源的能力。但米格代爾的研究將國家能力視為一個零和遊戲，即國家的強大是建立在社會的弱小基礎上的，這一研究的時代局限引發了後來學者對「強國家強社會」組合以及二者協同關係的研究，著重點轉移到探討國家社會相互賦權的可能性及其機制，以便實現國家和社會之間零和關係向正和關係的轉變，形成強大的國家能力。[1]

中國學者對於國家能力的研究起步於二十世紀九〇年代。王紹光與胡鞍鋼於一九九三年發表的《中國國家能力報告》無疑是當時政治學、經濟學研究中的力作。報告具有鮮明的政策導向和學術色彩，報告發表後產生了巨大的社會反響，受到政府、新聞界、學術界的廣泛關注。報告以如何在市場經濟轉變和現代化趕超過程中加強中央政府的主導作用、避免市場經濟的消極作用為出發點，對國家能力進行界定，認為國家能力是指國家（中央政府）將自己的意志、目標轉化為現實的能力，包括汲取財政能力、宏觀調控能力、合法化能力以及強制能力。報告認為，國家能力特別是提高國家汲取財政能力是擺脫貧困落後、實現經濟起飛、縮小與發達國家之間差距的最主要的條件之一，並提出提高國家汲取財政能力以加強宏觀調控能力的實際對策，報告對於推動國家分稅制改革發揮了重要推動作用。社會主義市場經濟建立之初對國家能力的強調引發了某些學者對全能國家的警惕，因而有學者從民主化與國家能力的關係角度出發強調民主化建設，認為國家在民主化進程中的能力必須是有限的才是合理的，並非在任何意義和形式上加強國家能力都具有積極意義，不能借加強國家能力之

1　張長東：《國家治理能力現代化研究——基於國家能力理論視角》，《法學評論》2014年第3期。

機，損害或推遲民主化進程。[1]

進入二十一世紀以來，對國家能力的研究開始突出社會治理內容。如有學者開始意識到，國家能力是一個綜合性的概念，既不能離開國家的本質屬性來考察國家能力，也不能以「國家機關」代替「國家」，要把國家統治能力和治理社會能力兩個基本方面區別開來，認為治理社會能力既是實現統治階級意志利益，也是實現社會公共目標不可或缺的能力，強調要將社會公共目標納入國家能力所要達到的目標，並預言社會治理能力在國家和平建設時期越來越突出地佔據著主導地位。[2]近幾年來，隨著改革開放的逐步深化、制度化水準的提高以及市民社會的崛起和社會組織的不斷壯大，理論界對國家治理能力的研究愈加深入，更多傾向於將多元治理主體的能力一起納入國家治理能力概念之中，並重視從國家與社會良性互動關係的角度討論國家治理能力。例如以強調國家能力著稱的王紹光，除了繼續豐富國家能力的內涵之外，也將吸納和整合能力納入國家治理能力之中，認為「缺乏吸納與整合能力，就沒有真正意義上的民主」[3]。不少學者將國家治理能力的提高建立在執政黨建設、政府建設、社會建設基礎上，強調國家與社會之間的不斷包容與互動，以及在此基礎上綜合推進國家治理能力。[4]這表明人們已經從實踐中深刻認識到民主政治與國家治理能力之間的緊密關係。

---

1 藍華、布成良：《民主化進程中的國家能力》，《文史哲》1998年第5期。

2 黃寶玖：《國家能力：涵義、特徵與結構分析》，《政治學研究》2004年第4期。

3 王紹光：《國家治理與基礎性國家能力》，《華中科技大學學報》（社會科學版）2014年第3期。

4 戴長征：《中國國家治理體系與治理能力建設初探》，《中國行政管理》2014年第1期。

（二）中國特色社會主義民主對國家治理能力的影響

從民主政治的角度看，國家治理能力就是通過發展民主，不斷提高國家治理的制度化水準，並運用國家制度管理社會各方面事務的能力，包括改革發展穩定、內政外交國防、治黨治國治軍等各個方面。提高國家治理能力是完善和發展中國特色社會主義制度的必然要求，是實現社會主義現代化的應有之義。實現國家治理現代化，不但要求推動治理主體的多元化，而且要求提高多元治理主體的治理能力，以適應經濟社會不斷深化改革的需要。前面已經提到過，國家治理既區別於國家統治（管控）也不同於國家管理。國家統治或管控從本質上來講，是一種借助國家軍隊、員警與行政機關，以威懾與控制的方式維持社會公共秩序的治理方法。「國家管理」則強調執政黨和國家在處理社會公共事務中，借助於制度設計與法律設計維護社會秩序，並通過制定社會生產等投入要素的組合增進公共利益最大化。這一方式同樣是以國家作為絕對主體的。而「國家治理」則是一個多元主體共同參與的概念，強調國家政權的所有者、管理者和利益相關者的合作管理，從而增進公共利益、維護公共秩序。從國家能力角度看，與上述方式相對應的國家能力分別是以強力控制為基本特徵的國家統治能力，以權威引導為基本特徵的國家管理能力和以多元共治為特徵的國家治理能力。

多元共治為特徵的國家治理能力是一個綜合的體系，其效能大小取決於各方合力的作用。從國家治理效能角度看，要實現國家治理效能和公共利益的最大化，滿足公眾日益增長的物質文化需求，關鍵是要建立起多元主體合作共治的網路化布局，實現整體協同治理。整體協同治理著眼於多元治理主體的整體性運作，主張國家治理「從分散走向集中，從部分走向整體，從破碎走向整合」，強調各個治理主體為了完成共同目標而展開跨部門、跨界別、跨行業的協同合作，在治理過程中以問題為取向，按照公民需求提供服務，按照公民的生活軌跡整合服務職能，從而建立起縱橫交錯、內外聯結的協作機制，統一設計服務路線，系統組態服務資源，力求從根本上提升多元主體整體合作治理能力。整體協同治理在內容上包含中央政府和地方政府之間的「上下合作」，中央或地方同級政府之間的「水準合作」，同一政府不同部門之間的「左右合作」，政府與企業和社會之間的「內外合作」。在形式上又分跨界政策議題下多個政府部門之間的合作，同一政策下不同政府之間的合作，同一政策同一政府中不同層級之間的合作，不同政策同一服務提供機制下的政府部門之間的合作，同一政策或不同政策下的政府與企業和社會組織之間的合作。在主體上既有中央政府和地方政府及其所屬部門機構，也有私人部門、非營利部門、市民社會或志願組織。在政策領域上涉及國家治理的方方面面，特別是在應對環境、社會、發展等複雜棘手的問題上，需要以政府為主導，統籌一切可利用的資源和力量綜合協調運行。

新中國自成立以來到改革開放前很長一段時間內，特別是在「文化大革命」期間，基本奉行的是「以階級鬥爭為綱」的方針，國家統治處於主導地位，重視的是政治統帥地位，突出的政權是「鎮壓之權」，強調的是階級統治能力。改革開放後，執政黨和政府的工作重心轉向經濟建設，國家管理的重要性凸顯出來，國家統治的思想逐漸退居次要地位，這時理念上強調的是效率優先兼顧公平，在能力上突出的是國家機關的管理能力。隨著實踐的深入和認識的深化，科學發展、社會和諧、公平正義的價值日益受到執政黨和政府的重視，服務型政府成為政府建設的目標，「以人為本」成為基本的執政理念，民主協商的治理思維逐步代替管制思維，平等合作的精神愈益深入人心，以公眾為中心、公平為導向的國家治理理念逐漸取代了以往過於重視效率的國家管理理念而成為主流話語。與此同時，經過三十多年的體制改革，執政黨和國家機關以及國家機關內部的職責許可權愈加明晰，市場和企業的力量日益壯大，社會組織得到了一定的發展，公民的參與能力不斷提高，多元化治理主體格局初步形成，這為推動國家治理現代化和治理水準的提高奠定了民主基礎。同時，經過改革開放以來的政治體制改革和民主建設，整個社會的民意表達能力、黨和政府的決策民主化能力、國家法治能力、民眾對權力監督制約能力也大大提高，這為國家整體治理能力的提高奠定了能力基礎。

國家治理主體能力是國家治理主體在實施國家治理過程中所需要的各種素質和本領。我國改革開放以來的民主建設極大地拓展了治理主體的範疇，對治理主體能力的提高也產生了深刻影響。治理主體的多元化有利於調集各方面的力量和智慧，共同推動國家治理水準和能力的提高。

第一，對黨的執政能力的影響。新時期黨的執政環境發生了根本變化，為了適應科學、民主、法治的社會文明進步潮流，我們黨逐步調整了執政思維方式，從「革命黨」的思維向長期執政的「執政黨」思維轉化，注重科學執政、民主執政和依法執政能力的提高。我們黨深刻認識到：科學執政就是要堅持以發展著的馬克思主義為指導，在不斷深化對共產黨執政規律、社會主義建設規律、人類社會發展規律的認識基礎上，從新的實際出發，科學制定適應時代要求和人民願望的施政綱領和大政方針，不斷推進思想觀念、工作制度和工作方法的創新能力。民主執政就是要始終從人民利益出發，把實現好、維護好、發展好人民的利益，作為工作的出發點和落腳點，通過密切聯繫群眾，尊重人民群眾的民主權利，尊重群眾的首創精神，並以發展黨內民主帶動人民民主，積極推進協商民主廣泛、多層、制度化發展，調動各方面力量的積極性的能力。依法執政就是全黨緊緊抓住制度建設這個中心環節，不斷推進國家經濟、政治、文化、社會生活的法制化、規範化，從制度上保證黨的路線、方針、政策的正確制定和科學實施的能力。通過這三個方面的能力建設，大大提高了黨治理能力和水準的現代化，有利於發揮黨「總攬全域、協調各方」的作用，推動整個國家治理能力的現代化轉型。

第二，對政府治理能力的影響。政府治理能力就是指政府提高治理有效性的能力和水準。改革開放以來，民主政治建設對政府能力的影響表現在：一是重視處理政府與市場、政府與社會關係。隨著市場經濟改革的建立和深化以及市民社會的逐步形成。政府注重處理好政府與市場、政府與社會關係，明確界定三者的邊界範圍，合理定位政府職能。從政府與市場關係來看，逐步回歸市場本位，不斷放權於市場，尊重市場在資源配置中的決定性作用，凡市場機制能有效調節的經濟活動，一律取消行政審批，交由市場解決，需要審批的也要嚴格規定程序和時限，同時要放權於企業，尊重企業投資體制選擇權和投資經營權。從政府與社會的關係來看，逐步回歸人民本位，加快實施政社分開，逐步放權於社會，屬行業自律、社會自治事項，政府不再干預。在此基礎上，順應經濟社會發展的形勢和要求，不斷推動政府職能向創造良好發展環境、提供優質公共服務、維護社會公平正義轉變。二是政府組織結構逐步優化。科學合理的政府組織結構是有效政府治理的基礎。在優化政府組織結構過程中，著力優化政府職能配置、機構設置、工作流程，建立決策權、執行權、監督權既相互制約又相互協調的行政運行機制。對職能相近而管理機構分散的部門進行合併，對職責交叉重複、相互扯皮的政府部門進行調整，對職能範圍過寬、權力過分集中的機構進行適當分設。以科學合理的職能配置為基礎，優化政府機構設置。在政府層級上，有條件的地方積極探索省直接管理縣（市）體制改革，減少治理層級，提高政府治理效能；在橫向部門配置上，積極穩妥實施大部門制，健全部門間協調配合機制。同時，嚴格控制機構編制，推進機構編制管理科學化、規範化、法制化。優化行政區劃設置。適應經濟轉軌、社會轉型、政府職能轉變及新型城鎮化發展的要求加強對行政區劃的戰略研究和調整。通過優化行政區劃設置，合理配置行政資源推動行政區與經濟區協調發展。最後再造政府工作流程。在簡政放權、減少行政審批事項的同時注重優化政府工作流程剔除相互矛盾、煩瑣拖遝的工作環節提高政府效能。三是推動權力運行方式轉變。有效的政府治理，應當強調權力運行中平等、協商、溝通及合作等理念。在政府改革過程中，宣導各項公共事務決策由不同利益相關者自主表達、協商對話，並達成共識，從而形成符合整體利益的公共政策。在實踐中政府逐步摒棄管制方法，採用市場、法律、文化等多種治理方法和治理技術，對公共事務進行引導與治理。通過採取上述措施，政府改革不斷推進，政府治理能力大大提高。

第三，對領導幹部及公務員治理能力的影響。毛澤東曾經說過：正確的路線確定之後，幹部就是決定的因素。國家治理現代化歸根結底是人的現代化，黨政各級領導幹部及公務員是具體治理的實際承擔者、參與者、解決者，在國家治理中發揮領導作用，因此提高領導幹部及公務員的治理能力對於推進國家治理現代化至關重要。在民主政治建設中，首先，我們黨注重加強領導班子建設，完善幹部教育培訓和實踐鍛煉制度，進一步解放思想、更新觀念，切實提高領導班子和領導幹部民主決策、整合資源、應對社會風險和履行職責的能力，在領導幹部素質培養上，著力提高政治素養、理論素養、戰略素養和科技素養，提高學習能力和創新能力，要求領導幹部把學到的知識運用於實踐，又在實踐中增長解決實際問題的本領和能力。其次，注重提高領導幹部和公務員的民主作風。在民主政治建設過程中，強調領導幹部和公務員應具備民主作風、溝通能力和包容性，善於聽取、歸納、總結各方不同意見和建議，並根據各方的利益關切和合理意見，提出治理決策和具體方案，推動問題的合理解決。通過長期的培養，各級領導幹部增強了民主意識，提高了民主作風，適應了當前國家治理的需要。最後，注重領導幹部運用資訊技術和現代科技快速進行資訊整合的能力。在新媒體時代，這一能力對於提高辦事速度和效率，增強回應性與透明度，具有重要意義。

第四，對其他治理主體參與治理能力的影響。除了執政黨和政府以及各級領導幹部之外，其他治理主體包括參政黨、社會組織、各類人才以及公民等的治理能力也很重要。一是注重發揮參政黨的作用。

我國的政黨制度是中國共產黨領導的多黨合作和政治協商制度，參政黨代表各自所聯繫的群眾的具體利益和特殊利益，中國共產黨和各民主黨派的合作主要是通過政治協商、參政議政、民主監督和合作共事等形式來實現的，發揮參政黨的參政作用，能夠調動各方面積極性，避免彼此傾軋、相互攻訐的弊端，最大限度減少內耗，避免決策和工作的失誤，有效化解社會矛盾，增強社會活力，形成強大社會整合力。改革開放以來，我們黨不斷加強政治協商制度建設，注重發揮參政黨的議事、監督、協商作用，使其為現代化建設獻計獻策、獻智獻力。通過長期建設，執政黨與參政黨的合作制度不斷完善，參政黨的規模逐步壯大，參政黨在各級政府機構和企事業單位的參與度不斷擴大，發揮的作用也越來越明顯和突出，這為在國家治理中發揮參與作用打下了良好基礎。二是注重提高社會組織參與治理能力的提高。我國社會組織是在改革開放過程中形成發展起來的，在深化改革過程中，國家政府支援和鼓勵社會組織的發展壯大，注重克服社會組織獨立性不足、動員能力不強、公信力不高的缺陷，不斷提高社會組織的參與熱情和信心，拓展其參與活動空間，健全組織機制和功能，強化業務能力和水準，發揮其涉及面廣、行動靈活的優勢，社會組織在公共事務治理中的作用愈益突出，成為國家治理的一支重要力量。三是提高國家治理能力需要強大的人才支撐，因為隨著改革進入攻堅期、深水期，我國經濟社會發展過程中新矛盾、新問題不斷出現，而且越來越錯綜複雜，牽涉的利益相關方也愈加廣泛，諸多治理問題的解決離不開各方面專門性人才，如治理專家、科技人才等的參與，因此必須重視發揮各方面專業人才的作用，提高他們參與治理的能力。隨著改革實踐的深化和教育文化的發展，我國各級各類人才逐步成長起來，我們黨注重人才儲備和人才梯隊建設，充分發揮人才在現代化建設中重要作用，不斷推動各級各類人才的理論創新、制度創新、科技創新的能力，解決實際問題的能力以及相互協作能力。四是注重提高公民參與治理的能力。儘管公民作為個體具有分散性的特點，但公民構成了推進治理現代化的社會微觀心理基礎，因此，公民參與國家的治理活動是國家治理的重要部分。改革開放以來，黨和政府注重提高公民的主體意識，包括參與意識、權利意識、平等意識、法治意識、責任意識，以及公民的實際參與能力，包括意願表達能力、政策理解能力、程序規範能力、議事能力等，並注重通過國家的法律法規和制度建設，完善和發展公民參政議政的管道，引導公民有序政治參與，這為公民參與國家治理打下良好的基礎

四、中國特色社會主義民主治理基礎的奠定

國家治理不是孤立存在的，它還需要強有力的基礎支撐。中國現代社會格局為中國特色社會主義民主治理打造了根基。中國特色社會主義政治文化為中國特色社會主義民主治理創造了文化底蘊。中國特色社會主義法治體系為中國特色社會主義民主治理構造了支撐體系。這些都成為中國特色社會主義民主治理的重要基礎。

（一）中國特色社會主義民主治理的市民社會基礎

科恩指出：「民主的最基本的前提是要有一個社會，它可以在這個社會的範圍內進行活動。」[1]民主國家無不建立在成熟的現代化社

1　〔美〕科恩：《論民主》，商務印書館1988年版，第44頁。

會格局基礎之上。社會主義社會更是如此，「社會主義不是少數人——一個政黨所能實現的。只有千百萬人學會親自做這件事的時候，社會主義才能實現」[1]。事實上，社會主義社會愈成熟，國家治理體系愈成熟。正如恩格斯說：「權威和自治是相對的東西，它們的應用範圍是隨著社會發展階段的不同而改變。」[2]

中國特色社會主義民主治理體系的建立、完善和發展，無不以現代化社會格局的發育成熟為基礎。改革開放以來，我國逐步改變了「國家—單位—個人」的傳統社會管理體制，初步形成了「國家—市場—社會」的現代社會管理體制。十六大以來，「隨著社會主義市場經濟條件下社會經濟成分、組織形式、就業方式、利益關係和分配方式『四個多樣化』趨勢的進一步發展，傳統的社會管理形式已越來越不適應。創新社會管理體制和方法，越來越緊迫地提到我們黨和政府的議事日程上來」[3]。我國又初步扭轉了「強國家弱社會」的傳統社會管理格局，提出了「社會管理創新」，構建了「黨委領導、政府負責、社會協同、公眾參與」的社會管理新格局。中共十八大報告明確提出了「中國特色社會主義社會管理體系」的新命題，明確要求在「黨委領導、政府負責、社會協同、公眾參與、法治保障」的社會管理格局中「加快形成政社分開、權責明確、依法自治的現代社會組織體制，加快形成源頭治理、動態管理、應急處置相結合的社會管理機

1 《列寧論蘇維埃政權建設》上冊，法律出版社1958年版，第77頁。

2 《馬克思恩格斯選集》第3卷，人民出版社2012年版，第276-277頁。

3 曾慶紅：《加強黨的執政能力建設的綱領性文獻》，載於《十六大以來重要文獻選編》中，人民出版社2011年版，第394頁。

制」。[1]中共十八屆三中全會決議進一步把「社會管理」轉換為「社會治理」，提出了「創新社會治理」的新要求，主要內容是「堅持系統治理，加強黨委領導，發揮政府主導作用，鼓勵和支持社會各方面參與，實現政府治理和社會自我調節、居民自治良性互動。堅持依法治理，加強法治保障，運用法治思維和法治方式化解社會矛盾。堅持綜合治理，強化道德約束，規範社會行為，調節利益關係，協調社會關係，解決社會問題。堅持源頭治理，標本兼治、重在治本，以網格化管理、社會化服務為方向，健全基層綜合服務管理平臺，及時反映和協調人民群眾各方面各層次利益訴求」。總之，從傳統社會管理體制到現代社會管理體制，再由「社會管理」到「社會治理」，這一系列模式轉型體現了國家治理現代化的本質要求，同時形成了民主國家治理體系的根本條件。

需要進一步說明的是，市民社會的發育完善是中國社會格局現代化轉換的最顯著標誌，成為中國特色社會主義民主治理的重要基礎，主要表現在四個方面。一是發揮社會自治功能，參與民主管理。中共十八大指出，「引導社會組織健康有序發展，充分發揮群眾參與社會管理的基礎性作用」[2]。十八屆三中全會決議更是突出地強調「激發社會組織活力」，提出「正確處理政府和社會關係，加快實施政社分開，推進社會組織明確權責、依法自治、發揮作用。適合由社會組織提供的公共服務和解決的事項，交由社會組織承擔。支援和發展志願

1 胡錦濤：《堅定不移沿著中國特色社會主義道路前進 為全面建成小康社會而奮鬥》，人民出版社2012年版，第34頁。

2 胡錦濤：《堅定不移沿著中國特色社會主義道路前進 為全面建成小康社會而奮鬥》，人民出版社2012年版，第38頁。

服務組織。限期實現行業協會商會與行政機關真正脫鉤，重點培育和優先發展行業協會商會類、科技類、公益慈善類、城鄉社區服務類社會組織，成立時直接依法申請登記。加強對社會組織和在華境外非政府組織的管理，引導它們依法開展活動」。二是發揮表達群眾訴求功能，參與民主決策。比如《國家人權行動計畫（2009-2010）》指出：「在各級政協中，應當增加社會組織代表比例，各級政府在制定重大法律法規和公共政策時，應當聽取社會組織的意見和建議，行業協會、商會要收集行業、企業的意見和建議。學會、研究會要研究社會大眾的呼聲，基金會、公益性組織要反映弱勢群體利益訴求和需求，城鄉社區社會組織要了解社情民意，引導社會公眾合理表達意見，有序參與公共事務。」三是發揮公民權利救濟功能，參與民主監督。匕比如《國家人權行動計畫（2012-2015）》中指出：「保障公民和社會組織通過申請行政覆議、提起行政訴訟，對行政機關依法行政進行監督的權利。」四是基於以上功能，推動政府轉型。我國市民社會的不斷完善，市民社會功能的不斷增強，推動了行政管理體制改革，中共十八大提出「深入推進政企分開、政資分開、政事分開、政社分開，建設職能科學、結構優化、廉潔高效、人民滿意的服務型政府」[1]。這意味著政府向創造良好環境、提供優質公共服務、維護社會公平正義的職能轉變，而且標誌著現代民主政府的成型。

1 胡錦濤：《堅定不移沿著中國特色社會主義道路前進 為全面建成小康社會而奮鬥》，人民出版社2012年版，第28頁。

（二）中國特色社會主義民主治理的政治文化底蘊

中國共產黨領導人民在提出中國特色社會主義民主治理思想的基礎上，全面展開了中國特色社會主義民主政治治理體系，這種民主治理體系內生著中國特色社會主義民主政治觀念，從而形成了中國特色社會主義民主治理的文化底蘊。

第一，形成了人民群眾性政治文化，奠定了中國特色社會主義民主治理的生命所系。

中共十六大以來，「人民民主是社會主義的生命」這個論斷屢次出現在黨和國家社會主義民主政治建設的文獻中。人民群眾性是中國特色社會主義民主的本質，是中國特色社會主義民主優越性的根本體現。馬克思指出，「國家制度本身就是一個規定，即人民的自我規定……在民主制中則是人民的國家制度」；「民主制獨有的特點，就是國家制度無論如何只是人民存在的環節」。[1]中國特色社會主義民主治理使得民主的本體內涵成為現實。正如中共十八大報告指出，「中國特色社會主義事業是億萬人民自己的事業。」為了更好地保證人民當家作主，必須充分發揮人民在民主建設中的「積極性、主動性、創造性」地位；要「最廣泛地動員和組織人民依法管理國家事務和社會事務、管理經濟和文化事業」，還要使得「人權得到切實尊重和保障」。[2]十八大報告將「支持和保證人民通過人民代表大會行使國家權力」放在民主布局之首，充分彰顯黨對人民主權的捍衛。社會主義民

1　《馬克思恩格斯全集》第1卷，人民出版社1956年版，第281頁。

2　胡錦濤：《堅定不移沿著中國特色社會主義道路前進　為全面建成小康社會而奮鬥》，人民出版社2012年版，第14、17頁。

主的實質就是人民民主；基層民主作為人民主權最廣泛的實踐形式得到進一步確證和拓展；建成人民滿意的服務型政府是政府職能轉型的最終目標；保障人民知情權、參與權、表達權、監督權，要求「凡是涉及群眾切身利益的決策都要充分聽取群眾意見，凡是損害群眾利益的做法都要堅決防止和糾正」，要求「讓人民監督權力，讓權力在陽光下運行」；提高基層人大代表特別是一線工人、農民、知識份子代表比例，降低黨政領導幹部代表比例；在完善黨的代表大會制度方面，提高工人、農民代表比例，等等。這一切無不表明中國特色社會主義民主治理體系蘊含著深刻的人民群眾觀念，體現了人民民主是中國共產黨始終高揚的光輝旗幟。

第二，形成了科學規範性政治文化，奠定了中國特色社會主義民主治理體系的有效保障。

民主政治的科學規範性是現代化民主的必然要求，同時是民主實效性的充分體現和切實保證。中國共產黨重視中國特色社會主義民主政治的科學規範性，具體表現在民主布局全面完善、民主權責明確規範和民主體制的具體可行。一是民主布局全面完善是民主科學規範性的前提條件。十八大以來，中國共產黨領導下已經全面展開我國民主政治建設的科學布局。二是民主權責明確規範是民主政治科學規範性的集中體現。這一方面，十八大報告有大量篇幅進行了闡述，包括：執政黨方面，黨的科學、民主、依法執政及其自身的科學化建設規範明確了其本身權責；人民代表大會作為我國最高國家權力機關的地位得到切實的支持和保證；各政黨各人民團體通過廣泛、多層、制度化的協商民主參與決策；政府將明確轉型為良好環境的創造者、優質公共服務的提供者和社會公平正義的維護者；城鄉社區自治組織、基層公共事務自治組織、公益事業自治組織以及企事業單位民主管理組織作為人民依法直接行使民主權利的方式途徑發揮協同作用；決策權、執行權、監督權既互相制約又互相協調；最廣泛的愛國統一戰線凝聚各方面力量；最廣大人民群眾在政治制度的各領域依法充分享有人民主權。三是民主體制具體可行是民主政治實現科學規範性的確認條件。人民代表大會制度及其相關的各項職權及其聯繫群眾制度、組織制度等專項制度不斷完善；包括「人民政協政治協商制度、中國共產黨同民主黨派的政治協商制度，專題協商、對口協商、界別協商、提案辦理協商制度等多形式協商制度，國家政權機關政治協商、政協組織政治協商、黨派團體政治協商等多管道協商制度，以及基層民主協商、地方政治協商、國家政治協商等多層次政治協商制度」在內的社會主義協商民主制度不斷健全；包括城鄉社區治理群眾自治、基層公共事務群眾自治、公益事業群眾自治和企事業單位職工代表大會制度在內的基層民主制度不斷發展；行政審批制度、大部制、行政層級和行政制度、行政管理方式和事業單位分類改革為主的社會主義行政體制改革不斷深化；決策機制及其程序、問責和糾錯制度、公開制度和監督制度為主的權力運行和監督體制不斷改進；黨員民主權利保障制度、黨的代表大會制度、黨內選舉制度、常委會議事規則和決定程序、地方黨委討論決定重大問題和任用重要幹部票決制、黨員定期評議基層領導班子制度、黨員旁聽基層黨委會議制度、黨代會代表列席同級黨委有關會議制度為代表的黨內民主制度體系化推進，這所有的一切無不說明我國民主政治科學規範又具體可行的各項體制不斷建立建成。

第三，形成了公平正義性政治文化，奠定了中國特色社會主義民主的內在規定。

公平正義是衡量政治制度的根本標準，同時是中國特色社會主義民主政治的內在規定。一是中國特色社會主義民主的布局，實現了代議制與協商制的統一、代表性與廣泛性的統一、權力行使與權力制衡的統一、權利運用與權利保障的統一，由此實現了公平正義的自由權利原則和機會公平原則。代議制與協商制的統一，確保了人民主權的合理行使，克服了代表性「流失」的弊端；代表性與廣泛性的統一，確保了民主的實效性，也確保了代表的合理性；權力行使和權力制衡的統一，確保了權責規範的自覺行使，還確保了權力的協調制約，使權力真正在陽光下運行；權利運用和權利保障的統一，確保了權利運用的充分性，還確保了權利在法律制度和規範的保護下不受剝奪和踐踏。二是中國特色社會主義民主的不斷完善還實現了公平正義的差別原則。人民代表大會制度提高基層人大代表特別是一線工人、農民、知識份子代表比例，降低黨政幹部代表比例；黨的代表大會制度提高工人、農民代表比例；以及基層民主制度的不斷完善，充分體現中國特色社會主義民主政治對基層群眾特別是勞動群眾民主權利的特別關照。各民主黨派各人民團體可以通過多種協商民主方式參與決策，同時還選拔出優秀黨外人士擔任各級國家機關領導職務，加強了非執政的民主黨派的參政地位；婦女、少數民族以及宗教界人士和信教群眾的合法政治權益也依法得以保障。

（三）中國特色社會主義民主治理的法治體系支撐

中國政治發展道路，就是堅持黨的領導、人民當家作主、依法治國的有機統一。「民主是法治的基礎，法治是民主的保障」已經眾所周知。法治體系，作為民主治理的支撐體系，主要體現在以下方面。

第一，法治體系規定了國家民主制度和公民基本權利，確保了中國特色社會主義民主治理體系的根本性質。

民主的客體和主體一般指國家制度和公民權利，這兩者都是國家以憲法為核心的法治體系明確規定的。在我國，人民主權原則和公民權利原則是憲法原則的重要內容。現行憲法以根本大法的形式規定了工人階級領導的、以工農聯盟為基礎的人民民主專政的國體，人民代表大會制度的政體，中國共產黨領導的多黨合作和政治協商制度、民族區域自治制度以及基層群眾自治制度；同時又規定了公民的人身權、財產權、基本政治權利等各項權利不受侵犯。與此同時，各項專門法律法規又把這些內容落實到方方面面。以憲法為核心的中國特色社會主義法律體系無不體現了人民共同意志，保證了人民基本權利，維護了人民根本利益。正是這樣，人民主權獲得了權威，得到了保證。

第二，法治體系使得民主制度化、規範化、程序化，確保了中國特色社會主義民主治理體系的有序運轉。

科學規範的民主才能有效運行，法治則是使得民主科學規範的實現形式。《中國大百科全書・法學》有以下經典性表述：「民主是現代國家法治的一個重要價值，也是法治的一個實體的基本原則。民主與法治不可分，法律是由民選代表制定並由民主方式產生的行政、司法機關執行的。現代國家的法治也總是與社會秩序不可分的，與專制、獨裁或無政府主義是對立的。」[1]人民群眾進行民主選舉、民主決策、民主管理、民主監督，無不是依照法定程序、法定規範、法定方式實行的。所以鄧小平在改革開放伊始就指出，「為了保障人民民主，必須加強法制。必須使民主制度化、法律化，使這種制度和法律不因領導人的改變而改變，不因領導人的看法和注意力的改變而改變」[2]。事實上，正是法制的建立，黨和國家正常的民主秩序才得以恢復。中共十五大正式提出了「依法治國」基本方略，具體內涵是：「廣大人民群眾在黨的領導下，依照憲法和法律規定，通過各種途徑和形式管理國家事務，管理經濟文化事業，管理社會事務，保證國家各項工作都能依法進行，逐步實現社會主義民主的制度化、法律化，使這種制度和法律不因領導人的改變而改變，不因領導人的看法和注意力的改變而改變。」[3]這段表述可以得出，民主是法治的本質內涵，法治是民主的實現方式。中共十八屆三中全會決議更深刻地提出，「緊緊圍繞堅持黨的領導、人民當家作主、依法治國有機統一深化政治體制改革，加快推進社會主義民主政治制度化、規範化、程序化，建設社會主義法治國家，發展更加廣泛、更加充分、更加健全的人民民主。」事實上，崇尚制度、規範、程序是法治的根本要求。正是法治體系理性地規約了自由與平等的張力，既確保了民主本體的不受侵犯，又確保了民主程序的秩序運轉。

---

1 《中國大百科全書・法學》，中國大百科全書出版社2006年版，第9頁。

2 《鄧小平文選》第2卷，人民出版社1993年版，第146頁。

3 《江澤民文選》第2卷，人民出版社2006年版，第28-29頁。

第三，法治體系規約了國家權力又保證了權利救濟，確保了中國特色社會主義民主治理體系的持續運轉。

人民民主的根本性質需要法治保證，人民民主的有序運轉需要法治保證，人民民主的持續運轉同樣需要法律保證。正如習近平指出，「我們要健全權力運行制約和監督體系，有權必有責，用權受監督，失職要問責，違法要追究，保證人民賦予的權力始終來為人民謀利益。」[1]真正讓人民監督權力，讓權力在陽光下運行，就要「確保國家機關按照法定許可權和程序列使權力……讓法律制度剛性運行」[2]；就要「建立健全全社會忠於、遵守、維護、運用憲法法律的制度。堅持法律面前人人平等，任何組織或者個人都不得有超越憲法法律的特權，一切違反憲法法律的行為都必須予以追究」[3]。與此同時，規約權力又內在要求權利救濟。正是因此，「我們要通過不懈努力，在全社會牢固樹立憲法和法律的權威，讓廣大人民群眾充分相信法律、自覺運用法律，使廣大人民群眾認識到憲法不僅是全體公民必須遵循的行為規範，而且是保障公民權利的法律武器」[4]。在這個意義之上，中共十八屆四中全會決議要求強化法律在維護群眾權益、化解社會矛盾中的權威地位，引導和支持人們理性表達訴求、依法維護權益，解決好群眾最關心最直接最現實的利益問題。

---

1 中共中央文獻研究室：《習近平關於全面深化改革論述摘編》，中央文獻出版社2014年版，第70頁。

2 中共中央文獻研究室：《習近平關於全面深化改革論述摘編》，中央文獻出版社2014年版，第71頁。

3 習近平：《在首都各界紀念現行憲法公佈施行30周年大會上的講話》，《人民日報》2012年12月4日。

4 習近平：《在首都各界紀念現行憲法公佈施行30周年大會上的講話》，《人民日報》2012年12月4日。

中國共產黨領導中國人民不斷推進法治進程，特別是十八大明確提出，到二〇二〇年中國全面建成小康社會之時要實現的法治目標，那就是：「依法治國基本方略全面落實，法治政府基本建成，司法公信力不斷提高，人權得到切實尊重和保障。」並明確提出「全面推進依法治國」，明確「法治是治國理政的基本方式」。總之，作為社會主義政治文明的重要組成部分，法治體系已經成為國家民主治理的重要支撐。

索引

D

黨的領導14, 54, 129, 238

黨內民主21, 64, 128, 242

多黨合作和政治協商制度22, 84, 117, 168, 261

G

市民社會62, 173, 228, 264

國家治理89, 117, 221, 263

J

基層民主22, 88, 147, 266

基層群眾自治制度22, 85, 149, 247

精英民主21, 128, 136

M

馬克思主義民主理論41, 91, 102

民主管理85, 148, 172, 235, 268

民主集中制21, 74, 131, 175, 251

民主技術180, 201, 220

民主價值150, 180, 210

民主監督35, 93, 180, 261

民主決策31, 95, 180, 264

民主制度18, 55, 119, 211, 266

民主治理24, 93, 221, 262

民族區域自治制度22, 80, 179, 249

R

人民代表大會制度21, 75, 111, 240

人民當家作主17, 102, 170, 249

人民民主9, 70, 153, 218, 269

X

西方民主主義24, 42, 57

協商民主22, 114, 166, 218, 267
新民主主義民主64, 69, 73
選舉民主63, 103, 157, 236

Y

依法治國21, 51, 113, 235

Z

中國傳統文化57, 203
中國特色社會主義民主57, 102, 180, 221

後記

POSTSCRIPT

近些年，筆者一直關注並研究中國特色社會主義民主問題，提出中國特色社會主義民主是按照自身邏輯形成的有鮮明中國特色的民主體系。但是，一些西方學者不承認中國特色社會主義民主，甚至不認為世界各國民主有其各自的特徵。這其中有對民主本身認識上的分歧，更緣於西方的傲慢和意識形態分歧與價值偏見。其實，西方的自由民主並不是世界民主的唯一出路，民主形式不是唯一的，而是具有多樣性特點的。中國特色社會主義民主的形成有其特殊的歷史文化源流和思想上的內在邏輯，中國特色社會主義民主的內涵也有其特殊的內在構成和影響，揭示這些內在邏輯和內在構成及影響，是系統把握中國特色社會主義民主體系的鎖鑰。為此，二〇一三年開始我們試圖對中國特色社會主義民主的邏輯形成、邏輯進程、邏輯構成、邏輯影響展開全面的新的研究並獲得浙江大學「馬克思主義理論和中國特色社會主義研究與建設」工程重點專案的立項，該專案又於二〇一四年被升級為浙江省哲學社會科學規劃「馬克思主義理論研究工程」專項基金專案（編號：14MLZX06YB）。本書就是這一專案的最終成果。

全書由段治文提出研究框架和思路，並組織團隊分工合作開展研究和撰稿。各章初稿撰寫人分別是：第一、二章段治文；第三章石然、段治文；第四章張立程、石然；第五章王心月；第六章王海穩；第七章石然、姜志強。全書由段治文、石然修改定稿。

本書在寫作中採納了許多已有研究成果，在此深表感謝。在研究和出版過程中，得到了浙江大學研究經費的資助，也得到了浙江省社科規劃辦的課題立項，浙江大學出版社作為出版單位也付出了辛勤勞動，在此一併表示衷心的感謝。

作者

2016年9月5日

新社會主義叢刊 AA201014

中國特色社會主義民主新論

作　　者　段治文 等
責任編輯　陳胤慧
版權策畫　李煥芹

發 行 人　陳滿銘
總 經 理　梁錦興
總 編 輯　陳滿銘
副總編輯　張晏瑞
編 輯 所　萬卷樓圖書股份有限公司
排　　版　菩薩蠻數位文化有限公司
印　　刷　維中科技有限公司
封面設計　菩薩蠻數位文化有限公司

出　　版　昌明文化有限公司
桃園市龜山區中原街 32 號
電話 (02)23216565
發　　行　萬卷樓圖書股份有限公司
臺北市羅斯福路二段 41 號 6 樓之 3
電話 (02)23216565
傳真 (02)23218698
電郵 SERVICE@WANJUAN.COM.TW
大陸經銷　廈門外圖臺灣書店有限公司
電郵 JKB188@188.COM

ISBN 978-986-496-408-6
2019 年 3 月初版
定價：新臺幣 560 元

如何購買本書：
1. 轉帳購書，請透過以下帳戶
合作金庫銀行　古亭分行
戶名：萬卷樓圖書股份有限公司
帳號：0877717092596
2. 網路購書，請透過萬卷樓網站
網址 WWW.WANJUAN.COM.TW
大量購書，請直接聯繫我們，將有專人為您服務。客服：(02)23216565 分機 610
如有缺頁、破損或裝訂錯誤，請寄回更換

國家圖書館出版品預行編目資料

中國特色社會主義民主新論 / 段治文等著. -- 初版. -- 桃園市 : 昌明文化出版 ; 臺北市 : 萬卷樓發行, 2019.03
面； 公分
ISBN 978-986-496-408-6(平裝)

1.社會主義 2.民主政治 3.中國

574.1　108002896